行走的风景

赵艳名师工作室 / 著

基于文体意识的
有效备课项目研修案例集

中国出版集团　现代出版社

图书在版编目(CIP)数据

行走的风景：基于文体意识的有效备课项目研修案
例集 / 赵艳名师工作室著. — 北京：现代出版社，
2020.9

ISBN 978-7-5143-8870-1

Ⅰ.①行… Ⅱ.①赵… Ⅲ.①小学语文课—教学研究
—文集 Ⅳ.①G623.202-53

中国版本图书馆CIP数据核字（2020）第182781号

行走的风景——基于文体意识的有效备课项目研修案例集

作　　者　赵艳名师工作室
责任编辑　杜丙玉
出版发行　现代出版社
地　　址　北京市安定门外安华里504号
邮政编码　100011
电　　话　010-64267325　64245264
网　　址　www.1980xd.com
电子邮箱　xiandai@cnpitc.com.cn
印　　制　北京政采印刷服务有限公司
开　　本　710mm×1000mm　1/16
印　　张　16
字　　数　288千
版　　次　2022年6月第1版　　2022年6月第1次印刷
书　　号　ISBN 978-7-5143-8870-1
定　　价　45.00元

目 录
CONTENTS

上 篇
项目研修案例

基于文体意识的儿童诗教学有效备课研修案例 …………………………… 2

基于文体意识的神话故事教学有效备课研修案例 …………………………44

基于文体意识的童话教学有效备课研修案例 ………………………………72

基于文体意识的小说教学有效备课研修案例 ……………………………… 116

基于文体意识的说明文教学有效备课研修案例 …………………………… 155

下 篇
项目研修反思

且思且行，自成风景 ………………………………………………………… 208

"如诗如话"的诗意旅行 ……………………………………………………… 210

"诗情话议"背后 ……………………………………………………………… 212

"明灯以渔"，文体为继 ……………………………………………………… 214

童言童心，"教与相随" ……………………………………………………… 216

依体而教，有效备课 ………………………………………………………… 218

"各美其美，美人之美，美美与共" ………………………………………… 220

有"文体意识"才能教出"语文味" ………………………………………… 223

历练·成长 …………………………………………………………………… 225

当学习成为一种习惯 ………………………………………………………… 227

在实践中思考　在思考中前行 …………………………………………… 229

教学有方法，心中有学生 ……………………………………………… 230

基于文体意识的神话文本解读研修反思 …………………………… 232

诗如锦，思如泉 ………………………………………………………… 234

循文体而教，教出童话的独特味道 ………………………………… 236

不解读无教学，无反思不为师 ……………………………………… 238

适体而教，笃行致远 …………………………………………………… 240

"学"而立勤思善行 …………………………………………………… 242

心中有诗，就有远方 …………………………………………………… 244

学，知不足 ……………………………………………………………… 246

后　记……………………………………………………………………… 248

上 篇
项目研修案例

基于文体意识的儿童诗教学有效备课研修案例

赵艳和润语文工作室
小组成员简介

李向微（组长）	朱菲（组员）	肖娟（组员）	曲迪（组员）
服务于龙岗区平安里学校14年。深圳市优秀班主任，深圳市优秀中队辅导员，龙岗区第三批骨干教师，龙岗区优秀教师。近三年多来所带班级围开展儿童诗创作活动有声有色，先后三次登上《深圳侨报》等重要媒体，带领孩子们集结诗集5本，其中《花果折》《少年时》2本被龙岗区图书馆收藏。	龙岗区平安里学校小学语文教师。深圳市优秀中队辅导员，龙岗区优秀教师、优秀班主任。教学论文、教学设计曾多次获龙岗区一等奖。	龙岗区平安里学校小学语文教师。龙岗区优秀班主任、区骨干班主任、区优秀中队辅导员，在龙岗区第一届班主任能力大赛中荣获一等奖。	龙岗区平安里学校小学语文教师。在全国中小学课文朗读大赛中，荣获龙岗区指导教师一等奖，曾获龙岗区"优秀教师""优秀班主任"称号。

❖ 研讨记录 ❖

儿童诗教学有效备课研讨记录

【研讨主题】

基于文体意识的儿童诗教学有效备课。

【参与人员】

组长：李向微　龙岗区平安里学校

组员：朱　菲　龙岗区平安里学校

　　　肖　娟　龙岗区平安里学校

　　　曲　迪　龙岗区平安里学校

【研讨过程】

开篇：（主持人）各位同事，大家好！今天，我们有幸在赵老师的工作室就儿童诗这一文体进行再认识、再学习。接下来我们将针对"基于文体意识的儿童诗教学有效备课"这一主题进行深入研讨。主要有以下几个问题：

1. 当前儿童诗教学的现状分析。

2. 儿童诗文体的特点。

3. 儿童诗与其他文体（如儿歌、童谣）相比有何不同？又特殊在哪里？

4. 儿童诗文体学习的价值是什么？

5. 儿童诗文体怎么教？《彩色的梦》想要达到什么样的教学目标？

6. 儿童诗文体怎么学？《彩色的梦》一课应怎么学？

今天我们利用之前收集的资料，再结合自己的知识积累，一起来头脑风暴，达成对这一题材在教学方面的共识吧！

问题一：当前儿童诗教学的现状分析。

朱菲：我觉得儿童诗这种文体不好教，没有很好的办法去落实教学细节，一般都是被当作阅读课来教的。

肖娟：是的，有些老师喜欢把儿童诗当成古诗来进行教学，过于注重技巧的指导，不能凸显儿童诗的节奏和韵律。

李向微：是的，传统的诗歌教学常常被视作语文教学中的高阶内容，因为诗歌的实用性低、教学难度大，在考试中一般仅仅以赏析、默写的形式出现。学习诗歌的目的也大多固定在培养学生语感、增加传统文化熏陶的层面。从古到今，无论东西方，诗歌文体都代表着一种语言的最高级形式。在中国古代，写诗是士大夫们展示文化资本的手段；在西方，诗歌也常常用来彰显高贵的个人修养。

曲迪：是呀，我一直都以为儿童诗歌写作应该是正统诗歌教学的一部分，儿童诗歌写作与文学经典之间的关系并不密切。

朱菲：另外，实际教学中，老师喜欢以自己的理解来代替学生的感悟、体验，这就缺少了儿童诗应有的儿童情趣。

李向微：结合我们现在使用的部编教材与当前的教育形势，在东亚汉文化圈的小学语文教育中，儿童诗歌写作课程蔚然成风。这种教学的新模式依托原有的母语启蒙教育和写作能力培养课程，成为语文教学中新兴的辅助手段。通过对小学语文教育界科研前沿的仔细观察，我发现在国内已经有不少学校开始在课堂教学中尝试儿童诗歌写作。

问题二：儿童诗文体的特点是什么？

李向微：儿童诗最大的特点就是适合诵读。诗体本身凝练、有韵律，读起来简单又充满乐趣。例如《让我们荡起双桨》《春天在哪里》等诗歌中那鲜明的节奏感，都给人以读诗如唱的明快感觉，使儿童在激动之余获得美感。

朱菲：是的，儿童诗与生活接近，关注学生的生活，读起来朗朗上口，非常有意思。在诗歌中依托了学生的生活，关注学生的世界。

如舒兰的作品《虫和鸟》：

我把妈妈洗好的袜子，/一只一只夹在绳子上，/绳子就变成了一只多足虫，/在阳光中爬来爬去。/我把姐姐洗好的小手帕，/一条一条夹在绳子上，/绳子就变成一群白鹭鸶，/在微风中飞舞，飞舞。

在生活基础上的大胆想象，依赖这种想象的巧妙构思，使平凡的生活现象变成一种儿童式的神奇和余味无穷的美丽。

曲迪：语言简单却精粹。用一些常用词汇妥帖地、巧妙地安放在诗句中，焕发出诗意。如一年级教材中有一篇《青蛙写诗》，寥寥数语就把充满生命活力的池塘景象展现出来，以极其准确的措辞形象地描绘出青蛙这位"大诗人"的才智，将小生灵们的形象呈现在小朋友们面前。同学们可爱读了！

肖娟：学生学习要调动多种感官，强调眼到、口到、心到，声音是帮助我们理解文字、加深记忆的，所以才有古代私塾的摇头晃脑地读书，还有"书读百遍，其义自见"的说法，这都强调了朗读的重要性。儿童诗是特别适合诵读的，教材里的儿童诗都是经过精选的，在节奏和韵律方面都特别适合读出来。

李向微：对的，经常吟诵此类诗，学生不仅可以提高审美能力，还能提高驾驭语言、鉴赏语言的能力。

问题三：儿童诗与其他文体（如儿歌、童谣）相比有何不同？

李向微：通过回顾前人研究成果，从读者对象的角度看，儿童诗和儿歌、童谣是有很大区别的：儿歌是以学龄前期和学龄初期的学生为主要对象；儿童诗则是以学龄中后期的学生为主要对象。

曲迪：从主题思想的表现看，儿童诗的主题思想常常以间接方式表现出来，比较深刻、含蓄，儿歌则往往是比较单纯浅易地表现它的主题思想，就像我们一年级学生现在读的儿童诗《小弟和小猫》与儿歌《洗手》，都是以讲究卫生为主题的作品，但表现方式却明显不同。

朱菲：除儿歌外，儿童诗与童谣也有所区别。童谣读起来耳熟能详，对对仗要求不是很高。儿童诗在对仗上有一些要求，而且有一定的文采意义。

肖娟：对的，但在我们平时的教学中，更容易把儿童诗归于古诗词的教学，这样其实是给儿童诗的教学增加了难度。

李向微：儿童诗与儿歌的语言均要求凝练、简洁、有概括性。由于表现深度的不同，儿童诗的语言比儿歌的语言更纯粹、更集中、更富有想象的张力。在韵律方面，儿童诗不像儿歌那样讲究音韵的和谐和节奏的整齐。

问题四：儿童诗文体学习的价值是什么？

李向微：儿童诗学习、教学最根本的任务是儿童心灵的塑造，引导学生与儿童诗进行灵魂的碰撞，唤醒、激发儿童沉睡的心灵，促进学生的个性发展。以诗性育童心，就是抓住儿童诗的本质属性来培育学生的心灵，使之成为有灵魂、有追求的精神世界。

曲迪：现代儿童诗诗人王宜振说："用优秀的儿童诗歌，去浸润充盈儿童的心灵，帮助他们完善人格塑造，培养性情，养成审美趣味。"这句话揭示了儿童诗教育的意义。

朱菲：学习儿童诗还可以提高学生的审美能力。儿童诗的朗读可以让孩子们体会到声调之美和语言的韵律之美，通过想象画面，还可以体会诗中蕴含的画面美。

肖娟：我觉得儿童诗除了可以提高学生的审美能力以外，还可以增强学生的语言表达能力。儿童诗想象丰富，运用了很多的修辞手法，如比喻、拟人、夸张等。孩子们通过儿童诗的学习，可以领略到这些修辞手法的内涵，从而增强他们的语言文字功底。

李向微：总之，我们现在面对小学生，需要多带动他们学习，在儿童诗这种文体的教学过程中，可以体会到真正的寓教于乐，使学生们内心充满着志趣、意趣、情趣。

问题五：儿童诗文体怎么教？《彩色的梦》想要达到什么样的教学目标？《彩色的梦》一课应怎样教？

李向微：首先就是要重视诵读，提升审美能力。课标指出：低年级学生通过诵读展开想象，获得初步的情感体验，感受语言的优美；中年级学生在诵读的过程中体验情感，积累背诵优秀诗文；高年级学生大体把握诗意，想象诗歌描述的情境，体会诗人的情感。学生们受到优秀作品的感染和激励，向往和追求美好的理想，通过诵读优秀诗文注意声调和节奏的把握，体味作品的内容和情感。我们可以看出，各个学段的教学都应重视朗读和默读方法的指导，让学生在诵读中感受儿童诗的音乐美，指导朗读时要注重节奏、音调、韵律，以利于学生们培养语感。

肖娟：对，在读中想象画面、体会情感非常好。我觉得儿童诗教学也要重视理解与交流。理解可以让学生走进儿童诗丰富的世界，交流更是一门"教学艺术"，让教师机智地把学生的思想汇聚成一条长河。

曲迪：学生把诗读顺读美了，想象的画面自然就跃然纸上了，这时候我们就趁热打铁，要鼓励他们把自己想到的写下来。说到拓展写诗训练，我们不用回避教"技巧"，完全可以让学生通过模仿来借鉴。当学生积累了一定的创作方法后，千万不能框定学生的思维，而是要力求新颖多变，鼓励学生联系自己的生活，通过问题、话题的讨论与分享，让学生多回顾、联想、审视自己的生活。

朱菲：大家分享的方法都很好。诵读，播下爱诗的种子；理解，积累诗歌学习的方法；模仿，翻开诗歌创作的篇章。最后我再补充一点，我觉得兴趣是最好的老师，儿童诗的学习还可以借助优秀诗作的欣赏和积累，熟读成诵，让学生们不知不觉地接受诗的熏陶、洗礼，让诗的种子在他们心中生根、发芽、成长。

李向微：明确了以上几点认识，解决了儿童诗文体怎么教的问题，那我们就将这些具体做法落实到《彩色的梦》这一课，教学这篇儿童诗需要达到什么样的教学目标呢？

肖娟：我的任务是教学《彩色的梦》第一课时，我先来说说我的想法。我对这一课教学目标的定位是：第一，会认"盒、聊"等9个生字；会写"彩、梦"等9个生字；会写"彩色、脚尖"等8个词语。第二，正确、流利地朗读课文。第三，初步了解课文内容，能提出自己不懂的问题。

曲迪：承接肖老师的第一课时，我的第二课时的教学目标是：第一，朗读课文，边读边想象，说说小作者用铅笔画出的彩色的梦。第二，展开想象，仿照课文第2、3小节，把自己想画的内容写下来。第三，想象诗歌描绘的意境，体会儿童丰富的想象力，感受童年生活的快乐，激发学生读儿童诗的兴趣。

朱菲：两位老师根据实际情况，确定的目标都非常明确。小语课程标准学段目标中对诗歌教学的要求是：诵读儿歌、儿童诗和浅近的古诗，展开想象，获得初步的情感体验，感受语言的优美。结合二年级学生的年龄特点，我觉得这一课的教学重点应该放在运用多种方法识记生字、练习朗读、展开想象、仿写相关段落上。

李向微：你们说得真好，会读、会想象十分重要，我们也可以提前布置作业，让学生留心观察日常生活中喜欢看到的一些画面，由此想到了什么，结合文本内容的表现形式，分享给同学们听。

肖娟：新课标要求一、二年级认识常用汉字1600~1800个，会写800~1000个，一、二年级的识字、写字教学是重中之重。《彩色的梦》这篇课文中要求会认的汉字9个，会写的汉字9个。第一课时，我在指导学生初读课文的基础上，采用多种方法识记生字是重点。本节课，我指导学生认识和理解词语的方法有：看图猜词语、联系上下文和生活实际理解词语、生活中识字、字理识字、游戏识字等。学生在轻松愉快的氛围中不仅掌握了本课的字词，还理解了难懂词语的意思，知道了理解词语的方法。《义务教育语文课程标准（2011年版）》中明确指出：写字是一项重要的语文基本功，是巩固识字的手段，对于提高学生的文化素养起着重要作用，必须从小打好写字的基础。本节课，我教学生写了彩、梦、精3个生字，采用了看写字视频和老师范写的方法，从字的结构、占格、关键笔画三个方面对生字的书写进行指导。

曲迪：著名教育学家苏霍姆林斯基曾说："每一个儿童，都是一个诗人。"正处于想象力丰富的二年级学生对于诗歌有异常浓厚的兴趣，能借助自己的想象力融入课文学习之中。所以在《彩色的梦》第二课时的设计中，我注重引导学生独立阅读诗歌，想象诗歌描绘的意境，由扶到放，从教师的引导到学生自主学习，层层递进，能用合适的语气、语调读出诗中充满童趣的想象画面，并结合生活实际，仿照课文创造出自己的彩色梦境。希望通过这次儿童诗教学，学生能了解到儿童诗的特点：童真童趣、语言凝练、结构清晰、节奏明朗、思维跳跃等。同时也希望在这次儿童诗"教读"中实现课堂得法、课外延伸、服务阅读的"三位一体"阅读教学。

问题六：儿童诗文体怎么学？《彩色的梦》一课应怎么学？

朱菲：针对孩子们的年龄特点，我觉得儿童诗的学习主要以诵读为主，在读中理解内容，在读中想象画面，在读中体会情感，在读中学习创作。

肖娟：读是语文学习的灵魂，儿童诗的学习除了读之外，我觉得模仿也很重要。就如《彩色的梦》，第2、3小节的内容非常形象直观，学生们在读中理解的基础上可以展开交流，并模仿着进行仿写练习。

李向微：因为平时我们用的教材中所选的内容都是具有典范性的、文质兼美的、富有文化内涵和时代气息的作品，这些作品风格丰富多样，难易适度，密切联系学生的经验世界和想象世界，适合学生学习交流。在交流中，我们教师要机智灵活地把相似的问题汇聚成一条思想的长河，描绘成一幅多彩的画卷，每次交流就是一朵欢腾的浪花，不断积聚，汇成大海。学生们在儿童诗课堂教学中，处于课堂的中央，感受着诗歌语言的熏陶，享受着充满诗意的学习与教育生活。

朱菲：再创作是儿童诗学习的难点，学生们初学儿童诗，离不开借鉴模仿。在此基础上，我们可以引导学生学会全局观察，然后进行合理而丰富的想象，在此基础上再进行创作就顺理成章了。

肖娟：《彩色的梦》第2节写了彩色铅笔所画的景物，在有感情地朗读课文后，首先找出第2节所描写的景物，学生们找到了草坪、野花、天空，再来发现这一节的结构特点。不难发现，第2、3、4行的句式是相同的：大+量词+名词+表示颜色的词，第5行的特点是运用了三个破折号，表示声音的延长，起强调作用。然后，学生再边读边想象第2节所描写的景物，把自己脑海中出现的画面跟大家说一说。再想一想，脚尖还可能到哪些地方呢？你能照着样子写下来吗？首先仿写时要轻格式重内容，先把例句读明白，找出诗中的意象，体会作者所要表达的情感，然后找出例句的特点，再想象生活中的画面，联系生活实际，按照格式仿写。我觉得儿童诗的创作要尊重孩子自身的感觉，鼓励学生写出发自内心深处的真切感受。

曲迪：我觉得在学习儿童诗的过程中，首先，我们教师可以利用一些"边角料"进行读诗、写诗等活动。如学完一篇课文后进行仿写；教师在翻阅好的儿童诗时，也要及时朗读仿写；还可以利用班级阅读课进行学习、朗读、仿写。同时，教师也要配合不同的季节、天气、节日，甚至学生的心情进行合理创作，学生参与的积极性会更高。其次，适当配合开展"儿童诗诵读会"，让学生在诵读中学习、在分享中品读、在互动中创作，会收到意想不到的效果。最后，适当地制作班级的诗集或者诗刊，学生更会认真对待自己的作品，在创作过程中收获一定会很大。

李向微：在学生完成了自己创作的一小节诗以后，老师需要有意识地在班级内带领学生集体分享。首先，鼓励学生读诗。读诗活动本身就是朗读的一种变体，同时具有个人才华展示的功能。为了要在同学面前展示，学生就会主动修正诗句里存在的问题，而且朗读是创作者检查作品韵律的重要方法，不通顺、用词不精确的地方都可以通过朗读自查。分享环节除了有益于创作者外，对班级里其他同学也有帮助。其次，诗歌分享有利于培养学生倾听的习惯。老师要求学生细致听别人的诗歌写了什么内容，优缺点在哪里。听的过程一方面培养了学生专注的好习惯，另一方面也逐步把"阅读理解"类的题目课堂联系起来。

总结：通过本次研讨，我组成员对儿童诗的教学现状、文体特点、学习价值等问题有了更加深刻的认识，并结合教学实际分析了儿童诗的教学目标和方法论，明确了儿童诗歌深入课堂的可行路径，为下一步的教学打下了坚实的理论基础。

参考文献

［1］曾庆江，张永健.新时期儿童诗简论［J］.淮海工学院学报，2007（6）：43–46.

［2］刘琼，董庆保.生命的灵动　童心的坚守［J］.赤峰学院学报，2009（10）：98–99.

◆ 文本解读 ◆

儿童诗《彩色的梦》文本解读

深圳市龙岗区平安里学校　朱　菲

一、作品题材解析

"诗是人类的母语。"她高度概括地反映社会生活、情感，想象丰富，语言简练、形象、含蓄，音调和谐，有鲜明的节奏和韵律。而儿童诗歌作为诗歌的一种，融"音乐美""图画美"为一体，被称作"天使的声音"，以其丰富的想象、活泼的语言、明快的节奏深深赢得了孩子们的喜爱，成为熏染孩子健康成长中不可或缺的乐章。

儿童诗的特点是：爱憎分明，观点明确。构思新颖，富于情趣。内容单一，篇幅短小。语言明快，节奏感强。

二、课文内容解说

（一）单元整体解析

《彩色的梦》是统编版教材语文二年级下册第四单元的第一篇课文。本单元以"童心"为主题，编排了4篇课文，有儿童诗、儿童散文和儿童故事，内容富有童心童趣。这4篇课文都是以第一人称来写的，都充满了丰富的想象，但想象的角度各不相同、各具特色。

（二）教材内容分析

《彩色的梦》以儿童的口吻、拟人的手法、明快的节奏让我们感受到大自然的无限美好。诗歌共有4个小节，第1小节留下了悬念，激发了读者的兴趣。第2、3小节想象新奇独特，富有童心童趣，能让学生感受到梦的神奇。第4小节揭示悬念，以排比的句式和拟人的手法融会贯通嗅觉、触觉、视觉、听觉等多重感受，进一步体会梦的神奇美妙。文本灵动的文字和形式有助于学生展开想象，仿说仿写。课文插图采用儿童画风格，充满童真童趣。动态感和画面感的互融互渗符合儿童形象的思维和好动的天性，让他们沉浸在神奇的彩色梦境中，将诗歌语言转化为鲜活的画面，构筑出一个属于儿童的童话世界。

（三）训练重点简析

本单元的教学重点是"运用学到的词语把想象的内容写下来"，旨在培养学生丰富的想象能力和语言运用能力。教材在4篇课文的课后练习及语文园地的相关栏目中都对此进行了多角度、多层次的练习。《彩色的梦》要求学生展开想象，仿照课文相关段落把自己想画的内容写下来。

三、教学目标、重难点分析

小学语文课程标准学段目标中对诗歌教学的要求是：诵读儿歌、儿童诗和浅近的古诗，展开想象，获得初步的情感体验，感受语言的优美。从而确定这一课的教学目标如下。

1. 通过多种方式读通诗歌，根据学情激发学生主动识字的兴趣，多元识字，积累词语，指导写字，培养学生良好的写字习惯。

小学语文课程标准中指出：识字写字是阅读和写作的基础，是第一学段的教学重点。教学时要遵循多认少写的识字教学原则，讲究教学方法，减轻学生负担。教学中要运用多种识字教学方法和形象直观的教学手段，创设丰富多彩的教学情境，提高识字教学效率。识字教学将利用学生熟识的语言作为主要材料，同时充分利用学生的生活经验，引导学生利用各种机会主动识字，做到识用结合。

2. 通过自主学习读懂诗歌，在想象画面中感受诗歌内容，想象诗歌描绘的意境，仿照课文相关段落把自己想画的内容写下来。

学生是学习的主人，语文教学应激发学生的学习兴趣，注重培养学生自主学习的意识和习惯，为学生创设良好的自主学习情境。

阅读是学生的个性化行为，教师应引导学生通过积极的思维和情感活动，加深理解和体验，有所感悟和思考。阅读过程中，要尊重学生独特的感受、体验和理解，激发学生大胆展开想象，写想象中的事物，从而培养学生的写作兴趣和自信心。

3. 通过前后联系诵读诗歌，在反复比较中体验情感，感受童年生活的快乐，激发学生读儿童诗的兴趣。

小学语文课程标准中指出，语文课程应致力于学生语文素养的形成和发展，引导学生丰富语言的积累，培养语感，发展思维。学生对语文材料的感受和理解是多元的，应该重视语文的熏陶感染作用，尊重他们在学习过程中的独特体验。

结合二年级学生的年龄特点及教材教学建议，确定本课的教学重难点。

教学重点：

1. 运用多种方法识记生字，练习朗读。

2. 能展开想象，仿照课文相关段落把自己想画的内容写下来。

教学难点：

1. 运用多种方法识记生字，理解难懂的词语。

2. 引导学生独立阅读课文，体会儿童丰富的想象力，感受童年生活的快乐，激发学生读儿童诗的兴趣。

四、教学内容、教学过程简述

本课共计两课时完成。

第一课时：识字学词；写"彩、梦、精"3个生字；鼓励学生质疑提问。

第二课时：巩固字词；练习正确、流利、有感情地朗读课文，读出充满童趣的想象画面；展开想象，用自己的话说出彩色铅笔画出的梦；仿写练笔。

（一）识字、写字

识字写字是阅读和写作的基础，是第一学段的教学重点。本课生字字形较复杂，需要遵循课程标准提出的"认写分开，多认少写"的原则和学生学习汉字的认知规律，重视识字方法的学习和识字能力的培养。我们可以结合本课9个会认字本身的构字规律进行分类整合，自主识字。通过影视作品识字、字理分析、借助图片辅助、结合生活经验等方式在语境中识字，充分调动学生学习汉字的积极性，使识字过程成为促进学生思维发展的过程。

1. 借助图片识字：葱郁、叮咛

学生对森林是比较熟悉的，教师不必做过多的讲解，通过图片强调"葱郁"是指草木茂盛的样子。"叮咛"就是出门时妈妈的反复叮嘱，反复告知。

2. 借助影视作品识字：精灵

对于二年级学生来说，动画片的诱惑是无穷的。借助《蓝精灵》《彼德潘》里面精灵的形象来识记这两个生字再合适不过了，然后再把生字放回课文语境中来理解就能取得事半功倍的效果。

3. 语境识字：结一个苹果般的太阳

提供语境，有助于帮助低年级学生对汉字的理解和记忆。"结一个苹果般的太阳""圆满结束"让学生明白"结"是个多音字，在不同的语言环境中读音不同。

4. 字理识字：盒

让学生观察"盖、盆、盒"所表示的物品图片，发现这些物品都是用来盛东西、装东西的容器。接着，引导学生仔细观察，这几个字都有一个相同的偏旁——皿字底。通过观看"皿"字的演变视频，发现规律：皿字底的字一般与盛东西的容器有关。

5. 生活中识字：聊天

"聊天"的"聊"字是耳字旁，聊天的时候耳朵要注意倾听，这是对别人的尊重。

"一手好字"成就于良好的写字习惯。要形成这样良好的写字习惯，不是一蹴而就的，而是随着年段课程目标梯度螺旋上升。"一手好字"的总目标为"正确、规范、美观"。教师要在兼顾总目标的基础上，侧重"正确"，渗透"规范"。

本课要求会写的9个字均为合体字。课堂中重点指导学生书写"梦""森""精"3个字。教师可引导学生写字前先观察：一看结构，二看比例，三看重点笔画。

学生写字时，教师要提醒学生保持正确的坐姿和握笔姿势，强调"提笔即练字"，养成良好的书写习惯。

（二）朗读指导

朗读是诗歌教学最有效的方法，可以采用教师范读、同桌互读、个别赛读、学生齐读、配乐朗读等多种形式朗读课文。

本文语言活泼、跳跃，富有音乐美和韵律感，情感基调快乐明朗，教学中要留意加以引导。

1. 读出梦境的美好与快乐

承接第一单元的学习重点，读排比句时语气渐强，突出画面的明丽色彩与变化之快，读出语言的跳跃和作画的惬意。

2.读好句子中的破折号

破折号在诗句中表示声音的延长，起强调的作用。朗读时要注意停连的位置和时间，引导学生感受语言的节奏美、音韵美，感受"我"对蓝天、太阳的赞美之情。

3.读好课文末尾的省略号

诗最后的省略号代表还有许许多多的梦境，就像小溪的水一样源源不断。朗读时减缓语速，语气轻柔，语音渐弱，读出溪水汩汩流淌、永不停息的感觉，读出省略号中余韵未了的意味，突出"我"的彩色铅笔会画出更多更美的梦境。

（三）理解运用

根据教学目标，本课的教学可以从以下几个方面入手。

1.设疑激趣，感知诗意

从课题入手，让学生分享最美的梦，激发学生对课文的阅读兴趣和阅读期待。诗的开头写"我有一大把彩色的梦"，引导学生质疑：梦怎么用"把"来计算？"我"有哪些彩色的梦？让学生带着疑问通读全诗，从而整体感知全诗的大意。

2.借助插图，想象梦境

课文第2~4小节具体描写了彩色的梦境，学习这部分内容时，可让学生自由朗读课文，边读边想象，彩色铅笔给我们描绘了怎样的画面？让学生用自己的话说一说。

读第2小节，引导学生结合课文插图，找出景物，想象画面色彩的明丽，感受孩子画画的欢畅。

读第3小节，可结合景物，抓住表示动作的词语，结合课文插图，展开想象，感受森林里雪松与小鸟的团结友爱以及人与自然和谐共生的美好画面。

读第4小节，可启发学生想象，引导学生将抽象的、无形的"水果香""季节风"以及"紫葡萄的叮咛"还原成具体的、有形的事物。

3.挖掘文本，补白想象

读第1小节时，可抓住"聊天"和"跳蹦"引导学生进行想象：他们躺在铅笔盒里会聊些什么？打开铅笔盒，跳蹦着，他们又会做些什么呢？读第2小节，抓"滑过"想象：脚尖滑过的地方还会有什么呢？读第3小节，可引导学生从诗句"请小鸟留下歌声"展开想象,想象雪松与小鸟对话的场景,还可以想象小鸟会留下怎样的歌声。读第4小节,可从文尾的省略号生发想象:"我"的彩色梦境还会有什么画面?

4.拓展延伸,迁移运用

本诗语言优美,句式灵活多变,每一个小节都蕴藏着语言训练点,语言训练可以融入每个小节的阅读理解之中。如教学第2小节,可以让学生展开想象:脚尖滑过的地方还会有什么呢?试着用书中的句式说一说。教学第3小节,可以提供具体的语境,以"在这个葱郁的森林里,小铅笔又给我们描绘了怎样的画面"为引子,引导学生运用拟人化的手法,将自己的想象用诗歌的形式表现出来。在教学的最后环节,通过提问引导:小精灵们,你想用彩色铅笔画些什么?试着仿照课文第2小节或第3小节,把想画的内容用几句话写下来,也可以以梦配画。

就这样,学生们自己的诗集《彩色的梦》就这样圆满集结了。孩子是"天生的诗人"。特别是低年级的小学生,虽然只能运用只言片语,却不乏童真、童稚和童趣,他们的话就像"诗一样的语言",这样的语言犹如沙砾中的珠贝,让我们一起来珍视、呵护、指导,让孩子们尽情享受"小诗人"的成就吧!

参考文献

[1]周一贯.小学语文文体教学大观[M].上海:上海教育出版社,2017.

[2]课程研究所,小学语文课程教材研究中心.小学语文教师教学用书[M].北京:人民教育出版社,2017.

◆◆ **课例展示** ◆◆

《彩色的梦》第一课时课堂实录
深圳市龙岗区平安里学校　肖　娟

【教学目标】

1. 会认"盒、聊"等9个生字，会写"彩、梦"等9个生字，会写"彩色、脚尖"等8个词语。

2. 正确、流利地朗读课文。

3. 初步了解课文内容，能提出自己不懂的问题。

【教学重难点】

重点：运用多种方法识记生字、朗读课文。

难点：运用多种方法识记生字、理解难懂的词语。

【教学准备】

多媒体课件、相关视频等。

【教学过程】

一、谈话导入，揭示课题

1. 谈话导入

师：同学们，你们做过梦吗？谁来说说你做过的美梦？（老师出示梦的PPT背景）指名学生说。

生1：我做过的最美丽的梦就是我变成了一只蓝眼睛白皮毛的流浪猫，在大街上到处溜达的时候，却被一家人捡走了，他们把我带到一个大别墅里，里面有给我的小床，有小衣柜，还有给我吃的和玩的。

师：这真是个奇妙的梦。

生2：我梦到我们家的车长了翅膀，它既可以跑又可以飞，我们以后再也不怕堵车了。

师：你的梦真有趣！

2.揭示课题

师：今天我们学习的课文也和梦有关，今天的课文是一首有趣的儿童诗。（板书：课题8《彩色的梦》，生齐读课题）

二、自主写字，多元识字

1.学写课题中的两个生字"彩"和"梦"

师：今天老师要带你们去梦幻城堡旅行（出示梦幻城堡的PPT），想要到达梦幻城堡，我们一共要过三关，第一关：生字关。（课件出示第一关：生字关）

师：同学们请看课题，课题里面藏着两个要写的生字宝宝：彩和梦。（PPT展现"彩"和"梦"字）我们一起和一帆老师来学写生字吧。（播放胡一帆老师的写字视频）

师：写字视频看完了，请同学来提醒一下写这两个字时要注意什么？

生1："彩"字左高右低，第一笔是平撇，写得稍短，右边三撇两撇短一撇长。

师：观察得真仔细，请跟我写。（老师在黑板上田字格中板书"彩"）

师：那"梦"字的书写呢？

生2："梦"是上下结构，要注意上宽下窄。"梦"下面的"夕"起笔撇穿插在两个"木"的底部中间。第一个木字最后一笔是点，第二个木字最后一笔是捺。

师：你能注意"梦"字的结构和关键笔画真好，请跟我写。（老师在黑板上田字格中板书"梦"）

师：现在我们拿起笔把这两个生字描一个写两个。在写字之前，同学们要先调整坐姿，注意头正、身直、臂开、足平。（出示PPT，展示学生正确的坐姿）同学们开始写吧。

学生在写字书上写字。

师：看一看，同学们写得怎么样呢？（展示学生作品）同学们写得又干净又工整。

2.多元识字，理解词语

（1）检查词语的认读

师：现在老师把课文中难读的词语宝宝都请出来了，你们还认识吗？

（PPT出示本课词语）

hé liáo píng yù cong bān jīng dīng níng jiē

铅笔盒 聊天 草坪 葱郁 烟囱 一般 精灵 叮咛 结苹果

师：请同学们自己读一次。（学生自读）

师：我再请一位小老师带大家一起读。

指名一个学生带读。

生1：请跟我读。

师：这位同学大部分的词语都读对了，但有一个字要注意："烟囱"的"囱"读轻声。跟我读一次"烟囱"。

师：还有哪个词读时要提醒大家注意的吗？

生2：我还要提醒大家，"叮咛"和"精灵"两个词语都是后鼻音。

师：你真是个细心的孩子。

（2）看图猜"葱郁"和"叮咛"

师：接下来我们玩一个非常好玩的看图猜词语的游戏。同学们看这张图，你能猜出是哪个词吗？（PPT出示绿树成荫的图片）

生1：我猜第一张图说的是"葱郁"这个词。

师：（PPT出示"葱郁"这个词）你是怎么猜出来的？

生1：我知道葱郁的意思是指草木青翠茂盛，而这张图里有很多绿色的树木和小草。

师：你真是一个善于观察的小朋友。接下来请看第二张图，（PPT出示妈妈早上送孩子去读书时的情景）第二张图让你想起哪个词呢？

生2：第二张图让我想起了"叮咛"这个词，每天早上出门时，妈妈总会对我说："宝贝，路上注意安全，上课认真听讲。"

师：你联系生活实际理解词语的方法很好。（PPT出示"叮咛"这个词）你能用自己的话说一说叮咛的意思吗？

生2：叮咛就是一个人反复说一句话。

师：谁来补充叮咛的意思？

生3：反复叮嘱、反复告知就是叮咛。

师：平时家长、老师对你们再三强调同一件事情就是叮咛。

（3）理解"精灵"

师：文中还有一个难理解的词：精灵。（PPT出示"精灵"这个词）你们在哪里看到过这两个字吗？

生1：我在动画片《蓝精灵》里看到过精灵。（PPT出示动画片里的蓝精灵）

生2：我还在《尼尔斯骑鹅旅行记》这本书里看到过尼尔斯因为捉弄小精灵而变成了拇指大小的人。（PPT出示书中的蓝精灵）

师：你真是一位爱阅读的孩子。精灵指的是一种和自然合为一体的虚构生物（PPT出示精灵的解释）。通常小精灵都有魔法，我们经常可以在书中或者动画片中看到。

（4）书写"精"字

师：精灵的"精"也是本节课要写的一个生字，现在请同学们跟老师一起书写精。（PPT出示"精"字）谁来说说写这个字时要注意什么吗？

生1："精"的米字旁要变捺为点，右边的青要写得瘦。

师：你说得真准确。现在请看"精"字的书写视频。

师：请跟我写。（老师板书"精"）请同学们描一个写两个。

学生在写字书上书写"精"字。

师：我们一起来欣赏小朋友们书写的作品。小朋友们的字写得真端正！

（5）指名读第4小节，检查"精灵"和"叮咛"的读音

师：现在我们把"精灵"和"叮咛"送回课文中去读。（PPT出示课文的第4小节）谁来读？

指名学生读。

师：这位同学读得字正腔圆。

（6）语境识字——"结"

师：课文中还有一个多音字"结"jiē，它还有另一个读音"jié"。这里有两个句子，谁来读？（PPT出示"结"和两个句子）

生：我来读。

①小屋的烟囱上，结一个苹果般的太阳，又大——又红。

②第五届运动会圆满结束了。

师：在语境中识字也是一个非常好的方法。当表示植物长出果实或者物品坚固时读"jiē"；当表示结束、完了时读"jié"。

（7）游戏识字——砸金蛋

师：词语你们都学会了，生字宝宝要跳出来考考你们了。（PPT出示生字：盒、聊、坪、郁、囱、般、叮、咛、结）

师：你给生字宝宝组个词，这个金蛋里的小鸡宝宝就出生了。

指名学生给生字组词。

师：小鸡们感谢你们把它们孵出来了，真厉害！

（8）字理识字——"盒"

师：生字你们都认识了，这个"盒"字用什么方法记住呢？（PPT出示"盒"字）

生1：我用加一加的方法记住了盒，合+皿=盒（出示PPT：合+皿=盒）

师："盒"由"合"和"皿"组成，你还知道其他皿字底的字吗？

生2：我还知道皿字底的字有脸盆的盆、锅盖的盖、头盔的盔。（出示脸盆、锅盖、头盔的图片，认识皿字底的字）

师："皿"字是象形字，"皿"字的本义是泛指碗碟杯盘一类的饮食用具。我们来看看它是如何从象形字演变成现代汉字的。（出示"皿"字的演变视频）学生观看"皿"字的演变过程。

师：看了视频，你们知道了皿字底的字都有什么特点吗？

生3：我知道了皿字底的字都是盛东西的容器。

师：真是一个会思考、会表达的孩子！

（9）生活中识字——"聊"。

师：无聊的"聊"字你们又是怎样记住的？（PPT出示"聊"字）

生：我认识聊天的"聊"，寒假时我经常在网上和同学聊天（出示微信截图图片认识"聊天"这个词）。爸爸妈妈的手机上有很多群聊。（出示微信截图图片认识"群聊"这个词）

师：你能从生活中识字真棒！

师：同学们的识字方法真是多种多样！我们顺利闯过了第一关——生字关。（PPT出示闯关成功的图片）

三、初读课文，整体感知

1.初读课文，标出小节

师：生字都掌握好了，课文你们会读吗？现在我们要进入的是第二关：朗

读关。（PPT出示第二关：朗读关）

师：请同学们齐读自读要求。

（PPT出示自读提示：①读准字音，读通句子。②标出小节）

生自读课文。

2. 检查自读情况

师：我们一起来看看课文一共有几个小节？

指名说。

生：课文一共有4个小节。

师：请把序号标在小节的旁边。（PPT出示标了小节的课文幻灯片）

3. 听同学接力读课文，思考课文主要内容

师：现在请4位同学来接力读课文，其他同学边听边思考，读完了课文，你知道了什么？（PPT出示要求：边听边思考，读完了课文，你知道了什么）

指名4位同学接力读课文。

师：4位同学的朗读让我们看到了一幅幅美丽的画面。

4. 汇报朗读收获："读了课文，我知道了……"

师：读了课文，你们知道了什么呢？（PPT出示：我知道了……）

（板书：我知道了）指名说。

生1：我知道课文里说的"彩色的梦"指的是彩色铅笔，我是从这句话知道的：我的彩色铅笔是大森林的精灵，因为精灵是会变魔法的，所以我的彩色铅笔一定也能把大森林的美景给画出来。

生2：彩色的梦就是用彩色笔画的梦，画了大块的草坪、大朵的野花和大片的天空。

生3：我觉得"跳蹦"这个词写得很好，写出了铅笔的调皮可爱。

师：每位同学读完课文都有自己独特的想法。

5. 了解第2段中破折号的作用

师：同学们知道课文第2段最后一句中，长长的一条横线是什么符号吗？

生1：第2段中长长的横线是破折号。

师：在这里有什么作用呢？有谁知道？

生2：破折号在这里的作用是声音的延长。

师：那谁再来读读这两句？（PPT出示：大片的天空蓝了，蓝——

得——透——明！）

指名生读。

师：从你的朗读中我体会到了作者看到蓝蓝的天空时的惊喜，在朗读课文时，标点符号能帮助我们理解作者所要表达的情感。

师：我们顺利通过了第二关——朗读关。现在我们进入第三关——质疑关。

师：都说会提问的小朋友是会学习的小朋友。请你们默读课文，想想课文中还有哪些不懂的地方？（PPT出示：默读课文，想想课文中还有哪些不懂的地方）（板书：我的疑问）学生默读思考。

师：我们来听听这些小朋友的疑问。反馈学生疑问：

生1：为什么说彩色的梦是一大把的？

生2：为什么说我的彩色铅笔是大森林的精灵？

生3：我还想知道课文里说的"紫葡萄的叮咛"指的是什么？

师：小朋友们的问题提得真好！

师：同学们真厉害，我们闯过了三关，顺利到达了梦幻城堡。（PPT出示顺利闯关图片）刚才同学们提了一些非常好的问题，答案就藏在梦幻城堡里。下节课我们继续学习第8课。最后我们来看这节课的作业。（出示PPT，布置作业）

四、布置作业

1. 写字书第8课。

2. 有感情地朗读《彩色的梦》。

五、板书设计

8 彩色的梦

我知道了　　我的疑问

《彩色的梦》第二课时课堂实录

深圳市龙岗区平安里学校　曲　迪

【教学目标】

1. 正确、流利、有感情地朗读课文，边读边想象小作者用彩色铅笔画出的彩色的梦。

2. 引导学生独立阅读诗歌，展开想象，体会儿童丰富的想象力，感受童年生活的快乐，激发学生读儿童诗的兴趣。

3. 仿照课文第2、3小节，把自己想画的内容写下来。

【教学难重点】

重点：

1. 正确、流利、有感情地朗读课文，说说小作者用彩色铅笔画出的彩色的梦。

2. 朗读课文，能用合适的语气、语调读出诗中充满童趣的想象画面。

难点：

1. 仿照诗歌写一写自己想用彩色铅笔画些什么。

2. 引导学生独立阅读课文，体会儿童丰富的想象力，感受童年生活的快乐，激发学生读儿童诗的兴趣。

【教学准备】

多媒体课件。

【教学过程】

一、音乐激趣，感知诗意

师：同学们，正式上课之前我们一起来听一首歌吧！（师播放音乐）

师：正如刚刚歌曲里唱的一样，我有一个彩色的梦，彩色的梦里有绿绿的草原和七彩的花朵，这一定是一个五彩缤纷的梦。那彩色的小铅笔又给我们描绘了怎样的梦呢？这节课我们接着学习《彩色的梦》，一起来感受梦境的神奇与美好。

师板书课题"彩色的梦"。

师：诗的开头写"我有一大把彩色的梦"，梦怎么用"把"来计算呢？请你来说。

生1："把"用起来更加的生动形象。

师：嗯，有点道理！

生2："把"这个字读起来更顺口。

师：那你来读一读这句话！

生3：是不是作者的梦很多呢？所以用"把"。

师：你好像走进了作者的心里，这个"把"字确实体现了作者的梦有很多。

生4：我觉得"一大把彩色的梦"指的是画出各种美好梦境的彩色铅笔，很多支彩色铅笔，所以要用数量词"把"。

师：真棒，你说得更具体了！

师：同学们，你们说的都有道理。那么，课文具体描写了哪些梦境呢？让我们看看课文是怎么写的？

二、想象画面，呈现梦境

1. 学习第2、3小节，感受神奇美妙。

（1）感受变化

（课件出示：自由朗读课文第2~3小节，边读边想象，彩色的铅笔给我们描绘了怎样的画面）

师：请同学们自由朗读课文第2~3小节，边读边想象，彩色的铅笔给我们描绘了怎样的画面，用你自己的话说一说。

师：谁来勇敢地读一读第2和第3小节？（生1读完）

师：表扬你，声音洪亮、吐字清晰，要是你能读得再慢一点就更好了。

师：谁再来读一读？谁想试一试？（生2读完）

师：从你的朗读中，老师仿佛也看到了这美丽的画面。

师：那你能用自己的话说一说，彩色的铅笔给我们描绘了怎样的画面呢？

（小组合作读，并讨论出结果）

师：哪个小组想和大家分享一下你们讨论出的结果？

师：你们这一组看着特别有信心，那请你们小组派代表来展示。（小组展示）

生1：请同学们跟我看第2小节，脚尖滑过的地方……蓝得透明，我好像看到彩色的小铅笔走哇走，笔尖滑过的地方发生了神奇的变化，我好像看到了草坪、野花和蓝天。

师：真是个会观察的孩子，其他同学有补充吗？

生2：我想绿色的小铅笔滑过的地方，草坪就变绿了！红色的小铅笔滑过的地方，花朵就变红了！蓝色的小铅笔滑过的地方，天空就变蓝了！

师：你可真是会想象，同学们请看大屏幕！

师一边讲解，一边播放PPT动画。

师：绿的草、红的花、蓝的天，彩色的小铅笔给我们描绘了多么鲜艳的画面！真美呀！你怎么读？

生1：大块的草坪，绿了；大朵的野花，红了；大片的天空，蓝了，蓝——得——透——明！

师：真是个小朗读家，从你的朗读中老师感受到一幅幅美丽的画面浮现在眼前。

（2）比较发现

师：不过，同学们，你们发现这两段文字有什么不同吗？你眼前浮现了哪些画面？

草坪，绿了； 野花，红了； 天空，蓝了。	大块的草坪，绿了； 大朵的野花，红了； 大片的天空，蓝了， 蓝——得——透——明！

生1：多了大块、大朵、大片。

师：你很会观察，那你觉得多了这些词语，眼前仿佛看到了哪些画面？

生2：我好像看到了绿绿的草坪、红红的花儿、蓝蓝的天空，真美呀！

师：老师仿佛也感受到了这一片美丽的景色，其他同学还有补充吗？

生3：我仿佛看到了：小铅笔轻盈地踮起脚，走得又轻又快，它的脚尖轻轻一滑，大块的草坪就变成了绿色，再轻轻一滑，大朵的野花、大片的天空，全都变了颜色，真是太神奇了！

师：你的想象真是独特，把小铅笔都写活了！

师：同学们，大块、大朵、大片这样的词语，让我们仿佛也看到彩色的小铅笔在纸上轻盈舞蹈的样子！请同学们跟着老师来读一读吧！

（教师范读，学生跟读）

（3）指导朗读

师：我们来看这个句子，它和其他句子可不一样哦！

（课件出示：蓝——得——透——明）

生1：老师这句话多了一些横线，这个叫……

师：你发现了不同，听听其他同学是怎么说的。谁来说？

生2：老师，我发现了这个句子里有破折号，"蓝——得——透——明"，所以我们在读的时候可以延长一下语气！

师：给你点个赞，你掌握了破折号的朗读技巧。你能读一读吗？（生读）

师：蓝——得——透——明，这里读得有点快了，不过没关系，你看了下面这些图片，一定知道该怎么读了！

师：同学们请看，有的时候天空是这样的，你看到了什么？

（课件出示：两幅灰蒙蒙的天空图片）

生1：老师，我觉得这里的天空灰蒙蒙的，看着我的心情很不好，生活在这里的小朋友一定很渴望蓝蓝的天空吧！

生2：我感觉空气中到处都是灰尘，估计小朋友在做游戏的时候，都会吸进灰尘，好替他们担心哪！

师：是呀，灰蒙蒙的天空带给人的感觉很压抑，他们多渴望蓝蓝的天空啊！

师：如果这里的小朋友看到了这样的天空，他们会发出怎样的赞叹呢？

（课件出示：两幅瓦蓝瓦蓝的天空图片）

生1：天哪，这里的天空湛蓝湛蓝的，美极了！

生2：我好喜欢这里的天空，好像被海水清洗过一样，蓝得发光！

生3：这么好的天气，我好想和爸爸妈妈一起去郊游！

师：从你们回答的语气中，老师感受到了你们见到湛蓝的天空时，那种兴奋、惊喜的心情。

师：在这样"蓝——得——透——明"的天空中，你仿佛看到了什么？

生1：天空很蓝，很干净，万里无云。真是蓝——得——透——明！

生2：这里的空气清新，天空湛蓝，像蓝宝石晶莹透亮，真是蓝——得——透——明！

生3：这里的天空像蓝色的海水，蓝——得——透——明！

师：我们全班同学一起来读：蓝——得——透——明！

师：是呀，看到蓝得发光的天空，绿得发亮的草坪，红得似火的花朵，多么令人高兴呀，请同学们一边想象画面，一边朗读这美丽的梦吧！谁想试一试？

（课件出示：脚尖滑过的地方，大块的草坪，绿了；大朵的野花，红了；大片的天空，蓝了，蓝——得——透——明）

生1朗读。

师：给你点赞，此时的天空真蓝！

生2朗读。

师：在破折号朗读这里，你读得松弛有度，老师仿佛也看到了那一望无际、蓝得透明的天空。我们一起美美地读读吧。（全班齐读）

（4）仿说句子

师：这样一幅五彩缤纷的画面，不就是彩色的梦吗？同学们，现在拿起你的小铅笔，想象一下，它的小脚尖滑过的地方，还会发生怎样的变化呢？

（课件出示图片：金黄的麦田、绿绿的草原、洁白的云朵、火红的太阳）

（生一边看图片，一边思考，口头创作一节小诗）

生：脚尖滑过的地方，大片的麦田，黄了；大块的草原，绿了；大片的云朵，白了；大个的太阳，红了，红——得——似——火！

师：你不仅会观察，也很会想象，真棒！

（课件出示图片：红红的太阳、紫色的葡萄、深绿色的湖水）

（生一边看图片，一边思考，口头创作一节小诗）

生：脚尖滑过的地方，圆圆的太阳，红了；甜甜的葡萄，紫了；深深的湖水，绿了，绿——得——透——明！

师：这两位同学表达的方式不一样，但却同样用诗一样的语言描绘了一幅美丽的画面！相信你们的想象力也能像他们一样精彩！

（5）读中想象

师：小铅笔染绿了草坪，点红了野花，吹蓝了天空，它继续向前滑动，它又去了哪儿？又给我们描绘了怎样的画面呢？

生1：请同学们跟我看第3小节，这一次小铅笔滑向了葱郁的森林。

师：还有同学补充吗？描绘了怎样的画面呢？

生2：这一次它画了雪松、小鸟、小屋、烟囱和太阳。

师：你可真细心，其他同学找到了吗？我们一起把这几个词语画下来。

27

（课件出示：雪松、小鸟、小屋、烟囱、太阳）

（6）理解词语：葱郁

（课件出示：茂密的森林图片）

师：这一次小铅笔来到了葱郁的森林里，那葱郁的森林里是什么样子的呢？葱郁又是什么意思呢？我们来看一看这幅图，这就是葱郁的森林，葱郁就是树木青翠茂密的意思，满眼的绿色，所以有个词语叫"郁郁葱葱"，那在这个葱郁的大森林里，小铅笔给我们描绘了怎样的画面呢？

生1：在观看插图的时候，我看到了森林里有很多葱郁的小雪松，雪松们之间像朋友一样，手拉着手肩并着肩，非常亲密！

生2：我仿佛看到了小雪松对小鸟说："小鸟，你不仅舞姿美，你的歌声更是甜美动听，请留下来多唱几首歌吧！"

师：小雪松和小鸟还有对话呢，多和谐呀！小鸟的歌声真动听！现在你就是挺拔的小雪松，男生读一读吧！（课件出示：在葱郁的森林里，雪松们拉着手，请小鸟留下歌声）（男生齐读）现在你就是快乐的小鸟，女生读读吧！（女生齐读）

师：多么欢乐热闹的场面哪，在这葱郁的森林里，小铅笔还给我们画了什么呢？

生1：我好像看到了太阳像苹果一样又大又红，还结在烟囱上呢，多有趣呀！

（课件出示：课文插图+小屋的烟囱上，结一个苹果般的太阳，又大——又红）

师：请你们把这有趣的感觉送回文章中，再来读一读吧！（全班齐读）

师：这里的太阳又大又红，你们读出了欣喜的语气，老师仿佛也看到了又大又红的太阳，真棒！

师：这里多美呀！亲密的小雪松、快乐的小鸟、苹果般的太阳，多么和谐的画面！下面请同学们一边想象画面，一边做动作，再来读一读吧！

（学生一边做动作，一边朗读，开心极了）

师：看，彩色的小铅笔，给我们描绘了一幅多么和谐的画面哪！

2.学习第4小节，感悟美好。

师：彩色的铅笔就像一个有魔法的精灵，（课件出示：森林和精灵飞舞的样子）所到之处五彩缤纷、鸟语花香，这群可爱的小精灵，它们又滑去哪儿了呢？请同学们默读第4小节，然后说说我的彩色梦境里还有些什么？

（课件出示：水果香、季节风、紫葡萄的叮咛、溪水的流动）

生：小笔尖，它还滑出了水果香、季节风、紫葡萄的叮咛，还有溪水。

师：读到这儿说说你好像看到了什么？听到了什么？闻到了什么？

生1：读到"水果香"我仿佛在一个大果园里，闻到了苹果的香味、水蜜桃的香味，还有西瓜的香味，满鼻子里都是水果的香味，我都想吃一吃果园里的水果。（课件出示：卡通水果乐园）

师：小铅笔给我们画了一个丰收的果园，果园里到处都是水果的香味，你闻到了吗？

生2：我仿佛感受到了季节风，春天的风轻轻柔柔、夏天的风火辣辣、秋天的风凉飕飕、冬天的风呼呼吹。（课件出示：四个季节的风的图片）

师：春风暖，夏风狂，秋风爽，冬风寒。小铅笔给我们描绘了不同季节的风，你感受到了吗？

生3：读到"紫葡萄的叮咛"我好像看到一大串一大串的紫葡萄，它们挨挨挤挤，好像在互相叮嘱对方，说悄悄话呢！同时，我还听到了溪水在森林间流动，发出悦耳动听的音乐交响曲。（课件出示：大串的紫葡萄＋流动的溪水）

师：小铅笔画出的紫葡萄的叮咛，你听到了吗？溪水一路前行的脚步，你听到了吗？听了你们的描述，老师仿佛看到整个画面都动起来了，多么神奇的梦境，多么神奇的彩色小铅笔啊！难怪作者说它是大森林的精灵！同学们，现在你知道彩色的梦是什么了吗？

生1：彩色的小铅笔。

师：还不够准确，你再想想！

生2：画出来的画。

师：谁画出来的画？

生3：小铅笔画出来的画。

师：对了，这就更完整了！

师：原来彩色的梦就是彩色小铅笔画出的一幅幅五彩缤纷、和谐共生、生动活泼的画面哪！

（课件出示：整首诗＋课文插图，配上音乐）

师：请同学们闭上眼睛，让我们伴随着美妙的音乐，再来回味这多彩的画面吧!

师:请同学们跟随着音乐,一起来读一读!

三、延伸课外,仿写梦境

师:多么神奇的彩色铅笔,脚尖滑过的地方,就变得异常美妙。它拥有无穷的魔法,同学们,你想用彩色铅笔画些什么?试着仿照第2小节或第3小节,把想画的内容用几句话写下来,也可以梦配画!(学生仿写10分钟)

师:下面我们来看看同学们描绘的梦是什么样子的?

生1:春风吹过的地方,大片的梨花,开了;成群的燕子,飞了;活泼的鱼儿,游了,游——得——欢——快!

师:我仿佛看到了春天万物复苏、生机勃勃的气息。

生2:在宽阔的大海里,鱼儿们排着队,欢快地游来游去;调皮的小海豚,像跳水运动员一样,在海面上,跳来——跳去!

师:我仿佛看到了一望无际的大海,小海豚跳跃的样子!

(找三个同学仿写的诗配画,然后集结成属于自己班级的诗《彩色的梦》)

师:当老师把同学们创作的小诗放在一起,你们看,发生了神奇的变化,这是属于我们班同学们自己创作的《彩色的梦》,多么珍贵呀!

彩色的梦

(一)

我有一大把彩色的梦,
有的长,有的圆,有的硬。
他们躺在铅笔盒里聊天,
一打开就在白纸上跳蹦。

手指滑过的地方,
满树的桃花,粉了,
满墙的牵牛花,紫了,
满园的向日葵,黄了,
香——气——怡——人!

(二)

在无垠的田野里,
油菜花昂着头,
请微风留下温柔。
池塘的荷叶上,
有一串晶莹的水珠,
又清——又亮!

在广阔的大海里,
鱼儿们排着队,
请海鸥伴唱。
小朋友的眼睛里,
有一颗五彩的星星,
又闪——又亮!

（三）

笔尖滑过的地方，

温暖的太阳，红了，

雄伟的高山，绿了，

广阔的大海，蓝了，

蓝——得——动——人！

我的彩色铅笔，

是大森林的精灵。

我的彩色梦境，

有水果香，有季节风，

还有紫葡萄的叮咛，

在溪水里流动……

师：在你们的诗配画里，这不仅仅是一支笔，更代表着奇特的想象，只要我们留心观察生活、热爱生活中的一点一滴，我们也一定可以从生活中创造属于自己的儿童诗！

四、升华情感，拓展梦境

师：同学们，我们也要向高洪波爷爷一样，用你们的笔展现出童年的那份快乐。老师给你们推荐几本高洪波爷爷的儿童诗，课下同学们可以找来这些诗集读一读（《四季风》《小花朵的梦》《大象法官》《吃石头的鳄鱼》《我喜欢你狐狸》）。（课件出示：高洪波作品）这节课我们就上到这里，同学们，再见！

❖❖ 备课解析 ❖❖

基于文体意识的儿童诗教学策略

深圳市龙岗区平安里学校　李向微

各位老师，大家下午好。今天我要和大家分享的话题是：基于文体意识下的统编版儿童诗教学，我将从以下四个方面进行阐述。

刚刚由两位老师用两个课时完成了一篇儿童诗《彩色的梦》的教学。两位老师能够深入分析教材、结合学生特点、精心设计教学板块，课堂上结构紧凑、环节清晰完整地呈现了这首充满童心和智慧、画面立体的儿童诗歌。

肖老师遵从第一学段课标要求，注重了基础知识的落实，通过多种形式激发小朋友主动识字的愿望（借助拼音卡片识字、点击动画游戏识字、结合文本语境识字、联系生活理解词语意思）。写字教学时，重视对书写习惯的培养、字形特点的分析、运笔动作的落实等方面进行示范辅导，这是低年级基础教学重要的环节，值得其他老师学习。课堂上肖老师布置学生三次通读全文，每次要求不同，重点解决问题不同，层层深入，逐步引导学生能把全文读顺读流利，达到了整体感知的目的。

曲迪老师执教的第二课时，预设的主要教学目标是通过在朗读方面的指导，引导学生品味语言，学习作者会使用中华汉字；师生反复诵读，结合自己实际创作并表现出自己美妙的梦。本节课上，曲老师特别在朗读指导、想象力培养、表现欲激发等方面下功夫，为我们呈现了一堂独具特色的儿童诗再创作教学形式。最突出的特点：一是学生为本，尊重学生的认知规律；二是扶放结合，培养学生使用语言文字的能力；三是培养审美，图文结合展示自我再创作的能力。

以此课为例，今天，我们就来说一说儿童诗这种文体形式。在统编版教材中，诗歌的比重增加，内容更贴近学生生活。我们作为一线老师，如何利用好这些教学内容，来培养学生良好的道德情操、提高学生的语言表达能力、增强审美情趣提升艺术鉴赏力、大胆展现思维想象力。让诗歌学习在学生的成长岁月里成为有回味乐趣的一部分，今天，我们就从以下几个方面来谈一谈。

首先，我们来认识什么是儿童诗。

儿童诗是诗的一个分支，是以儿童为对象的，符合儿童的心理和审美特点，使用最富于感情、最凝练、有韵律、分行的语言来表情达意的一种艺术形式。包括成人创作的儿童诗以及儿童创作的诗歌。

其次，我们来了解儿童诗的特点。

1. 适合诵读。诗体本身凝练、有韵律，读起来简单又充满乐趣。例如，《让我们荡起双桨》和《春天在哪里》等诗歌中那鲜明的节奏感，都给人以读诗如唱的明快感觉，使学生激动之余获得美感。

2. 与学生生活接近。在诗歌中依托了儿童的生活，关注孩童的世界。如舒兰的《虫和鸟》：

我把妈妈洗好的袜子，/一只一只夹在绳子上，/绳子就变成了一只多足虫，/在阳光中爬来爬去。/我把姐姐洗好的小手帕，/一条一条夹在绳子上，/

绳子就变成一群白鹭鸶，/在微风中飞舞，飞舞。

在生活基础上的大胆想象，依赖这种想象的巧妙构思，使平凡的生活现象变成一种儿童式的神奇和余味无穷的美丽。

3. 语言简单却精粹。用一些常用词汇，妥帖地、巧妙地安放在诗句中，焕发出诗意。如一年级教材中的《青蛙写诗》：

下雨了，/雨点淅沥沥，沙拉拉。/青蛙说："我要写诗啦！"

小蝌蚪游过来说：/"我要给你当个小逗号。"/

池塘里的水泡泡说：/"我能当个小句号。"

荷叶上的一串水珠说：/"我可以当省略号。"

青蛙的诗写成了：/"呱呱，呱呱，/呱呱呱。/

呱呱，呱呱，/呱呱呱呱……"

寥寥数语就把充满生命活力的池塘景象展现在读者面前，而且用拟人的手法，以极其准确的措辞——"写诗"形象地描绘出青蛙这位"大诗人"的才智，小生灵的形象摆在了小朋友们的面前。经常吟诵此类诗，儿童不仅可以提高审美能力，还能从中学习并提高驾驭语言、鉴赏语言的能力。

4. 比较雅致，富于情趣。相对于儿歌，儿童诗是诗人创作的，利用想象的因素来表现儿童艺术，所以程度较深。如台湾作家方素珍的《明天要远足》：

翻过来……/唉——/睡不着。/

那地方的海，/真的像老师说的/那么多种颜色吗？

翻过去……/唉——/睡不着。/

那地方的云，/真的像同学说的/那么洁白柔软吗？

翻过来……/翻过去……/

唉——/到底什么时候，/才天亮呢？

在小朋友翻来覆去的期待中，憧憬的是大海的颜色、云朵的样子和色彩，通过翻身和叹息来表达急切的心情。在这精巧的构思中，既有盎然的童趣，又带着读者走进了期待的世界，这里不仅有小作者的想象，而且更给读者留出了极大的想象空间。

一、儿童诗的分类

在类别的划分上，儿童诗与一般诗歌大体相似，可以从不同的角度进行分类。从表现手段的运用方面，可分为抒情诗和叙事诗两大类。

（一）抒情诗

抒情诗是作者以主人公的口吻，直接抒发内心的思想感情而形成意象的文学样式。叶圣陶的《风》、高帆的《我看见了风》等，都是儿童读者喜爱的抒情诗。

（二）叙事诗

叙事诗是运用诗歌的语言，通过某一特定的生活场景，表现人物或事件的相互联系，创造优美的意境，真实地表现情感的文学样式。

叙事诗大多依靠情节或人物串缀展开诗序，但不一定要求故事情节的完整，情节结构允许较大的跳动，是带着浓郁的诗情抒写人和事的。

任溶溶的《爸爸的老师》、柯岩的《帽子的秘密》《小弟和小猫》，可谓叙事诗中的代表作。

从押韵、分行的角度，可分为韵律体诗和散文体诗两大类。但由于儿童诗的涵盖面比较广，常常以诗的外壳包容儿童文学其他样式和内容。因此，可把儿童诗分为童话诗、寓言诗、科学诗、故事诗、讽刺诗、题画诗等。

儿童诗的思想内容和形式特点符合儿童的认知特点，因为它的思想内容贴近儿童生活实际，着眼于儿童发展，深受儿童欢迎。儿童诗的情感体验也是站在儿童立场，与儿童融合在一起，是为儿童所乐于接受的。因此，在儿童诗教学过程中，可以做到真正的寓教于乐，使儿童内心充满着志趣、意趣、情趣。

二、儿童诗与儿歌的区别

儿童诗与儿歌同属于儿童诗歌类，它们虽然都具有诗歌的共性特征，但又各自具有自己的个性特征，两者之间有着明显的区别。

首先，从读者对象的角度看，儿歌是以学龄前期和学龄初期的学生为主要对象；儿童诗则是以学龄中后期的学生为主要对象。

其次，从主题思想的表现看，儿童诗的主题思想常常以间接方式表现出来，比较深刻、含蓄；儿歌则往往是比较单纯浅易地表现它的主题思想。

如儿童诗《小弟和小猫》与儿歌《洗手》都是以讲究卫生为主题的作品，但表现方式却明显不同。

《小弟和小猫》 柯岩

我家有个小弟弟，/聪明又淘气，/

每天爬高又爬低，/满头满脸都是泥。/

妈妈叫他来洗脸，/装没听见他就跑；/

爸爸拿镜子把他照，/他闭上眼睛格格地笑。/

姐姐抱来个小花猫，/拍拍爪子舔舔毛，/

两眼一眯"妙，妙，妙，/谁跟我玩，谁把我抱？"/

弟弟伸出小黑手，/小猫连忙往后跳，/

胡子一撅头一摇，/"不妙不妙！太脏太脏我不要！"/

姐姐听见哈哈笑，/爸爸妈妈皱眉毛，/

小弟听了真害臊：/"妈！妈！快给我洗个澡！"

这首诗通过对小弟弟不讲卫生，不仅大人不喜欢，甚至连小猫都不和他玩的情节的描述，形象生动地把主题表现出来了。

儿歌《洗手》：

哗哗流水清又清，洗洗小手讲卫生，大家伸手比一比，看看谁的最干净。

在这首儿歌中，以"洗洗小手讲卫生""最干净"等词句，把所要表现的主题说得清清楚楚，儿童一听就会明白，不需要做更多的思考。

再次，从语言表现形式上看，儿童诗与儿歌的语言均要求凝练、简洁、有概括性。由于表现深度的不同，儿童诗的语言比儿歌的语言更纯粹、更集中、更富有想象的张力。在韵律方面，儿童诗不像儿歌那样讲究音韵的和谐和节奏的整齐。

最后，从篇幅长短看，诗有长有短，不受限制，其中叙事诗、童话诗的篇幅都比较长；而儿歌因为口头创作、供幼儿吟唱的特征，一般都较为短小。

现代儿童诗诗人王宜振说："用优秀的儿童诗歌，去浸润充盈儿童的心灵，帮助他们完善人格塑造，培养性情，养成审美趣味。"这段话揭示了儿童诗教育的意义。

也就是说，儿童诗教育最根本的任务是儿童心灵的塑造，引导儿童与儿童诗进行灵魂的碰撞，唤醒、激发学生沉睡的心灵，促进学生的个性发展。以诗性育童心，就是抓住儿童诗的本质属性来培育儿童的心灵，为其塑造有灵魂、有追求的精神世界。

三、儿童诗教学中需要重视的问题

（一）以"诵读审美"为重心的诗教

课标指出：低年级学生通过诵读、展开想象，获得初步的情感体验，感受语言的优美；低中年级学生在诵读的过程中体验情感，积累背诵优秀诗文；高年级学生大体把握诗意，想象诗歌描述的情境，体会诗人的情感。学生们受到优秀作品的感染和激励，向往和追求美好的理想，通过诵读优秀诗文注意声调和节奏的把握，体味作品的内容和情感。我们可以看出，各个学段的教学都应重视朗读和默读方法的指导，让学生在读中感受儿童诗的音乐美，指导朗读时要注重节奏、音调、韵律，以利于学生们培养语感。在读诗的过程中，可以让学生回忆，可以让学生想象，可以让学生移情，我们教师在课堂上所有的努力都是为了让学生的体验和诗人的情感交织在一起。当学生有感受、有体验之后再朗读，味道就完全不一样了，学生会发自内心地喜欢上朗读，因为他们发现读诗实际上就是在读自己。而儿童诗教学情境的设置则显得尤为重要，犹如外界事物对诗人的刺激一样：花红柳绿，月明星稀，秋风飒飒，都可以引起诗人或喜或悲或怜的情愫。一个恰当的教学情境的设置，则为整首诗的审美定下了基调，涂抹了底色。情境创设的形式很多，其中教师的语言描述在众多情境的展示中是必不可少的。语言描述必须是一首优美的抒情诗，要求教师既吃透文本，又跳出文本，像儿童一样思绪飞扬，或情满于山，或化身万物，倾听他们的浅吟低唱。如《快乐的节日》这首诗的导入词可设计为：我们的祖国正在欣欣向荣蓬勃发展，每位少年儿童在祖国的怀抱里茁壮成长，每天来到学校绽放花儿一般的笑脸，与同学和老师相见，小鸟也在用它清脆的歌声欢迎我们的到来，我们每天健康成长，每天都有幸福和快乐陪伴着我们，今天让我们一起来欢度我们的快乐节日吧！（课文配乐起）

　　快乐的节日/小鸟在前面带路，/风儿吹向我们。/

　　我们像春天一样，/来到花园里，来到草地上。/

　　鲜艳的红领巾，美丽的衣裳，

　　像朵朵花儿开放。/花儿向我们点头，/

　　白杨树哗啦啦地响。/它们同美丽的小鸟，

　　向我们祝贺，向我们歌唱。/

　　它们都说有了我们，/可爱的祖国就更有希望。

　　感谢亲爱的祖国，/让我们健康地成长。/

　　我们像小鸟一样，/等身上的羽毛长丰满，

　　/就勇敢地向着高空飞翔，/飞向我们的理想。/

唱啊，跳啊，/敬爱的老师，

亲爱的伙伴，/我们一起度过这快乐的时光。

这样，孩子们的情绪有了响应，读起诗来自然就会声情并茂了。

（二）以"理解交流"为重心的诗教

通过"大声思考"，把原本无声的快速、复杂、微妙的思考放声说出来，这是一种向学生做直接、明确的童诗阅读示范的方式。因为教材中所选内容都是具有典范性的、文质兼美、富有文化内涵和时代气息的作品，风格丰富多样，难易适度，密切联系学生的经验世界和想象世界，适合学生学习交流。而交流是一门"教学艺术"，可分为"无序交流""有序交流"和"无痕交流"。"无序交流"表面热热闹闹，实则缺乏教师的有效组织引导，是低效教学。"有序教学"是在教师有意识的引导下，为达成既定的教学目标而组织的教学活动，有利于学生语文素养的整体提高。儿童诗教学在交流中，教师要机智灵活地把相似的问题汇聚成一条思想的长河，描绘成一幅多彩的画卷。在交流中，教师要善于把"交响乐"中不和谐的音符进行艺术的筛选、修订，再精心编织成一个令人惊喜的花环。所以，每一次交流就是一幅优美的小画，不断编织，绘成了一册装帧精美的画卷；每一次交流就是一朵欢腾的浪花，不断积聚，汇成了奔涌的大海。在不同形态的儿童诗课堂教学中，儿童始终处于课堂的中央，感受着诗歌语言的熏陶，享受着充满诗意的学习与教育生活。

（三）以"拓展写作"为重心的诗教

说到写诗，我们不用回避教"技巧"，完全可以让学生通过模仿来借鉴。当学生积聚了一定的创作方法后，千万不能框定学生思维，力求多变新颖。鼓励学生联系自己的生活，通过问题、话题的讨论与分享让学生多回顾、联想、审视自己的生活。当一幅儿童诗教学的艺术品即将完成之际，教育者应深深知道：我们已在幼小的心灵上埋下了文学的、诗的种子！种子的萌发还需要雨水的滋润，空气的呵护，土壤的温度。这就要求教师在读写结合的环节上，赐予孩子一副点金的拐杖。北京大学教授陆剑明认为：语文教学一是给予学生真善美的熏陶和教育；二是培养学生的语文素养；三是让学生掌握恰到好处的语文知识和能力。基于以上几点，我们要为学生自主写作提供有利条件和广阔空间，减少束缚，鼓励自由表达，有创意地表达。新课标明确指出：低中年级学生重在模仿、减低难度，以培养出学生写作的兴趣和自信心。高年级学生乐于表达，表达真情实感，关注现实，热爱生活，根据所学内容乐于动笔、善于观察发现、表达出自己的独特感受；还有能力做自主修改，做到语句通顺行款正确，有大胆的想象与追求。当孩子还沉浸在诗的教化时，趁热打铁，授予方法，传予技巧，激发兴致。如在教学《听听秋的声音》或《童年的水墨画》的读写结合环节时，可以先提出写话的具体要求——模仿本课比喻、拟人、排比、对仗押韵的写法，写一首小诗，再出示多首与要求密切相关的儿童诗进行阅读。儿童积累了大量素材后，激发了强烈的说写欲望，就会出现一些颇具童趣的小诗。

过渡：有人说拥有一颗诗意的心灵，会随时捕捉一缕风的清凉，一盏灯的温暖，一曲笛声的婉转，一册书卷的芬芳……而儿童是天生的诗人，心中有天生的诗性。

所以我认为，我们小学语文教师尤其是低年级的教师，如果能带着孩子练习写诗、坚持写诗，很有可能会把我们的生活变成诗。

四、经验与教学方法

近年来，在东亚汉文化圈的小学语文教育中，儿童诗歌写作课程蔚然成风。这种教学的新模式依托原有的母语启蒙教育、写作能力培养课程，成为语文教学中新兴的辅助手段。通过对小学语文教育界科研、前沿的仔细观察，我发现，在国内已经有不少学校开始在课堂教学中尝试儿童诗歌写作。目前，我切身实践儿童诗歌写作课程已经有三年时间，总结出一些教学经验与教学方法，与大家分享。

（一）儿童诗歌写作的滥觞

我们需要对"儿童诗歌写作"给出定义：在小学低年级语文教学中，以诗歌写作为培养手段，以强化学生语言组织能力、培养学生母语使用的感觉和美学欣赏水平为目的的一种语文教学方式。

传统的诗歌教学常常被视作语文教学中的高阶内容，因为诗歌的实用性低、教学难度大，在考试中一般仅仅以诗歌赏析、默写的形式出现。学习诗歌的目的也大多固定在培养学生语感、增加传统文化熏陶的层面。从古到今，无论东西方，诗歌的写作都代表着一种语言的最高级文体。在中国古代，写诗是旧士大夫们展示文化资本的手段；在西方，诗歌这种文体也常常是高贵、经典文化的代表。因此很多人以为，儿童诗歌写作应该是也必须是正统诗歌教学的一部分。但实际上，我认为儿童诗歌写作与文学经典之间的关系并不密切。

新中国成立以来，儿童诗歌的发展迅速，但是主要以成名诗人为儿童写诗为主，由儿童作为作者的诗歌教学模式在2010年以后才出现。

从这一新型教学方式的兴起来看，儿童诗歌的兴起与以人为本的新型教育观有着密切关系。儿童诗歌的价值被肯定，从一个更广泛的教育范畴来看，标志着教育者对儿童创造力的认可。长久以来，儿童在启蒙教育中始终处于"受教育者"的被动地位。既然是被教育者，那么其想法、行为都被教育者当作检查和纠正的对象，只有符合教育者要求的行为才会被鼓励。由于教育者本身是社会中的成人，难免以成人世界的行为标准去要求学生，因此在教育中虽把学生当成"人"，却不可避免地忽视了学生的主体性地位。而在儿童诗歌写作中，教育者首先需要建立一种颠覆的概念——学生的写作可以称为"诗"。首先肯定了学生语言的文学性，其次打破了"诗歌"的高贵光环。

为什么学生的语言可以被称为"诗"呢？这就与儿童的天性和社会位置有关了。俗话说童言无忌，所谓"忌"，指的是人类社会已成型的语言规范。比如渔民很少谈论海难和自然灾害，军事组织中不能谈败仗等。语言规范的形成有其有利的一面，但是社会分工越复杂，语言规范越多，相伴的语言禁忌也就越多，有时就会限制语言本身的丰富性了。同时，我们应该注意儿童诗歌与儿童心理的契合，儿童诗歌是一种特殊的语言艺术，也是一种特殊的儿童文学，具有自己的美学特质。儿童因为还没参与过社会组织的培训，即使是使用母语也处于尝试阶段，所以在使用时虽然会发生错误，但是只要教育方法得当，学生就能在既定框架内发挥出自己的语言天赋来。

（二）自由是第一创造力

在低年级写作教学中，无论是老师还是学生，常常受困于写作的素材。因为学生的生活内容单一，社会阅历几乎为零，所以不论是写日记还是看图写话，学生们常常会犯"流水账"这种千篇一律的毛病。那么，如何才能调动起学生的想象力，做到写作的多样性呢？

我认为，诗歌写作是非常好的方法。首先，诗歌写作无定法，不需要硬性规定学生们使用句读。换句话说，就是让学生把想说的话用诗歌的结构罗列起来。其次，写诗是为了抓住一瞬间的灵感，只要学生想到的生活片段，都能放进去。比如下面本班同学原创的儿童诗歌片段：

世界上到处都是玩具，

孩子们饭前饭后都是玩玩具，

在爸爸妈妈出去后我都是玩玩具。

大家看，生活里一个简单的"玩玩具"的细节，在这首诗里一唱三叹，颇有民间咏叹调的风格。

在当前的教育模式下，教师和家长很容易用成人的价值观束缚学生的思维，比如要求儿童诗歌必须积极向上、内容必须和学习相关等。但是让成人仔细想想，现在的小学生虽然社会阅历少，可社会发展是日新月异的（尤其是信息传播媒介的发展），所以他们生活中对成人社会的体验远多于10年、20年前的小学生。教育者们首先应该接受这种现实，同时还应该承认，儿童和成人一样有喜怒哀乐。每个人都有疲劳和需要娱乐的时候，成人对游戏的渴望甚至更强烈，儿童只是勇于说出一些我们平时生活里不敢说的话而已。又如下面这个例子：

这种想法有多么美好，

世界上到处有鸡腿和酱油，

我饭前都这样祈祷，

在每个吃饭的地方。

这种想法有多么美好，

世界上到处有电视，

爸爸妈妈去上班的时候，

我就在沙发上看电视。

从这首诗中，我们发现儿童对欲望的表达方式和成人也有明显不同，成人或许有很多种欲望，但大部分都隐藏起来。那么儿童呢？因为社会阅历限制，其实他们想要的非常少，可是又不会隐藏自己，想要的全都想说出来。比如要"吃鸡腿""看电视"和"不被爸妈管教"。这些词语的力量正来自它们的朴素和单纯。因此，如果想让孩子写出真正有感染力的文字，要给孩子一个自由自在的、不受成人价值观影响的创作环境。

（三）在诗歌中锻炼语言组织能力

儿童诗歌写作除了可以锻炼学生的自由思维和想象力以外，还能锻炼儿童组织语言的能力。传统的看图写话、命题作文对于学生来说，常有一把"格式正确、字数达标"的利剑悬在头上，低年级学生还没学会造句就要去学习组织文章了。面对这种本末倒置的教学目标，不仅对学生写作造成困难，老师批改作文时也无能为力，因为语文的训练是需要在日常生活中积累的，一时的订正很难治本。

但是，如果老师将写作教学的模板定为一篇三段式的小诗，情况似乎就发生了转变，例如：

我们俩在家里造了一架飞机，

全部都是用积木做成的，

飞机上堆满了垫子，

我们叫飞机冲上云霄航行。

我们带工具，准备出发，

姐姐说："喂，别忘带上吃的东西！"

这就够了，姐姐和我呀，可以航行一整天。

我们玩一天航行，这游戏呀，真好玩，

可惜呀！姐姐说不玩了，就剩下我一个人，没人做伴。

在这篇三段式小诗里，小作者描写了一个和姐姐一起玩游戏的故事。从制造"飞机"到预备"飞行"到最后回归现实，段落之间呈现出叙事的递进关系。如果把每一段落看作一句话，我们会发现实际上该首诗中句子的语法结构非常完整，而且已经具有了长短句的雏形。同时诗歌对语言的要求是精练的，短句子里不仅要有内容，还要有意象。学生在句子创作中不断打磨语言，养成了用最短的句子表达最多思想内容的习惯，这不就是传统中文里强调的"惜字如金"吗？

更难能可贵的是，最后一段里不仅有故事，还蕴含着作者的情感，联想起孩子无辜的眼神，更让读者感到无限爱怜。很多低年级学生在这个阶段的写作都会被指出有"流水账"的毛病，具体而言就是语言不带情感。究其原因，就在于孩子们对自己写的东西缺少感受，没有主观的好恶，纯粹为了完成书写任务而去写作。但是在诗歌文体里，前文铺陈够了，结尾自然有一个抒情的要求，这是符合儿童心理需求的。经过长时间、高频率诗歌写作的训练，学生在写文章时就会自主形成"叙述+抒情"的写作范式。当进入高年级的写作学习时，学生在语言上已经有了灵性，在这个基础上去调整段落结构就事半功倍了。

我一直认为，中国诗歌传统的"赋""比""兴"是最天然的诗歌形态，是人类社会语言规律的反映。"赋"，是铺陈的意思，对事物直接陈述。"比"，就是比喻，以彼物比此物。"兴"，就是联想，触景生情，因物起兴。《诗经·关雎》里，"关关雎鸠，在河之洲；窈窕淑女，君子好逑。"在短短一句诗里，有景物、人物，还有主观情绪。关雎和淑女都是美丽的东西，虽然缺乏西方语言学上关于语法的逻辑联系，但是情感之所相同才是中国诗歌的精髓所在。即使到了现代，我们在民歌里还能找到这样的例子，比如著名红色歌曲《山丹丹花开红艳艳》里，"山丹丹的那个开花哟红艳艳，毛主席领导咱们打江山"。在这句歌词里，"山花开"与"主席来"看似无逻辑上的关联，但是在情感上都是群众喜欢的事物，所以能够有机地融为一体。在儿童诗歌里，学生把自己喜欢的事物进行铺排，最后表达自己对事物的喜爱，这就是儿童思维和传统诗歌逻辑的共同之处。

长期以来，我们的教育工作者对于传统文化逻辑的印象大多停留在背诵、默写这样的死功夫上。但实际上，作为物质社会发展成果的产物，我们的文化习惯源于我们民族特有的生产方式和意识形态。广大语文教育工作者应该找到更多的途径将中国传统思维和儿童的天性相连接，只有通过这样的方法，培养创造思维，鼓励大胆想象，促进民族文化发展，才能与时俱进，才能真正孕育于下一代的成长。

（四）在分享中锻炼阅读能力

儿童诗歌的培训，除了提升学生的自主学习和创新思维外，还应该通过课堂分享的方式来提高写作效率。诗歌写作在中国文学的传统里常被看作文人展示文化资本的个人行为，较难和集体学习扯上关系。但是在儿童诗歌的教学方面，老师必须注意到学习经验的横向传递。

在学生完成了诗歌创作的学习任务后，老师需要有意识地在班级内带领学生们集体分享。要鼓励学生读诗。读诗活动本身就是朗读的一种变体，同时具有个人才华展示的功能。为了要在同学面前展示，学生就会主动修正诗句里存在的问题，而且朗读是创作者检查作品韵律的重要方法，不通顺、用词不准确的地方都可以通过朗读自查。

分享环节除了有益于作者外，对班级里其他同学也有帮助。简单来说，其他同学作为听众，一方面可以收获他人的生活阅历。比如一个同学去欧洲旅游，记住了一些欧洲风情，当他在诗里面表现出来时，这对于其他同学也是一种启发，同学们课下就有可能去追问欧洲在哪里？欧洲和中国有什么不同？这就是一个开阔学生知识视野的好机会。另一方面诗歌分享有利于培养学生们倾听的习惯。古人云：文人相轻。有文采的人之间常常相互抵触，很多时候都是作者与潜在读者之间缺乏交流造成的。那么在课堂上，老师就应该要求学生仔细聆听别人的诗歌写了什么内容，优缺点在哪里？这个聆听过程一方面培养了学生专注倾听的好习惯，另一方面也把"阅读理解"类的题目放在课堂上来练习。

诗歌不仅要写，更要评论。评出好坏，评出优劣。作为语言的初学者，同学们可能会犯同样的语法错误，老师的评论和同学的评论合在一起，基本就可以注意到诗歌中优美得当的地方，也可以发现那些语法有问题的地方。

低年级学生诗歌写作教学有着非常巨大的发展空间。相信随着教育科研与实践活动的展开，在小学语文教育界，儿童诗歌将会逐渐成为写作教学的重要方法和启蒙途径。

结束语

裴斯泰洛奇曾说："理想的教育犹如栽在河边的一棵树，那是一棵什么树呢？它的根、它的干、它的粗枝、细枝和它的果实都是从哪来的呢？你在地上种一粒极小的种子，那种子蕴藏着树的全部属性。"老师们，我们行动起来吧，带着孩子们让思维活起来，去探索自然的奇妙；让体验多起来，能感知生活的乐趣；让想象飞起来，可体会飞翔的快乐；让文化加进来，洋溢着岁月的记忆！想必"诗性阅读"这颗极小的种子定会结出最佳的儿童诗教学硕果。

参考文献

[1] 曾庆江，张永健.新时期儿童诗简论 [J].淮海工学院学报，2007
（6）：43-46.

[2] 刘琼，董庆保.生命的灵动　童心的坚守 [J].赤峰学院学报，2009
（10）：98-99.

基于文体意识的神话故事教学有效备课研修案例

赵艳和润语文工作室
小组成员简介

商丽颖（组长）
龙岗区平安里学校小学语文教师，龙岗区优秀班主任。

向红丽（组员）
龙岗区新梓学校小学语文教师，获龙岗区优秀德育论文二等奖，参与高等教育出版社《古诗文名篇教学研究》编写。

庄小琼（组员）
龙岗区平安里学校小学语文教师，曾获2019年粤港姊妹学校经典美文朗诵比赛（香港）指导教师奖。

余琦（组员）
华中师范大学附属龙园学校小学语文教师，2019届新教师。

◆· 研讨记录 ·◆

神话故事教学有效备课研讨记录

【研讨主题】

基于文体意识的神话故事教学有效备课。

【参与人员】

组长：商丽颖　龙岗区平安里学校

组员：向红丽　龙岗区新梓学校

　　　庄小琼　龙岗区平安里学校

　　　余　琦　龙岗区华中师范大学附属龙园学校

【研讨过程】

问题一：神话文体有什么特点？

向红丽：蒋军晶老师在《神话到底教什么——"创世神话"群文阅读》中认为神话是人类最早的故事，神话起源于人类的童年时期。原始社会，先民对许多自然和社会现象无法理解，认为是某种无形的神秘力量所致。对于这种神秘力量，先民只能感觉到，但看不见，他们根据自身的生活经验来构想它的形象及其活动，于是产生了神和神话。

庄小琼：我补充一点，蒋老师还提到，神话中"神"和"话"两个字揭示了"神话"的特点。"神"可以理解为神奇，学生能感受到的神话性主要体现在想象和夸张。

商丽颖：是的，神话的"神"在于神奇，它的情节近于荒诞，缺少现实逻辑，往往依傍某种信仰和仪式而存在，不是自觉的文学创作，讲述也受到限制，神圣性大于文学欣赏性。故事则完全是自觉的独立的文学形式，创作自由，随处可讲。

余琦：大家都说了许多，那我来总结一下，神话这类文体有以下特点：第一，神话属民间文学的范畴，是关于神的民间故事，由人民集体口头创作。第二，神话故事结构简单，表达方式以叙述为主。文字浅显，通俗易懂，语言传神，善用修辞，富于节奏感。第三，神话故事都有神奇的人物，神奇的超自然力量，字里行间充满了奇幻的想象色彩，阅读时容易产生画面感。

问题二：神话文体与其他文体的区别？（与民间故事）

向红丽：神话与民间故事有相似的地方，它们都属于民间文学，都是由群众口头创作，在流传中不断加工修改，反映一定的大众思想和理想。但民间故事与神话又有一定的区别。民间故事是口头叙事文学，是由与历史事件、历史人物和地方风物有关的故事组成，范围广、形式多样，有奇闻逸事、人物传奇，在一定事实依据的基础上加工而来。

庄小琼：民间故事与神话相比，是不存依傍、不拘场合讲述的"纯文学"，具有源于生活又高于生活的典型性，与作家文学中的小说有相似之处。

商丽颖：而且，神话讲述的是人类演化初期的故事，神话所讲的故事一般在特定场合、特定时间，通常叙述对象也是一个特殊人物。讲述这个故事的传承者一般对故事的内容非常相信。

余琦：说起特殊的人物，其实指的就是神话中的英雄，我来补充一点，与民间故事不同的是，学生读神话故事，能感受到人物，也就是商老师之前提到的，特定人物的精神品质，发现蕴含在神奇故事中的神奇鲜明的人物形象。在孩子眼里，神话人物是神奇有趣的英雄，有强健的体魄，有超常的能力，勇敢、坚强、有智慧。这些都是神话与其他文体的区别，也是神话吸引孩子们的地方。

问题三：学习神话文体的价值？为什么学这类文体？

庄小琼：神话故事是我们人类文明的起源，将人类与远祖相连，神话是文学艺术永不枯竭的资源和土壤，揭示了人类对自身生活的探寻。对孩子而言，神话是真正属于孩子的，对孩子的健康成长有帮助。神话类文本的学习，有利于我们汲取人类优秀文化的营养，提高文化品位，形成积极的人生态度。

余琦：同时，神话是表达、传承文化的重要载体。在现代社会，古老的神话仍源源不断地给予现代人生活的智慧与乐趣。学习神话有助于小学生形成积极的人生态度和正确的价值观，不仅能提高文化品位，还能提高审美情趣，汲取人类优秀文化的营养。

商丽颖：它也是语文学习和文学创作的一片沃土，对孩子而言，神话中蕴含着大胆丰富的想象，神话故事中的神奇想象、夸张的语言和饱满的人物形象与孩子好奇的眼睛和心灵渴望的神话是接近的。因此，神话学习是非常必要的。

向红丽：学习神话这种文体不仅对孩子有极大帮助，对老师而言，了解神话的文体特征，对神话教学知根知底也是十分必要的。当前部分教师在备课时问题意识薄弱，不管是小说、诗歌、说明文、神话故事、童话故事，在备课的时候，都落入教学目标设计大同小异、教学重难点模糊、教学环节生搬硬套等千篇一律的误区，这就让每一种文体都上成了毫无特点、毫无新意的课，也让学生不甚了解不同文体有其不同的风格特征，这样的教学，可谓实效不大，这样的学习，意义也不大。

庄小琼：总而言之，不同文体有不同的特征，无论是表述方式、语言风格、内容等都有鲜明的特点，学习神话故事这种文学体裁，是对中国文学文化的一种探寻，是对孩子学习成长的一种补充，是教师专业领域的必需。

问题四：神话文体教什么？先说学段，然后说具体课例。

余琦：在研读课标时，我将低、中学段的阅读目标进行了对比，发现低学段更注重培养学生的概括和表达能力，中学段更注重培养学生的自主探究能力，注重阅读的感受、理解、体验和价值取向。学生从二年级开始接触神话故事，《大禹治水》《羿射九日》中要求学生能根据课后提示，讲好故事，并找出课文中哪些内容神奇，体会神话的神奇和根据提示讲好故事。在中段的教学中，要求学生能够把握文章的主要内容，复述叙事性作品的大意，初步感受作品中生动的形象和优美的语言，在此基础上展开想象，写一个故事。

向红丽：就《盘古开天地》这篇神话故事来说，结合课标"能初步把握文章的主要内容，体会文章表达的思想感情。能复述叙事性作品的大意，初步感受作品中生动的形象和优美的语言，与他人交流自己的阅读感受并能体会课文中关键词句在表情达意方面的作用"，单元语文要素中要求"了解故事的起因、经过、结果，学习把握文章的主要内容。感受神话中神奇的想象和鲜明的人物形象"，再结合学生学情和神话本身的文体特点，对神话类文本展开教学。

商丽颖：对于神话故事的教学，要设法让学生浸润到这神奇的民间文化氛围中，让学生在讲故事的过程中喜爱神话故事。神奇是神话故事的魅力所在，魅力之处就应该是教学的落点。神话是一种口头文学，是在口口相传中产生和发展的，既然是口头文学"复述"，就应该是学生学习的主要方式。

庄小琼：基于此，我们确定本课教学总目标为帮助学生厘清神话叙事结构，能够用多种方法复述叙事性作品大意，进一步感受神话这一文学体裁的神奇。根据文本起因、经过、结果把握盘古开天地的过程；通过关键词句感知作品中盘古的形象和神奇；运用多种方法把故事讲好为本文核心教学点。

问题五：神话文体怎么教？这类课文怎么教、怎么学？

商丽颖：神话类文本紧紧抓住神话的特点，着重关注其神奇和口口相传的特点，从关注特殊字词入手，理解其神奇，运用多种方法，提升其复述能力。就这一篇课文来说，首先让学生厘清故事结构是关键，接着从课文的关键词句中感受人物形象，体会神话作品的神奇，最后运用多种方式把故事讲好为重点。

向红丽：具体以《盘古开天地》为例，本课结构简单，按照起因、经过、结果的顺序展开叙述。我们可以引导学生读故事，了解到故事的起因（为什么做）、经过（怎么做——盘古用怎样非凡的能力做出凡人不能做的事情）、结果（令人感叹和惊讶的结果），在这个过程中，我们厘清脉络的目的是为了整体把握故事大意，强化记忆，为讲述故事做准备。

余琦：第二步，我们要时刻抓住神话的文体特征，通过语言感受神奇。在《盘古开天地》中，我们可以关注特殊字词，从"神奇"入手，从盘古的"开"入手，关注特殊字词，感受文字运用的精准与和谐。如第2~5自然段的动词"劈，撑，化"的运用。如第3~5自然段运用一万八千年这样夸张的数字和鲜明的对比想象来表现人物神奇的力量。盘古从觉醒到倒下的描写，这是教师们需要加以引导的，那么如何引导学生发现这些创作的秘密，需要我们通过精美的设计来完成。

庄小琼：第三步，我们在了解故事大意、体会神奇的基础上，就可以带领学生深入探究人物形象，体会其精神品质，讲出故事的精彩和内涵。欣赏文本语言、感悟人物精神内涵，是神话教学最核心的部分，借助神话故事训练学生的想象力非常重要，想象也可以有助于学生理解神的英雄形象。

商丽颖：好的，那我们按照这个计划，开始我们的备课吧！

◆◆ 文本解读 ◆◆

基于神话《盘古开天地》的文本解读

深圳市龙岗区新梓学校　向红丽

一、神话题材解析

神话作为人类最早的故事，是古代先民对一些不理解的自然现象，用一种超乎现实的方式去认识它的过程，表现先民对大自然的认识，对理想生活的向往和追求。他们根据自身的生活经验来构想人物形象及其活动，由此产生了神和神话。

作为人类文明的起源，神话故事将我们人类与远古祖先连接，体现出人类对自身文化及生活的探寻。对孩子而言，神话故事中的神奇想象、夸张与孩子好奇的眼睛和心灵渴望的神话是接近的，可以说神话是真正属于儿童的，对孩子的健康成长有帮助。因此，神话学习是非常必要的。

学生在二年级已经接触过神话故事《大禹治水》和《羿射九日》。但是以神话故事专题单元的形式出现还是第一次。因此本单元语文要素重点落在了解故事的起因、经过、结果，学习把握文章的主要内容。重点感受神话中神奇的想象这一文体特点和鲜明的人物形象。《盘古开天地》《精卫填海》《普罗米修斯》在课后都设置了相应的问题。在几篇精读课文学习的基础上试着"展开想象，写一个故事"。整个单元前后联系，突出了单元教学的整体性，为学生创造了一个神话学习的氛围。本文就以《盘古开天地》为例具体分析。

二、《盘古开天地》文本内容分析

《盘古开天地》是统编版教材小学语文四年级上册第四单元中的一篇课文，本单元以"神话，永久的魅力，人类童年时代飞腾的幻想"为主题选编了《盘古开天地》《精卫填海》《女娲补天》三篇中国神话和一篇古希腊神话《普罗米修斯》。教材选编这篇课文的目的是围绕单元主题，使学生进一步认识神话故事富有神奇的想象和鲜明的人物形象的文体特点，帮助学生认识中华文化的深厚博大，汲取中华文化的营养。《盘古开天地》写的是一个叫盘古的巨人开天辟地的故事，故事想象丰富，文字生动，人物形象鲜明突出。

二年级的神话学习要求学生"能根据上下文和生活经验了解课文中词句的意思，在阅读中积累词语。能根据提示，较完整地讲述故事"。在中段的教学中，除了理解词句意思外，还要求学生"能够把握文章的主要内容，复述叙事性作品的大意，初步感受作品中生动的形象和优美的语言，并学会与他人交流自己的阅读感受"。神话故事与现实有一定的差距，对四年级学生来说学、习和理解上有一定的难度，因此在教学设计中要重点关注学生的学情状况。

如何有效确定教学重点，这就需要我们重视文本细读。王崧舟老师强调我们现在要重视文本细读视角的转变，将文本细读的重点由文本本身向文本奥妙转变，重点关注文本内容的表达策略和言语智慧，希望通过文本细读确立语文价值。

三、《盘古开天地》文本奥妙解析

《盘古开天地》这篇课文有哪些奥妙呢？我们可从文本结构、语言特色、文本基调和文本文眼四个方面来分析。

（一）文本结构

课文的脉络非常清晰，全文6个自然段分三个部分，第一部分第1自然段交代了盘古开天地的原因。第二部分第2~4自然段交代了盘古开天地的经过。第三部分第5~6自然段写了盘古开天地后的变化，交代故事结果。全文以起因、经过、结果为脉络，以类型化的故事结构，构成了《盘古开天地》最直观的奥妙。

（二）语言特色

神话故事除了叙事结构类型化，它的语言也具有独特性。我们可以简单概括为"生动""妥帖"两个词。课文第2自然段写盘古醒过来后开天地的过程用了很多的动词，如"睁""翻""拿""劈"等，非常形象生动。"妥帖"即表示他的语言很恰当，十分合适。神话故事的语言有一定的文学性，但总体来说较为朴实，不过分讲究辞藻的修饰，这与民众的审美趣味十分契合，也便于口口相传。

（三）文本基调

蒋军晶老师在《神话到底教什么——"创世神话"群文阅读》中强调"神话"二字很好地概括了这一文体的特征。"神"可以理解为神奇，对孩子而言，他们能感受到的神话性体现在哪里呢？想象，竭尽所能地想象与夸张。和孩子聊神话，最重要的是引领孩子们感受"使命、责任"等最重要的英雄特质。"话"非常清晰地表明神话是一种口口相传的文学形式，通过口口相传长期存在，作为一种口头文学，以讲述的方式来呈现必然是教学的重点。

（四）文本文眼

诗有诗眼，文有文眼，《盘古开天地》如果要有文眼，应该是题目中的"开"字。此处"开"不是打开，而是开辟、创造的意思，巨人盘古倒下后身体"化为万物"，创造了美丽的新世界。这个字作为文章的关键性字眼，题目就能让读者很直观地了解这篇神话故事的内容，非常精练。

我们从文本结构、语言特色、文本基调和文本文眼四个方面发现有这么多教学点，我们的课程时间是有限的，如何才能更好地确定文本的语文价值呢？王菘舟老师分享了四条标准：一、是否具有语用特征；二、是否体现文本本身特征；三、是否有统领的功能；四、是否有迁移的价值。

看起来比较复杂，概括起来就是确定核心价值要善于抓大放小，寻找到几条标准中具有统领作用的点来展开，有价值即有保存下来的必要。就文本结构而言，《盘古开天地》这篇课文脉络非常清晰，全文以起因—经过—结果为脉络，为学生复述故事提供了很好的思路，也为后面《精卫填海》《普罗米修斯》《女娲补天》几篇神话故事的学习打下基础。"能够把握文章的主要内容，复述叙事性作品的大意"这一目标得到很好的落实。本文文本基调很好地概括了神话的特点，"神""话"直观地表明在神话教学中感悟其神奇是必不可少的教学点，神话失去其神奇性也就没有学习的必要了。"话"非常清晰地表明我们学习神话的重要方式就是要去讲述。这与课标中要求的"初步感受作品中生动的形象和优美的语言，学会与他人交流自己的阅读感受"不谋而合。这两条奥妙不仅可以运用到其他文章中，还可以用来有效指导学生的写作，其语用特征也得到很好的体现。

王荣生教授在《阅读教学设计的要诀》中指出"要依据文本体式确定教学内容""要依据学生学情选择教学内容"。这就要求我们要有文体意识，要关注学生的学情。把神话当神话教，而不是诗歌、散文、说明文等文体。要关注神话的特征"神""话"。同时要关注学生的学情，即学生的学习起点，他们的兴趣起点和已经具备的能力起点。除了关注学情和文体外，我们要重点关注课标和单元语文要素中对四年级学生神话学习的要求。课标中要求学生"能初步把握文章的主要内容，体会文章中表达的思想感情和主题，能复述叙事性作品的大意，初步感受作品中生动的形象和优美的语言，与他人交流自己的阅读感受并能体会课文中关键词句在表情达意方面的作用"，这与我们单元语文要素中"了解故事的起因、经过、结果，学习把握文章的主要内容，感受神话中神奇的想象和鲜明的人物形象"是具有一致性的。基于此，我们确定本课教学总目标为帮助学生厘清神话叙事结构，能够运用多种方法复述叙事性作品大意，进一步感受神话这一文学体裁的神奇。根据文本起因、经过、结果把握盘古开天地的过程；通过关键词句感知作品中盘古的形象和神奇；运用多种方法把故事讲好为本文核心教学点。

四、《盘古开天地》教学构想

这篇课文我们一共设置了两课时。

第一课时：

1. 正确读写"合拢""精疲力竭""辽阔""茂盛"等词语，指导书写"劈""撑"。

2. 有感情地朗读课文，梳理课文内容，了解盘古开天地的过程。

3. 边读边想象画面，通过"劈""轻而清"等重点词语体验盘古开天地的神奇。

第二课时：

1. 运用多种方法，厘清故事结构，复述故事。

2. 精读文本，感知人物形象，体会人物精神。

3. 运用多种方法，认识神话这种文学体裁，培养学生阅读神话故事的兴趣。

具体教学中结合学生年龄特点，设置"小百灵"这样一个角色贯穿教学始终，通过对话的形式层层解答，把握盘古开天地的过程。在感受神话的神奇上主要通过朗读和想象来实现，重点引导学生运用多种方法和多种形式复述故事。以此为基础确定如下教学设计。

第一课时：

（一）创设情境，激趣导入

1. 设置"小百灵"问答，引出《盘古开天地》这个神话故事。

2. 检查预习，解决生字词，书写复杂生字"劈""撑"，帮助小百灵过关，回到盘古时代。

（二）感知文本，设置悬念

1. 结合视频师生互动，感知盘古开天地的过程。

2. 设置悬念，巨人盘古倒下之后又发生了什么事情呢？为下一节课做铺垫。

3. 布置作业，用以前学过的方式（故事梗概提示、思维导图、图文示意图、故事要点词语提示）整理这个故事的起因、经过、结果。

第二课时：

（一）衔接导入，厘清故事结构

1. 根据二年级《蜘蛛开店》示意图，画出思维导图，总结《盘古开天地》过程。

2.根据课文插图总结盘古开天地起因、经过、结果。

3.根据课文《大禹治水》课后提示，总结故事梗概，讲述盘古开天地过程。

（二）精读文本，感知人物形象

1.盘古倒下后身体发生了怎样的变化？文中哪些语句写出了这些变化？

2.盘古身体出现了这样神奇的变化，具体谈谈神奇在哪里？

（三）多种方法，复述故事

1.出示优美词语，如"混沌""黑乎乎""精疲力竭""创造"等让故事更生动、有画面感。

2.扩充句库。文中第5自然段用词优美，又采用排比句式，读起来很有节奏感，我们在复述故事时，如果善于把这些句子运用起来的话，能为讲故事增添不少亮点呢！

3.出示评价表，提出讲故事的要求。

课堂评价表

内容	表达	仪态
1.结构完整，叙述清楚 2.表达生动，形象引人	1.声音洪亮、清晰 2.表达流畅	1.衣着整洁，站姿端正 2.动作自然，有眼神的互动
👍👍👍	👍👍👍	👍👍👍

4.学生分享故事环节。

5.学生点评。

（四）布置作业

认真阅读"快乐读书吧"推荐的故事，一个中国的，一个外国的，准备故事会。

《盘古开天地》作为神话类题材教学中的经典篇目，值得我们去研读和探索，结合课程标准、语文要素、学生学情制定教学目标，可以有效解决神话类文本最终教什么、怎么教的问题，帮助学生吸收民族文化中的营养，提高他们的审美情趣和文化品位。

参考文献

［1］温儒敏.义务教育教科书（四年级上册）［M］.北京：人民教育出版社，2019.

［2］吴忠豪，薛法根.小学语文名师文本教学解读及教学活动设计（四年级）［M］.上海：上海教育出版社，2019.

［3］周一贯.小学语文文体教学大观［M］.上海：上海教育出版社，2017.

［4］王荣生.阅读教学设计的要诀——王荣生给语文老师的建议［M］.北京：中国轻工业出版社，2015.

［5］中华人民共和国教育部.义务教育课程标准［S］.北京：人民教育出版社，2011.

❖ 课例展示 ❖

《盘古开天地》第一课时课堂实录

深圳市龙岗区华中师范大学附属龙园学校　余琦

【教学目标】

1. 认识7个生字，会写13个生字，正确读写"合拢""精疲力竭""辽阔""茂盛"等词语。

2. 有感情地朗读课文，梳理课文内容，了解盘古开天地的过程。

3. 边读边想象画面，通过"劈""轻而清"等重点词语体验盘古开天地的神奇。

【教学重难点】

重点：有感情地朗读课文，梳理课文内容，了解盘古开天地的过程。

难点：边读边想象画面，通过"劈""轻而清"等重点词语体验盘古开天地的神奇。

【教学准备】

多媒体课件。

【教学过程】

一、谈话导入

小百灵：我是一只在天地间自由飞翔的百灵鸟，我生活的世界可真美呀！它到处五彩缤纷、鸟语花香，这个世界的人们也都安居乐业，其乐融融。我很喜欢这个世界。（播放百灵鸟飞过田野、山川、江河等的视频）

师：你好哇，可爱的小百灵，正如你所说，我们的世界是多么美好，多么令人向往啊，可听说很久很久以前，天和地还没有分开，宇宙混沌一片，像个大鸡蛋。（播放混沌的宇宙的配乐视频）

师：你们看到了什么样的画面？

生1：天地连在一起，分不清天和地。

生2：眼前像被蒙上了一块黑布，一片迷蒙、浑浊。

师：这正是很久很久以前的宇宙……

小百灵：老师，是谁让我们生活的世界发生了天翻地覆的变化呢？

师：相传，这和人类的一个老祖宗有关系，通过预习，同学们能从文中快速找出那个句子并读出来吗？

生："人类的老祖宗盘古，用他的整个身体创造了美丽的宇宙。"

师：找得真准确，老师为你点赞！

小百灵：真想飞回到远古时期，瞧瞧老祖宗盘古到底是怎样用他的整个身体创造了美丽的宇宙的！

师：小百灵要想独自找到答案并非易事，你们都是乐于助人的孩子，肯定愿意帮助它解开心中的疑惑，还等什么，赶快跟着老师一起走进课文《盘古开天地》，回到远古时代吧！

二、检查预习

（出示词语：混沌、缓缓、上升、下降、肌肤、血液、汗毛、茂盛、滋润、雨露、创造、黑乎乎、奔流不息、精疲力竭）

师：想要回到远古，同学们要先和小百灵一起学习字词，闯过生字关，请小老师来帮忙吧！（播放两个小老师"带读——纠音：混沌、血液、精疲力竭——纠形：液、茂、竭"视频）

师：大家再自由地读一读这些词语吧！（生自由读词）

小百灵：谢谢大家帮忙，我积累了很多词语，也和大家一样有自己的小词库啦！但是，"劈"和"撑"这两个字，我总是写不好，能帮帮我吗？

师：这两个字确实有些难写，我们一起来帮帮它吧！

三、生字书写

（出示生字，播放一帆老师书写指导视频）师：请同学们认真观察一帆老师书写"劈"和"撑"两个字。（生观察）

师：观察到位了，咱们来跟着书空一次吧！（生书空）

师：（出示写字姿势要求）现在，请同学们调整写字姿势，在《小学语文写字本》上先描红，再书写生字。（师巡视指导）

师：让我们来看看这两位同学写得怎么样吧！

生1：××同学观察很认真，这两个字写得很正确、工整。

生2：×××同学写字有进步了，但这两个字写在田字格中的位置不太对，"劈"字是上下结构的字，他写的分得太开，不紧凑。

师：刚才两位同学点评得很到位，同学们，我们写字的时候要注意"三看"：一看占格，二看结构，三看关键笔画。不仅要认真观察字在田字格中的占位，还要注意字的间架结构，这样才能把字写得规范、端正！相信你们会越写越好的！恭喜同学们顺利通过生字关！

四、整体感知

师：同学们帮助小百灵马上就到达远古时期了。（出示课文第2自然段，播放学生朗读音频）

师：有一天，在混沌之中睡了一万八千年的巨人盘古苏醒了，但醒来后的盘古眼前却黑乎乎一片。

小百灵：老师，盘古醒来了却什么都看不见，也什么都听不见，那他该怎么办呀？

师：同学们，如果你是此时的盘古，会有怎样的感受，最想做什么呢？

生1：如果我是此时的盘古，我会感到孤单，我最想踏上行程，寻找伙伴。

生2：如果我是此时的盘古，我会感到压抑，我最想拨开迷雾，看到光明。

生3：如果我是此时的盘古，我会感到单调、无聊，我最想变换出春夏秋冬四季。

师：和同学们一样，苏醒后的盘古也最想打破黑暗，让宇宙被光明照亮，被色彩渲染，被鲜活的生命浸润。于是他丝毫没有犹豫，拿起身边的斧头，对着眼前的黑暗劈过去，盘古这一劈，眼前发生了怎样的变化？

生齐：只听"咔嚓"一声巨响，"大鸡蛋"碎了。轻而清的东西，缓缓上升，变成了天；重而浊的东西，慢慢下降，变成了地。

师：是啊，这大力一劈，竟把天地给劈开了，感觉多神奇呀！同学们，让我们再现一下当时的神奇吧！（生齐读）

小百灵：老师，天地这么容易就被劈开了吗？

师：小百灵，你的问题问得真好，同学们，天地分开后，从此天和地就形成了、稳定了吗？如果不是，你能根据课文说说理由吗？

生1：不是的，第3自然段说："天和地分开后，盘古怕它们还会合在一起，就头顶天，脚踏地，站在天地当中，随着它们的变化而变化。天每天升高一丈，地每天加厚一丈，盘古的身体也跟着长高。"所以可以看出天地虽然被劈开了，但可能还会再次合起来，说明天地还没有稳定。

生2：我来给前面的同学补充，不仅从第3自然段，从第4自然段也能看出来。盘古劈开天地后，是用自己的身体作为支撑，而且他的身体也随着时间的流逝，随着天地的变化发生了巨大的变化，此时的天地还没有完全形成，他撑在天地之间，过了一万八千年，天地才最终形成的。

师：同学们很会读课文，找到了不少线索。不错，盘古就这样头顶天，脚踏地，坚持了一万八千年哪！让我们一起合作读读同学们找到的这两段。

师引读：天地分开后，盘古怕它们还会合在一起，就——（生接读）头顶天，脚踏地，站在天地当中，随着它们的变化而变化。

师引读：天每天升高一丈，地每天加厚一丈——（生接读）盘古的身体也跟着长高。

师引读：就这样过了——（生接读）一万八千年，天升得高极了，地变得厚极了。盘古这个巍峨的巨人就像一根柱子，撑在天和地之间，不让它们重新合拢。又不知过了多少年，天和地——（生接读）终于成形了。

师：大家读出了盘古的坚持，读出了他的耐心等待，读出了他的神奇，太棒了！

小百灵：原来打开天地，创造新世界这么困难，盘古真的太了不起了。

师：作为巨人，盘古拥有健壮的身躯，强大的力量，可是这样的巨人也会被巨大的压力和困难弄得精疲力竭，累得倒下。（播放盘古倒下去的动画）

小百灵：巨人盘古倒下之后又发生了什么事情呢？

五、设疑小结

师过渡：是啊，老师也很想知道，让我们在下节课继续探索吧！

六、布置作业（PPT出示作业）

1.整理本篇课文中的好词好句并积累到词句库本上。

2.用以前学过的方式（故事梗概提示、思维导图、图文示意图、故事要点词语提示）整理这个故事的起因、经过、结果。

《盘古开天地》第二课时课堂实录

深圳市龙岗区平安里学校　庄小琼

【教学目标】

1.了解故事的起因、经过、结果，采用多种方法复述故事。

2.通过想象朗读感悟人物形象、体会人物精神。

3.认识神话这种文学体裁，培养阅读神话故事的兴趣。

【教学难重点】

重点：了解故事的起因、经过、结果，能用自己的话讲述故事。

难点：通过想象朗读感悟人物形象、体会人物精神。

【教学准备】

多媒体课件。

【教学过程】

各位老师，下午好！我是来自龙岗区平安里学校的语文老师庄小琼，也是赵艳名师工作室的一名学员，今天我所呈现的是统编版教材四年级上册的一篇神话故事《盘古开天地》第二课时的教学。

一、衔接导入

师：同学们，你们好！你看，小百灵又来和我们一起学习了。（出示小百灵）

小百灵：老师、同学们好！老师，您还没有告诉我巨人盘古倒下之后又发生了什么事情呢？

师：小百灵别着急，这节课老师正准备和同学们一起探究呢！

二、厘清故事结构

师：上一节课过后，同学们都用自己的方式厘清了故事的起因、经过、结果，让我们一起来看看大家是用什么方法厘清的吧！（生展示作业）

生1：老师，我在二年级的时候学过《蜘蛛开店》，我模仿着这个方法总结出了《盘古开天地》这个故事的起因、经过、结果。

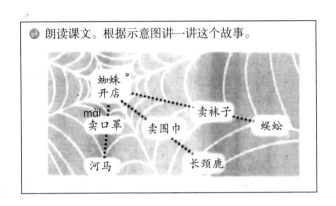

（出示学生思维导图）

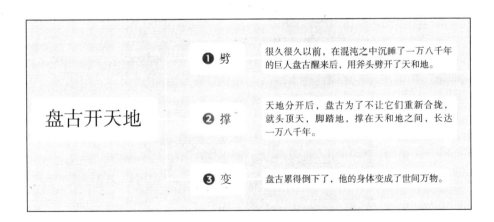

生1：《盘古开天地》这个故事，我用3个字概括："劈""撑""变"。很久很久以前，在混沌之中沉睡了一万八千年的巨人盘古醒来后，用斧头劈开了天和地。天地分开后，盘古为了不让它们重新合拢，就头顶天，脚踏地，撑在天和地之间，长达一万八千年。盘古累得倒下了，他的身体变成了世间万物。

生2：我是根据课文4幅插图总结出了故事的起因、经过、结果的。

（出示课文4幅插图）

起因

经过

经过

结果

生2：很久很久以前，天和地还没有分开，宇宙混沌一片，像个大鸡蛋。巨人盘古在混沌之中睡了一万八千年。有一天他醒了，用斧头将天地劈开，并在天地之间支撑了一万八千年，使天地最终形成。他累得倒下后，身体化作了世间万物，创造了美丽的世界。

生3：我记得二年级学习的神话故事《大禹治水》，是让我们根据故事梗概提示来讲故事的，所以我也学着先把《盘古开天地》的故事梗概提炼出来，然后再根据梗概提示，串联起了故事的起因、经过、结果。

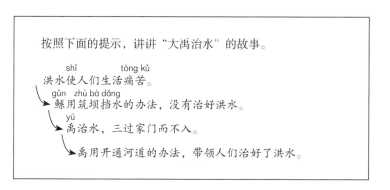

（出示学生整理梗概）

```
┌─────────────────────────┐
│ 很久很久以前，天和地还没有分 │
│ 开，宇宙混沌一片           │
└─────────────────────────┘
┌─────────────────────────┐
│ 有一天，盘古醒来了，睁眼一   │
│ 看，周围黑乎乎一片，什么也看 │
│ 不见                     │
└─────────────────────────┘
┌─────────────────────────┐
│ 天和地分开后，盘古担心它们还 │
│ 会合在一起                │
└─────────────────────────┘
┌─────────────────────────┐
│ 盘古倒下以后，他的身体发生了 │
│ 巨大的变化                │
└─────────────────────────┘
┌─────────────────────────┐
│ 盘古用他的整个身体创造了美丽 │
│ 的宇宙                   │
└─────────────────────────┘
```

生3：很久很久以前，天和地还没有分开，宇宙混沌一片。有一天，盘古醒来了，睁眼一看，周围黑乎乎一片，什么也看不见，于是，他用斧头劈开眼前的黑暗。天和地分开后，盘古担心它们还会合在一起，就头顶天，脚踏地，站在天地当中，坚持了一万八千年，身体随着它们的变化而变化。盘古倒下以后，身体发生了巨大的变化，他用自己整个身体创造了美丽的宇宙。

师：大家很会自主学习，还能学以致用，太棒了，老师要送给你们一个大大的赞！

师：盘古倒下以后，他的身体化成了世间万物。

小百灵：盘古的身体化成了什么呢？

生4：他呼出的气息变成了四季的风和飘动的云；他发出的声音化作了隆隆的雷声；他的左眼变成了太阳，照耀大地，他的右眼变成了月亮，给夜晚带来光明；他的四肢和躯干变成了大地的四极和五方的名山；他的血液变成了奔流不息的江河；他的汗毛变成了茂盛的花草树木；他的汗水变成了滋润万物的雨露……（出示课文第5自然段，播放学生朗读音频）

师：是啊，盘古对世界充满了爱，所以在他倒下后愿将自己的身体化作美好万物，多么美妙！不仅他的化身很美妙，这段话也非常优美，我们合作，再一起来读读吧！（师引读）盘古倒下以后，他的身体发生了巨大的变化，

他呼出的气息变成了——（生接读）四季的风和飘动的云；

他发出的声音化作了——（生接读）隆隆的雷声；

他的左眼变成了——（生接读）太阳，照耀大地；

他的右眼变成了——（生接读）月亮，给夜晚带来光明；

他的四肢和躯干变成了——（生接读）大地的四极和五方的名山；

他的血液变成了——（生接读）奔流不息的江河；

他的汗毛变成了——（生接读）茂盛的花草树木；

他的汗水变成了——（生接读）滋润万物的雨露……

小百灵：哇！大家读得好有节奏呀！让我听了忍不住也跟着一起朗读起来！来，我们来玩个游戏吧！看，你们能连对吗？

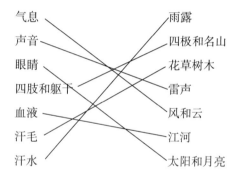

（播放生连线音频）

师：是啊，宇宙初开，天地之间一片荒芜，世界需要四季的变化，需要雨露的滋润，需要太阳的热量，月亮的照明，需要方向、水源、植被……盘古深知，初开的世界有太多的需要，他愿将自己的身体奉献给它。

三、感受人物形象

师：同学们把故事的起因、经过、结果理得很清楚了，让我们继续走进这个神奇的故事，去了解盘古这个神一般的人物吧！说说他神奇在哪儿？

生1：他神奇在：他一劈，竟然把天地劈开了。

生2：他神奇在：他一撑，就撑了一万八千年。

师：哇！多么长的时间哪！我们在读神话故事的时候尤其要关注这些夸张的数字。

生3：盘古的躯体能够变成万物，也很神奇。

师：汗毛，同学们，能看清吗？看都看不清，可是它能变成茂盛的花草树木，那么大，还那么多！多么鲜明的对比呀！那么细的血管，可是它能变成浩瀚的江河湖海。你看，多么夸张的想象啊！你们的脑海里有画面了吧？

师小结：是啊，这就是盘古，他一劈能把天地劈开；他一撑就撑了一万八千年；他的身躯化作世间万物……这样一个鲜明的人物形象是不是给大家留下了深刻的印象，你们喜欢他吧？相信你们喜欢他不仅仅因为他有这些超凡的能力，深深吸引你的，一定还有他身上的精神力量，能说说在盘古身上你感受到了什么精神吗？

生4：盘古为了世界更美好，甘愿献身的精神很伟大，我深受感动。

生5：他那一劈，让人感受到的不仅是神力非凡，也让人感受到一种开拓创新的行动力，这种力量很强大，很鼓舞人。

四、多种方法，复述故事

师过渡：盘古，用身体顶天立地，站成永恒；盘古，用整个躯体化身万物，创造了美丽的宇宙。谁能再来复述一下这一艰难的创造过程？

师：同学们可以选择自己擅长的方法，也可以选择以前没尝试过的方法复述故事；可以单独练习讲故事，也可以跟同桌合作讲，还可以边表演边讲故事。

小百灵：老师、同学们，有了方法库，但我还是不能把故事讲得生动有趣，也无法吸引森林里的小伙伴们，怎么办呢？

师：同学们能给小百灵支支招吗？

（出示学生整理的好词好句）

生5：这篇课文中有很多优美的词语，我摘录了一些，比如：混沌、黑乎乎、精疲力竭、创造等。我们在复述故事的时候，用上这些优美和新颖的词语，故事会讲得更加有画面感和生动哦！

生6：除了可以利用丰富的词库外，我们在平时也要注意留心课文和生活中阅读到的好句子，不断地扩充句库。本文中也有非常多读起来朗朗上口的好句子，比如第5自然段，用词优美，又采用排比句式，读起来很有节奏感，我们在复述故事时，如果善于把这些句子运用起来的话，能为讲故事增添不少亮点呢！

师小结：小百灵，你看，同学们给你支了不少妙招！我们要想把故事讲好，有方法，你也许可以把故事讲清楚、完整。但如果平时就有积累文中优美词语、精彩句段以及在课外阅读和生活中获得语言材料的好习惯，你不仅能把故事讲清楚、完整，还能把故事讲得具体生动，更加引人入胜！

（出示评价表）

课堂评价表

内容	表达	仪态
1. 结构完整，叙述清楚 2. 表达生动，形象引人	1. 声音洪亮、清晰 2. 表达流畅	1. 衣着整洁，站姿端正 2. 动作自然，有眼神的互动
👍👍👍	👍👍👍	👍👍👍

师：现在，就请同学们把故事都讲起来吧！（学生练习复述故事）

师过渡：同学们练习得真投入，接下来我们就进入讲故事环节。小评委们，你们的大拇指都准备好了吗？想一想，你竖几个大拇指的依据！（播放学生讲故事视频）

生（单独讲）

师：你才给了5个赞，你有什么建议提给她吗?

生1评：你的故事内容讲得比较清楚、完整，如果你能用自己的话复述故事，你的表达会更流畅；在讲的时候能目视前方，声音洪亮，眼神多和观众交流，自信一点的话就更好了。

师：你真是个合格的小评委，给这位同学提的建议很不错，老师也有同感。但老师想给这位同学多一个赞，因为她这次能突破自己，举手上台讲故事，非常勇敢！

生2（表演讲）

师：哇，你给了自己那么多赞，能说说理由吗？

生2：老师，刚才我表演时一点都不紧张，很自信，故事讲得比较流畅，内容也生动有趣，所以我要给自己8个赞。

师：这位小评委，你给了他这么多赞，也看到了他的优点，那你来夸夸他吧！

生3评：我给你所有的大拇指，因为你表演得很大方、很形象，故事讲得也很精彩，我被你的故事和表演深深地吸引住了，你真棒！

师：刚才智慧组和太阳组分别用小组合作的方式讲故事，故事结构完整，叙述清楚，声音洪亮，表达流畅、生动，配合得真不错！

小百灵：你们讲得真好，还想听你们讲故事！

五、布置作业

师：同学们，请用今天学到的方法讲故事。认真阅读"快乐读书吧"推荐的神话故事，选择一个中国的，一个外国的，准备故事会。（PPT出示作业）

师：你们看，小百灵那么期待，大家一定要细心阅读，认真准备哦！

·◆·备课解析·◆·

基于文体意识的神话教学策略

深圳市龙岗区平安里学校　商丽颖

一、神话的文体特点

四年级上册第四单元是神话专题的内容，教材导读中这样写道："神话，永久的魅力，人类童年时代飞腾的幻想。"这是在提示学生了解神话的特点。我们也一起来了解一下。神话属于民间文学的范畴，是关于神的民间故事，由人民集体口头创作。从文体上看，神话故事结构简单，表达方式以叙述为主，文字浅显，通俗易懂，语言传神，善用修辞，富于节奏感。神话故事都有神奇的人物，神奇的器具，神奇的超自然力量，字里行间充满了奇幻的想象色彩，阅读时容易产生画面感。

二、神话的教学价值

新课程标准中强调："在语文学习过程中，培养爱国主义情感、社会主义道德品质，逐步形成积极的人生态度和正确的价值观，提高文化品位和审美情趣。认识中华文化的丰厚博大，吸收民族文化智慧，关心当代文化生活，尊重多样文化，汲取人类优秀文化的营养。"

学习神话有助于小学生形成积极的人生态度和正确的价值观，提高文化品位和审美情趣，汲取人类优秀文化的营养。通过神话，学生可以感受远古时代人类对大自然和自身生活的探寻，以及他们与大自然做斗争的智慧和勇气，感受神话中英雄们的崇高道德素质和人格素养。神话中蕴含着大胆丰富的想象，它也是语言学习和文学创作的一片沃土。统编版教材就在二年级和四年级选入《大禹治水》《羿射九日》《盘古开天地》《精卫填海》《普罗米修斯》《女娲补天》6篇神话，同时还在四年级的"快乐读书吧"中引导学生阅读《中国古代神话》《希腊神话》《世界经典神话》3本课外书，让小学生走近神话、学习神话、感悟神话的魅力。

三、神话的教学目标

那么神话教学应该教什么？如何确定神话的教学目标？我们认为文体特征、课标要求和单元目标、课后练习就是我们的有力抓手。

（一）基于文体特征进行思考

"神奇"是神话故事的魅力所在，魅力之处就应该是教学的落脚点。神话是一种口头文学，是在口口相传中产生和发展的，既然是口头文学，"复述"就应该是学生学习的主要方式。

（二）基于课标要求和单元目标进行思考

虽然课程标准中并没有针对神话这一文体提出具体的阅读要求，但是我们依然可以从课标中找到与单元语文要素相对应的内容。以四年级第四单元为例，教材提出了三条语文要素，其中前两条直接指向阅读教学。

1.了解故事的起因、经过、结果，学习把握文章的主要内容。对应课标对中年段阅读教学要求第四条："能初步把握文章的主要内容，体会文章表达的思想感情。"

2.感受神话中神奇的想象和鲜明的人物形象。与之对应的课标要求是"体会课文中关键词句在表情达意方面的作用""能复述叙事性作品的大意，初步感受作品中生动的形象和优美的语言，与他人交流自己的阅读感受"。

课标针对中年级段的复述能力已有明确要求，而神话故事属于叙事性作品，语言优美，人物形象鲜明，适合练习复述。

（三）基于课后练习进行思考

二年级上册《大禹治水》要求按故事的梗概提示讲故事，二年级下册《羿射九日》要求按起因、经过、结果的顺序讲故事，而且还要说说故事里哪些很神奇。四年级《盘古开天地》要求边读边想象画面，说说你心目中的盘古是什么样的，找出你认为神奇的地方，说说盘古开天地的过程；《精卫填海》要求用自己的话讲讲这个故事；《普罗米修斯》要求按起因、经过、结果的顺序讲故事；《女娲补天》要求发挥自己的想象，试着把女娲从各地捡来的五种颜色石头的过程说清楚、说生动。

由此可见，对于神话故事的教学，要注意学生的语言积累，教给学生阅读策略，培养学生的表达能力。那么具体到《盘古开天地》这篇神话的教学落脚点就是练习复述故事，体会故事的神奇特点，感受神话的英雄形象。

四、神话的教学策略

（一）设计支架，厘清结构

神话故事的结构都非常简单，基本上都是按照起因、经过、结果的顺序展开叙述。在这个过程中，我们厘清脉络的目的是整体把握故事大意，强化记忆，为讲述故事做准备。因此需要进行相应的教学支架设计，从不同侧面打开一个点，为体验提供多种场景。

二年级上册教材中着重通过梗概排序（或梗概图示）和关键词语罗列等方式让学生感知了解故事的脉络，如第三单元《曹冲称象》，第六单元的神话《大禹治水》《难忘的泼水节》，第八单元《狐假虎威》《风娃娃》。教材把这些厘清课文脉络的方法分散在各篇课文中，其实都是我们在后面学习中设计教学支架的依据。我们可以发现，在学习教材中的第一篇神话《大禹治水》前，学生们只在《曹冲称象》中接触过一种厘清结构的方式——梗概排序，在《大禹治水》这篇神话中提供了梗概图示，其实此时用这两种支架即可让学生更容易把握故事的完整信息。

二年级下册也安排了4篇课文，让学生用不同的方式厘清课文脉络，训练讲故事。《小马过河》用词语提炼、《蜘蛛开店》用思维导图、《小毛虫》用思维导图、《羿射九日》借助表格。三年级上册涉及的形式就更多了。《牛肚子里的旅行》要求学生画出旅行路线然后讲故事，习作——根据词语编故事，《带刺的朋友》训练补白讲故事。《掌声》让学生尝试替换角色讲故事。三年级下册，《鹿角和鹿腿》借助关键词讲故事，习作——根据短语写奇妙的想象。《慢性子裁缝和急性子顾客》根据表格复述；《方帽子店》用自己的话复述；《漏》借助示意图复述故事；《枣核》用自己的话复述。四年级就可以借助图片、思维导图、关键词等各种方法厘清脉络为记忆故事做准备了。

余琦老师执教的《盘古开天地》第一课时的课后作业其实就是提醒学生回顾过去学过的各种学习方法,帮助学生在头脑中建立学习的前后联系与衔接,这就是教师设计的教学支架,为学生提供了学习工具。因此,设计教学支架前,我们要弄清本篇课文在整个教材中的地位,课程标准对与其相关内容的具体要求是什么,分析本节教材的教学特点和知识的关键以及这个知识点在教材中的前后联系,然后选择合适的教学策略、方法。

（二）体会神奇,感受形象

学生读神话故事,会感到新鲜有趣,只关注神奇的情节内容,不关注文字表达的精妙,不能细细体味文中的语言。在教学中,教师要帮助学生练就"善于发现"的眼睛,感受语言文字的精妙。如第2~5自然段的用词之妙、对称之美,动词"劈、撑、化"准确传神。故事中是如何表达神奇的,有没有方法暗含其中?这是学生们忽视可能难于发现总结的。如故事运用一万八千年这样夸张的大数字和鲜明的对比想象来表现人物神奇的力量,人体中细细的血管可以变成奔涌的江河,就连肉眼看不见的汗毛也能变成粗壮的树木。如何引导学生发现这些创作的秘密,需要教师巧妙地设计教学过程。

学生读神话故事,能感受到人物的精神品质,却不易发现神奇鲜明的人物形象蕴含在神奇的事情中。在孩子眼里,神话是神奇有趣的英雄,有强健的体魄,有超人的能力,勇敢、坚强、有智慧。这些都是神话吸引孩子们的地方,这是学生能读懂的。他们能感受到故事中神的能力超凡、善良、智慧、勇敢、奉献……但他们还不能体会女娲作为人母的形象温柔而坚韧,盘古作为人父的形象光辉而悲壮。要通过多种方式的导读、朗读、品读,促进学生对课文内容和情感的深入理解与感受,让学生入乎其内——对人物形象有充分的感知,然后才能出乎其外——讲出故事的精彩和内涵。

大多数孩子会认为神话中神的精神品质就是他们鲜明的形象,其实,借助这个表格,我们可以发现神话中神的精神品质都是相似的。女娲的形象鲜明之处是炼石补天、斩足撑天、勇杀黑龙、芦灰堵缝,她一泼水就能补上天上的大窟窿;盘古的形象鲜明之处是能劈开天地,能在天地间支撑一万八千年,身体能化为万物;精卫鸟的形象鲜明在于她衔石填海的行动……这些人物鲜明的形象是通过神奇的事情展现出来的,而不是他们的精神品质。让学生弄懂这一点,也有助于学生完成本单元的习作。所以,要立稳"神奇"这个教学落脚点，围绕着"神奇"去感受每一个神话人物所特有的鲜明形象和他们所共有的英雄形象。

神话人物特点表

神话故事	主人公	神奇的事情	人物特点
《女娲补天》	女娲	炼石补天 斩足撑天 勇杀黑龙 芦灰堵缝	能力超凡、善良、智慧、勇敢、奉献……
《盘古开天地》	盘古	开天辟地 身体化作世界	能力超凡、奉献精神、勇于献身……
《精卫填海》	精卫	衔石填海	能力超凡、坚持不懈、不屈不挠、永不放弃……

值得注意的是，欣赏文本语言、感悟人物精神内涵，是神话教学最核心的部分，但用时不宜过长。我们要有所取舍，把目标分散在不同的课文中。例如神话中很多语言体现了先民们丰富奇特的想象，借助神话故事训练学生的想象力非常重要，想象也可以有助于学生理解神的英雄形象，但是在单元首篇课文《盘古开天地》中则不必过多展开，可以把想象练习分散在各篇文章当中。《精卫填海》《女娲补天》就适合训练想象能力。

（三）运用策略，练习复述

复述是语言内化和运用的再创造过程，对于提高学生口头表达能力有着非常重要的作用。从习得方法到形成能力这中间的一段过程就是语言实践。在教学中我们应力求做到以下几点。

1. 目标有梯度

我们发现，二年级的教材中都是给出故事示意图或提纲表格，不需要学生去概括，目的是让学生感知可以用多种方法完整地把握文本信息。因此，低年级的目标是学习复述方法。复述时信息完整、有条理即可，复述时能突出重点词句是高水平的要求了。到了三年级，把握文章脉络讲故事的方法更多了，要求也更高了。教材在示范的同时，开始要求学生尝试自己完成示意图，填表、概述……这时候，学生对各种复述方法都有所体验。那么四年级的重点应该放在运用复述方法训练表达能力上。因为四年级的学生在接触了一定数量的神话故事和其他主题的故事类课文后，已经具备了一些复述课文的基本方法，有时面对一些情节生动而又浅显的神话故事，我们可以尝试让学生自主选择复述方法，尽情展现语言表达能力，同时这也是对学生进行创造性的语言积累训练。

2. 方法有层次

厘清故事结构与复述故事密不可分。在二、三年级，学生主要学习借助图片、示意图、关键词、表格、提纲等方法厘清故事结构，进而进行概述、描述、讲述、转述、补白、换角色、创编等各种复述练习。所以，这些学习方法的指导要遵循教—扶—放的原则，有层次地展开。二年级教方法，三年级扶一程，让学生尝试练习，到了四年级就要充分练习实践。

3. 形式多样化

口头表达看似容易，但要表达出色并不容易，特别是当众表达更有难度。所以讲故事环节不仅要给予学生充分的练习时间，而且要设计形式多样的展示活动。如抽签、合作、表演……既能激发学生兴趣，减少紧张感，又能以机会的不确定性激发学生的练习热情。

庄小琼老师执教的《盘古开天地》第二课时中采用量表的方式引导学生评价同学的复述，既节省了时间，又体现了评价形式的多元化。一份评价量表不仅有鼓励作用，还有指导和促进作用，教学智慧就隐藏在这小小的表格中。

总之，在教学时，一定要关注神话的文体特征，抓住"神奇"这个教学的落脚点，以"复述"为主要方式进行学习。多种形式厘清结构有助于学生识记故事内容，为学生用多种方法准备复述做铺垫；品味语言有助于学生积累并运用故事中生动的语言复述；理解人物精神有助于学生入情入境地复述。充分的练习实践让学生创造性地积累语言并提高表达能力。

基于文体意识的童话教学有效备课研修案例

赵艳和润语文工作室
小组成员简介

刘淑华（组长）	王元双（组员）	胡倩（组员）	黄诗仪（组员）
龙岗区福安学校语文教师。深圳市龙岗区骨干教师。获深圳市、区论文评比一等奖，深圳市课例评比一等奖，龙岗区微课大赛一等奖。	龙岗区平安里学校语文教师。龙岗区先进工作者，龙岗区优秀班主任、优秀教师。"小学语文'四步导读'教学法"项目获龙岗区首届教育科研成果二等奖。	龙岗区平安里学校语文教师，龙岗区教育系统宣传先进个人。获2019深圳市中小学语文教师朗诵课文决赛一等奖，龙岗区微课大赛一等奖。	龙岗区依山郡小学语文教师。2019年课题"好习惯，益终身——一年级入学教育"获龙岗区德育精品课程。

❖ 研讨记录 ❖

童话教学有效备课研讨记录

【研讨主题】

基于文体意识的童话教学有效备课。

【参与人员】

组长：刘淑华　龙岗区福安学校

组员：王元双　龙岗区平安里学校

　　　胡　倩　龙岗区平安里学校

　　　黄诗仪　龙岗区依山郡小学

【研讨过程】

问题一：你对童话教学了解多少？

刘淑华：童话是儿童文学的一种体裁，通过丰富的想象、幻想和夸张来编写适合儿童欣赏的故事。一般故事情节神奇曲折，生动浅显，对自然物往往采取拟人化的描写，以适应儿童的接受能力。也可以通过丰富的想象、幻想和夸张来塑造形象，反映生活，对儿童进行知识教育、思想教育。童话教学是阅读教学的一种特殊形式，题材不同，上课的方式方法也应该有所区别。

黄诗仪：在日常的教学中，童话教学和普通文章的教学是没有太大区别的，所以童话教学和非童话教学应该怎么区分呢？因为童话很有趣，学生学习的时候会比较感兴趣，但是也许因为教学方式没有变化，所以学生的兴趣不长久。

刘淑华：所以这就更考验老师的能力了，如果一个老师能把童话教学课上得让学生一直兴致盎然，那是彻底把童话教学研究透了，把学生也摸透了。

王元双：以前我们没有单独研究这一类文体的时候，一般凭着直觉来判断，童话一般有以下特征：用拟人的手法赋予万物生命、思想、个性；故事情节曲折生动；通俗易懂。教学时，教师、学生都比较喜欢童话，因为生动的情节、拟人化的人物、贴近生活的故事，会深深吸引他们，学起来轻松。学生也很乐意参与分角色朗读、表演，尤其是低年级的学生，更容易进入童话境界。

胡倩：识字认字—课文朗读—课文分析—得出道理，这是我们低年级童话教学甚至是其他很多课文教学经常使用的模式，很少被打破。正因为平时我们把童话跟其他文体一样教，所以学生对童话文体的认识很浅显，哪怕老师教了很多篇童话，学生也不知道童话是什么，应该怎么学，学什么。赵老师提出的"基于文体意识的童话教学有效备课"，应该是希望我们能厘清童话有别于其他文体教学的目标、方法和步骤。

刘淑华：是的，所以我们小组的老师们在赵老师的带领下共同来探究这个问题——童话教学如何有效备课。老师们开发自己的小宇宙，共同对这个问题进行摸索、探讨。

问题二：童话的特点是什么？与其他文体有什么区别？教什么？

刘淑华：要想对童话教学解析透彻，我们今天先来讨论这几个问题。第一个问题，童话的特点是什么？大家可以查阅书籍、资料，畅所欲言。

黄诗仪：童话就是童趣的、天马行空的，相比其他文体更富有趣味性，我认为在童话教学中应该让学生学会如何自主体会和感悟文本的中心。

王元双：一般来说，童话的文体特点明显，最容易与之混淆的是寓言。但只要我们仔细分辨就能发现，童话一般篇幅较长、情节曲折、充满幻想。寓言重在寓意，道理、情节完整，故事简短，故事中的主人公可以是人，也可以是拟人化的动植物或其他事物。

胡倩：很多学者给童话的特点做出了相应的界定。经过比较和对照，不难发现，大家都认为童话应该是充满幻想、趣味和童真的。

刘淑华：我觉得童话教学与阅读教学的目标应该是不一样的。它们有共同之处，也应有所区别。我在网上查阅了一下资料，是这么概述的：童话属于儿童文学，它陈述故事的方法往往蕴含着奇特的想象，惯用的手段为夸张和幻想。童话基于儿童视角，借助于儿童化的语言来对生活场景进行模拟或讲述，对形象进行塑造的常用手法为拟人、象征以及夸张，并通过大胆的想象来推动故事情节，它是对童年生活的一种表达，目的是服务于儿童的成长。具体来说，童话的特征表现如下：

1.幻想性，童话如果离开了幻想，就等于失去了灵魂，因而对于童话来说，其根本特征就是幻想。

2.拟人性，纵观所有童话故事，最常用的手法就是拟人。童话里的所有事物均能够通过拟人的手法变成活灵活现的具有生命的角色。

3.夸张性，童话中的夸张能增强童话的幽默感和趣味性，如果童话缺少夸张，就会失去光彩。

4.象征性，对于童话来说，任何幻想都是基于象征来与现实情景相关联的，象征的双方通常都存在着相似性。

5.完整性，对于童话而言，往往具有十分离奇和完整的故事情节。

6.生动性，童话都具有十分精准、生动以及简洁的语言。

老师们可以借鉴学习一下，也可以谈谈你们这几天学习的收获。

刘淑华：我们接着聊聊第二个小问题：童话与其他文体有什么区别？我认为童话与其他文体最大的区别在于它的夸张性和想象性。

王元双：童话故事一般从孩子的心里出发，比较容易走进孩子的心里，能得到共鸣，画面感特别强。童话课例在低年级出现的数量比较多，低年级学生想象丰富，在教学的过程中我们可以利用这两个特点，引导学生学会把自己的想象表达出来。例如《小猴子下山》一课，不仅有词句方面的语用价值，就篇章而言，是讲故事、编故事的好范例。教师上课的时候应有意识地点拨小结，为以后的习作打基础。

黄诗仪：木心说："神话是大人说小孩子的话，给大人听的。"那么，童话就是大人说小孩子的话，给小孩子听的。不管是眼睛看还是耳朵听，它是专为儿童服务的。也就是说，童话更适合孩子来读。

刘淑华：老师们，童话教什么呢？是教识字写字，还是教文本阅读；是复述故事，还是编写故事。这个教什么范围有点大。我们应该聚焦一下。

胡倩：我觉得教学目标应该依文本特点而定。首先，识字写字是低年级语文教学的重中之重，在每篇课文中都应该有体现、有落实，这个目标是逃不开的。但是童话作为一种独立的文体，它的幻想性、反复结构等特点，应该在每篇童话的教学中渗透，这种潜移默化的教学会让学生慢慢形成识童话、读童话的能力。除此之外，每个童话文本都有其表达上的独特性，比如我这次要执教的一年级童话《动物王国开大会》，这个文本就有一个很独特的地方——试图教小朋友们发口头通知。

王元双：的确如此，不同文本目标不同，教什么也就各有差异。但是我们是有准则可依，有规律可循的。教什么？参照课标的阶段性目标，在不同的年级，识字写字、阅读、表达等都是有梯度的、螺旋上升的，我们在不同的年级上课时，最好是既有回顾巩固，又有新的提升，这样我们心中有数，每一节课都在朝着总目标前行。比如复述故事可以从复述一个场景，到复述几个场景，再到复述整个故事，创造性的复述……具体要达到什么目标，要根据年段和学情来决定。

黄诗仪：我觉得无论教什么，怎么教，都应该以课标为准则。让我们先来回顾一下课标的解读。课标指出，小学语文低年段的阅读目标是：让学生阅读浅近的童话、寓言、故事，向往美好的情境（这是低年段阅读的情感目标）。关心自然和生命，对感兴趣的人物和事件有自己的感受与想法，并乐于与人交流（这是通过阅读，培养学生的理解与表达能力）。

如何正确定位低年段童话教学的目标，关系学生的阅读兴趣、阅读质量、和阅读品位。那么，低年段童话教学的目标是什么呢？

刘淑华：我认为低年段童话教学的目标应该从以下几个方面出发。

1. 感知美好形象，这是情感教育目标。注重童话情境的营造，在读童话的过程中认字、识词、想象。

2. 乐于阅读童话，这是培养阅读兴趣。学生在阅读童话的过程中对感兴趣的人物和事件有自己的感受与想法，能表达自己独特的阅读感受，与家人、同学、老师、朋友分享阅读的快乐，受到美好情感的熏陶，获得智慧启迪。

3. 积累语言、提高理解与表达能力，这是提升语文素养。童话教学的一个重要目标就是积累字词、语言。古人读《三字经》《千字文》的第一步就是认字。先积累字词，然后才是理解、创作与表达。黄诗仪老师设计的《小猴子下山》，立足文本，积累词语，初步掌握童话故事的基本结构，能讲述读过的童话故事，了解童话特殊的表达形式，乐于创编童话，提升语文综合素养，培养想象力、思维力和创造力，非常不错。

黄诗仪：谢谢刘老师的肯定，以往上童话类型的课文总是拘泥于教师要教，学生要学。不敢大胆地放手让学生尝试，通过对《小猴子下山》课标的学习及理解，也参考了许多老师的教学案例，我想上课的形式多样一些，学生参与度更高一些，这堂课可以变得趣味十足。我一定会加倍努力，争取把这一篇童话课文上好。

胡倩：黄老师的思路很值得我学习，把童话课上出童趣是一个很高的标准，而从学生参与度的角度来设计课也是个很新的思考角度。期待你上一堂不一样的精彩课！

王元双：黄老师你设计的基本框架很好。参与度的问题，主要是当一个或一部分学生在表演的时候，其他人怎样调动的问题。建议用当小评委、小导演等方式来激励学生参与进来，要给这些"听众"发言的机会，随机用"你认为还可以这样改进""你觉得哪个同学演得最好""你发现了什么"等问题，给他们展示、表达的机会，做到台上台下融为一体，生生交流无处不在。还有这个"趣味性"真的很考验人，建议用游戏、道具等辅助进行。

刘淑华：在小学阶段，童话教什么？要回答这一问题，需从童话教材内容的视角来考察童话教学内容。老师们最近看了很多文献，也收集了很多材料，我们可以互相学习、交流探讨一下。

王元双：谢谢刘老师的分享，很有收获。刘老师从理论上细致地阐述了童话的一些特点，在教学时我们要利用好这些特点，陶冶情操，学习语言奥秘，发挥童话的最大效用。同时也可以课内外结合，把低年级的童趣引导到生活中来。例如《动物王国开大会》一课，课后我们可以经常让学生帮老师口头发通知，班队活动的时候我们可以让学生表演课本剧。

黄诗仪：谢谢王老师和刘老师的启发，把低年级的童趣引导到生活中，通过文本拓展和延伸在日常的课堂教这些东西，但是老师教了，学生就一定能百分百地掌握吗？其实我一直对这个问题是存有疑虑的。我们如何使学生更好地接受课堂的常规教学，让课堂更高效呢？

胡倩：黄诗仪和王元双老师的分享都很有价值，回到刘淑华老师提出的问题"童话教什么"，我觉得可以从童话的形式和内容两个方面去思考。比如我和黄诗仪老师要上的两篇低年级童话教学课，它们都有相同的结构——反复结构，这个结构是童话常用的。当学生了解到这种结构之后，有什么用处呢？学生在读新的童话的时候，就能有意识地去预测后面的情节，提高他们读童话的能力。低年级学生对抽象的文章结构可能不会通过一两次课就完全掌握，但是每次教童话的时候遇到这个结构，我们都引导学生去发现它，那么学生就会慢慢地认得这种结构，习得这种能力。我觉得教学本来就不是一件立竿见影的事情，而是一个长期熏陶的过程，但是我们教师对于教什么以及童话本体性的知识自己心里要有数，并且在教学中不断渗透，不要低估学生的领悟能力。从内容方面去考虑，每篇童话都会有表达上的独特之处和文章所想表达的核心价值，这些也都是我们应该去教的。比如我们要教的这两篇童话，《动物王国开大会》里怎么发口头通知，《小猴子下山》里的动词、"又……又……"这样独特的表达等，我们先要有一双慧眼去发现它们，把这些知识点作为教学目标很有价值，但是发现它们又需要深厚的功底和经验。

问题三：如何确立童话文本的语文核心价值？

王元双：确立童话的文本价值，要以课标为准绳，将工具性和人文性的统一贯穿始终。尤其是文本课例的"语言文字运用价值""情感陶冶价值"要在具体的教学目标中体现。

刘淑华：童话的核心价值对孩子的发展有何意义呢？学习童话，当然是让天真的孩子对世界充满希望，尽量让他们感受到世界的美好，让孩子们的世界丰富多彩，培养孩子的无限想象力。

黄诗仪：既然童话能放在语文教材中出现，它必定有它的语文价值。我想这个语文价值就是语文要素吧，即如何在童话教学中体现出它的语文要素，是这么理解吗？

胡倩：我也这么认为，童话既然作为文本出现在语文课本中，就是要求能体现出它的语文味、语文要素。比如字词的积累，文段的梳理，篇章的复述等。

问题四：关于《动物王国开大会》一课教什么的研讨。

刘淑华：两位上课的老师都是教低年段的，我们就都挑选一年级的童话教材来作为课例。

胡倩：《动物王国开大会》对于一年级的学生来说，篇幅较长，人物较多，运用了童话常用的反复的叙事结构，旨在让学生明白：通知的要素一定要说清楚，时间、地点都要明确。就童话的内容来说，一年级的学生理解起来难度不高。我想让学生在听读故事中推测情节发展，感知童话的反复结构。从课后习题能看出，初识通知要素是本课一个重要的教学目标，这对于一年级学生来说也是一个难点，我觉得要搭设支架，降低难度。我设计了三星挑战的环节，举三反一，让学生在四个活动中感知并巩固通知六要素的知识。

王元双：胡倩老师设计的这个"三星挑战"很适合低年级学生的年龄特点，可以调动他们的积极性。学完后的运用也很重要，在以后的学习生活中鼓励学生自己口头说通知，为班级事务写通知。培养生活运用的语言文字的习惯。让"无处不语文，语文无处不在"成为现实。

黄诗仪：胡倩老师的这个设计很值得我学习，她能结合童话的特点制定这一课的目标，既有童话的味道，也落实了语文要素的目标。

刘淑华：胡倩老师明天可以先到课堂中去实践一下，如果有什么问题，我们再次讨论。老师们的学习热情都非常高，发言有质量，感谢我们小组的每一位老师的积极参与和辛勤付出！

问题五：关于《小猴子下山》怎么教的研讨过程。

黄诗仪：《小猴子下山》这篇童话整体的结构非常简单，所以我想从结构入手，让学生在读的过程中发现结构。但是一年级学生的生字识记和书写也是非常重要的，怎样才能有趣地结合文章教学生字呢？我查看了一些论文，其中对于《小猴子下山》的中心立意是有出入的，所以怎么引导学生正向思考也很苦恼。我想在讲此篇课文的第二课时时，可以利用学生爱动爱演的特点，让学生成为小猴子，演一演小猴子的动作和心情，边做边学生字，边演边体会文本。

刘淑华：我看了一下黄诗仪老师的教学设计，整体流程按平时的阅读教学上法安排，但我们这次要突出的重点是童话教学的特点，总感觉少了点什么，你们觉得呢？刚刚也看了胡倩老师的教学设计，非常不错。你们俩的上法完全不一样，各有特色，可以互相借鉴。

小学低年级学生的特点是：在语言能力方面，以"说"为主，对话语言占主导，书面叙述以词为主，复述能力以记忆性复述为主。在思维力方面，以具体形象思维为主，处于形式运算阶段，没有批判思维能力，对教师以及教师的教学过程无条件地接受和服从。在注意力方面，以无意注意为主，注意广度仅达到字词，对变化的学习形式感兴趣，直观的图画、动画更容易吸引他们。"字词学习—认读课文—分析课文—得出道理"的教学模式，是传统的小学童话教学长期使用的模式，一直没被打破。黄诗仪老师和胡倩老师可以尝试打破一下。

黄诗仪：我设想的是，通过随文识字，然后加上一些生动的图片，辅助他们更好地理解这个字，然后再体会主角的心情，随后读文。在学习第二课时时，能够自己创编后续的情节。每次看大家的资料，都会有一些新的感悟。

胡倩：是不是要突出一下童话的文体特点？幻想性是童话的第一特征。第一课时，我偏重于识字和逻辑的推演，想象的空间比较小，是不是在PPT中凸显多一些童话的色彩？我建议你跳过第一课时直接上第二课时，因为这次的主题是要突出文本特点，是基于童话文体的教学，哪个课时能突出童话教学的特点你就上哪个课时。

王元双：黄诗仪老师的这一思考很值得学习，作为童话课文，我们如何在教学过程中既突出童话的特点，又与一般阅读文的上课方式方法有所区别。大家可以多给黄老师提出宝贵意见，争取把这节童话教学课上好。上第一课时还是第二课时，或者就一个课时上完，黄诗仪老师的时间要把握好。黄老师设计的表演很好，在这个表演的过程中，要注意发挥学生的优势，有的孩子擅长表演，就让他表演；有的孩子善于表达，就让他来读或者描述……

胡倩：看了黄老师的教学设计，我觉得设计得很好，但有点跑题，我们要上低年级的童话故事阅读课，怎样让孩子们在情境中学词学句，用书上的句式复述故事这是你教学的重点，所以建议上第二课时，生字可作为回顾检查。黄诗仪老师要关注一下课文中"他看见……又（　　）又（　　），……高兴，就……"这个句式，让学生除了学习几个动词外，还要学习又大又多这类词语，这是难点，很多学生不明白这类词是写了事物两方面的特点，所以仿照例子写词时，常会写"又小又大，又红又白"。

问题六：童话这一类文体怎么教？聚焦《动物王国开大会》《小猴子下山》一课怎么教？

刘淑华：童话怎么教？在小学阶段，既然以童话课文为凭借来学语文，教师就须把童话的特质和语文的规律相结合进行教学。平时我们上过很多类似的童话课，也看过别的老师上的童话课例，我认为胡倩老师和黄诗仪老师的两节课例不妨用这些方法试试看。

（一）用想象濡润教学

刘淑华：我们前面说了，想象是童话教学的核心。胡倩老师和黄诗仪老师可以让你们的课例拓展想象并贯穿在童话教学的始终。

黄诗仪：在拿到《小猴子下山》这篇课文的当下，我们会下意识地用之前上课的模式"识字—写字—课文讲解—内容拓展延伸"，也正是因为这样的模式化教学，使学生在学的过程中容易产生疲倦和枯燥感。我们在教学中并没有将童话与普通文本进行区分。所以我在设计《小猴子下山》这一课时，会更倾向于随文识字，并且结合低年段学生好动的特质，让他们动起来，更好地融入课程。

胡倩：《动物王国开大会》的篇幅比较长，但是文本内容理解起来并不困难，而且教育意义很明显，就是教学生发通知。文本本身在想象力方面似乎不太突出，我想用摒弃第一课时就识字写字的方式，用讲述故事的方法开启第一课时，试着让学生想象或者预测后面的故事情节，感知童话的反复结构，而且在过渡语方面，看看是不是可以设计得有童话色彩一些。

王元双：我觉得《动物王国开大会》可以用想象场景开课，"这是个怎样的大会""可能会有哪些动物""它们会说什么"等话题可以打开学生的想象之门。识字教学中，可以用想画面来识字：虎、熊。听故事推测情节的时候，也可以穿插"你看到了哪些动物""它们听明白了吗""它会说什么"等问题，让学生边听边想象情景，丰富学生的想象。

（二）用故事架构课堂

刘淑华：既然童话是故事，就可以以读故事、解故事、猜故事、讲故事、演故事、编故事等教学内容来合理组构板块。如何架构课堂，既受制于教学目标、内容与学情，又受制于这些内容要素之间的逻辑关系。这些内容既可以各自成块、逐层推进，又可以叠加进行。如黄诗仪老师设计的《小猴子下山》，既可按"读故事—解故事—讲故事—编故事"的结构渐次推进，又可按每一板块叠合着其他要素共同推进，教师在设计教学时应灵活处理。老师们，这个故事的架构过程只是我的个人想法，你们有什么好的方法来推进呢？

王元双：我想可以将识字、阅读、表达等融入这些环节来共同推进。例如我们可以在读故事时随文识字，画出小猴子下山的线路图；解故事时，体会动词"扛、掰、扔"等动词的妙用，想象并体会这些动词，甚至可以表演这些动词，为后面讲故事做铺垫；讲故事时，由于前面已经有了线路图、动词妙用体会的铺垫，学生讲起来会比较容易。

黄诗仪：谢谢王老师的指点，在学习不同的教学案例后，我也坚持在课堂中随文识字，并且与第一课时的路线图相连接。路线图的使用不仅能让学生梳理整篇文章的结构，更能够在此过程中加入顺序词的使用，使语文更生活化。在整个教学环节的设计中，通过路线图的引导，学生小组合作进行交流，总结归纳文章的写作结构："到了哪里—看到什么—做了什么—心情如何"，在理解本文中成为主体。最后以动作丰富整个课堂，让课堂活起来、亮起来，不再是坐着听，而是全身都在学。

胡倩：刘淑华老师对童话故事的架构过程具有很强的指导意义，很多童话都可以用类似的流程来推进。在《动物王国开大会》中，我也基本上按照这个流程来推进，第一课时通过读故事来感知结构，使学生通过老师绘声绘色的讲述领会到一些讲故事的技巧，通过解故事拓展出口头通知该怎么写。第二课时，我想通过分角色表演故事来训练学生的口头表达能力。

（三）用情境演绎童话

刘淑华：在平时的教学中，我们都特别喜欢用情境演绎来丰富课堂，我想童话教学也同样可以。说说你们的想法，如何？

王元双：课堂表演是一把"双刃剑"，用好了省时高效，能培养学生多方面的能力；如果没有调动学生，不吸引学生，就会流于形式，看似热闹，实际没有收获。我想，我们要用这种方法，就要注意几个问题：首先，要有梯度，让学生在读懂理解的基础上才表演，让学生做到心中有数才表演，让学生思考内化后才表演。其次，课堂表演不能每个同学都参与。那么，其他同学怎么调动？怎么参与？怎么提前设计好他们的活动？我想，可以让他们带着标准听，当小评委；分角色听，当某一个角色的导演。除此之外，还有什么好的活动可以调动他们的积极性，大家都来想想。

胡倩：王元双老师说得很对。盲目肤浅的表演很容易将一堂好好的语文课浪费掉。学生只有在充分熟悉了童话内容、对人物有了自己的理解并通过充分的练习和磨合后，才有可能演得出彩。而且，文段的选择也有技巧，一年级的孩子不适宜表演内容太长、太复杂的文本。

黄诗仪：几位老师的想法对我设计课程非常有帮助，谢谢。在本节课中，每一小段我都设计了学生"演"的环节，就如同王老师所说，要有梯度和有标准，所以在演之前要给学生一定的要求和示范。学生的模仿能力非常强，但是低年段学生的理解能力比较直观，所以一定要将要求平直地叙述，使用影像或者图片以及真人的范例会让他们快速进入角色。而对看表演的同学也是有所要求的，他们要边看边理解。我认为这样的课堂演绎才是有效的。

（四）用心灵感受童话

刘淑华：童话里可能有温馨的相遇，可能有含泪的微笑，也可能有深深的忧伤。但它总是牵引着学生的心灵走向纯净、走向真善美。正如儿童文学作家陈伯吹说的："以儿童的耳朵去听，以儿童的眼睛去看，特别以儿童的心灵去体会。"教学中，要带着学生慢慢地、静静地去体味、去唤醒，让学生真正领略到童话之美，在童话里遇见最美的自己。

王元双：刘老师已经说得很具体了，在设计的时候可以参考，争取尽善尽美。以我们选的这两篇课文为例，语言美，可以提出来让学生体会，《小猴子下山》一课中哪些生动准确的动词把小猴子的形象写得栩栩如生，这正是低年级学生需要学习的。低年级学生往往不明白如何准确用词，他们的写话、造句里经常会出现用词重复、单调的现象。《动物王国开大会》一课也有语言美值得挖掘，每一次出通知时狗熊的语言、动作可以让学生注意读并发现其中的变化，也可以借此契机让他们想象其他动物的语言、动作。另外，这两篇童话的相似结构也是一种"结构美"，编故事、讲故事时要特别注意这种"结构美"。

胡倩：王元双老师的建议很有启发意义。确实，特别在演故事之前，让学生关注到狗熊的动作和表情，并想象其他动物的动作和表情，能让学生把故事讲得更好。

黄诗仪：好的，我也赶紧明天试讲一下，结合刘老师的建议继续完善。

刘淑华：这些方法都是我在平时的教学中以及看别人的课例中领悟出来的，不知道胡倩老师和黄诗仪老师对我提出的这些方法有什么想法呢？

胡倩：刘淑华老师说得很对。我觉得自己往往是以大人的思维去看童话文本的，而孩子是怎么看童话的，他们会从中汲取到什么，这样的儿童视角我很缺乏，也是我努力的方向。是不是可以在课堂上多倾听学生的心声。比如你喜欢这个童话故事里的哪个人物，你觉得自己懂得了什么道理，或者你喜欢这个童话吗？喜欢它什么地方呢？这样多和孩子对话，或许有一天，我也能重新成为孩子，站在孩子的角度思考问题。

黄诗仪：非常感谢刘老师的分享，让我茅塞顿开。其实在设计教学环节的过程中，如何让每一个环节能够流畅地过渡、如何让学生通过教师简短的语言脑洞大开、自由想象等问题也令我头疼。我想我还是太注重教师如何教，而忽略了学生才是课堂主体。让学生来说，老师辅助归纳，我想其他学生理解起来或许更加轻松，我也会在环节中多增加学生表达的环节，把课堂还给他们。

问题七：童话文体教学的具体策略是什么呢？

刘淑华：从我们查阅的资料文献看，童话教学的策略的确有很多，具体运用到课堂上，大致可以用哪些策略，老师们可以集思广益。

王元双：类似以上两篇课例比较长，由几个相似的情节构成。听故事推测情节、分角色朗读、分角色表演、排课本剧等都是可以选择的方法。需要注意的是：调动学生的积极主动性，尽量让每个学生都参与。根据我们选的这两篇课文，我觉得《动物王国开大会》可以用读故事猜情节、课本剧表演的方法。这个故事创编课本剧的空间比较大，那么多动物，容易创设情境、分配角色、调动全员参与。《小猴子下山》比较适合用复述故事、讲故事、创编故事的方法，因为这个故事的情节有连贯性，人物少。小猴子就如生活中的小孩子，贴近学生的生活实际，创编故事比较适合。

胡倩：我同意王元双老师的看法。听故事、读故事、演故事、编故事是童话教学的基本策略，但是怎么听、怎么读、怎么演、怎么编，这样的设计又分别指向什么目标，则是我们要结合具体童话文本去认真思考的。我们不能只讲策略，而忽略了童话文本的特点。

黄诗仪：前面几位老师都说得非常全面了，我想童话课堂更注重于体会、想象、延伸，那么学生的讨论可以帮助他们体会，学生尽情地表演有助于他们想象，故事的创编更有助于他们延伸。课堂中他们在爬梯，在不断地升华。

刘淑华：通过大家的讨论，我想胡倩老师和黄诗仪老师不妨从这几个教学策略出发，如果在实践的过程中发现什么问题，我们再来更改。

1. 情境教学策略

刘淑华：胡倩老师在执教《动物王国开大会》这篇童话时，可以用这个策略做情境铺垫，这样，学生很容易走进故事，与故事的角色进行对话，课堂的效果会比较好。

胡倩：在导入的时候，我想用"熊"和"虎"这两个象形字来激发学生的兴趣，让学生在想象中渐入童话世界，然后用绘声绘色讲故事的方法带着学生走进故事，猜测情节。

2. 游戏教学策略

刘淑华：童话最重要的美学特征是游戏精神，它反映了儿童的游戏本能，理应成为教育教学方式、策略的重要依据。因此，要求我们教师在尊重童话文本的基础上，将童话阅读的教学活动与游戏活动融为一体，即引导学生以游戏者的身份参与进来，这样的课堂会更加精彩。这一点，黄诗仪老师执教的《小猴子下山》里面可以多做尝试。

黄诗仪：谢谢刘老师的指点，之前只在识字环节中用上"青蛙过河""摘桃子""放火箭"等游戏，在课文学习中还没有机会尝试过，这次我也会想想如何加入有趣的游戏，让学生更愿意交流和分享。

王元双：建议黄老师把游戏放在学习"又（　）又（　）"的词语和体会动词时用。体会动词的时候，除了文中"掰""扛""扔"等之外，还可以拓展，让一个学生做动作，其他同学说动词或者写动词，看谁的动词用得准确。也可以"动词找主人"，老师出示动词，学生做动作，动作准确的就得到动词卡片。总之，要把学习融入学生的肢体活动中，寓教于乐。

胡倩：我觉得《动物王国开大会》也可以用上述游戏策略。我在试课的时候发现，学会发口头通知对一年级学生来说并不容易，仅仅通过课后习题是很难让大多数学生掌握这个知识点的。我们可以通过游戏闯关的方式，多结合生活中的实例来让学生进行练习，这也是赵老师启发我的，可以用拼图游戏，让学生在玩中感知通知六要素的排列顺序。

3. 看图想象策略

刘淑华：幻想是童话的生命，而低年段学生热衷于看图想象、看图说话。因此，教师在教学过程中，应以童话文本为依据，积极引导学生认真观察语文教材中美丽、好看的插图，不失时机地发展儿童的想象力。

胡倩：是的，在讲故事的时候就要充分利用好书上的插图，让学生直观感受到动物们的神态和动作，也有利于学生熟悉故事情节，为第二课时复述故事、分角色表演打好基础。

4. 续写编写策略

刘淑华：在我们的小学语文习作学习中，写童话故事也是学生们最喜欢的一个命题。从小到大，在家长的口述中，从童话的书籍中，乃至电视的动画片里，他们都积累了大量的童话素材，学生愿意写童话，热爱写童话，童话故事给他们打开了一扇神奇的窗户，他们跃跃欲试，都想在童话的写作中大展身手。因此在童话教学中，阅读童话后常常有续编、续写或者改写童话的习作训练要求。黄诗仪老师在教《小猴子下山》时，最后的结束语可以这样设计：过了不久，小猴子又再次下山，这次会不会有不一样的结果呢？同学们课后为小猴子创编一个新的故事吧。大家觉得如何？

黄诗仪：在设计这一环节时，如果让学生在课文结束后能够不离开情景，继续脑洞大开的创想。将童话人物继续利用起来，结合我们生活，每一件事都有第二次，学生们做错了事，有改过自新的机会，那小猴子也一定会有。让学生能够在课程结束后也继续在有趣、可爱的童话世界里遨游，让他们的想象飞翔。我觉得刘老师分析得特别好，也谢谢刘老师的肯定，我会继续努力，让自己的课堂更加精彩。

王元双：这个故事很适合创编。可以续写，例如"小猴子二次下山"；也可以改写"两个小猴子下山"。为了贴近学生的实际，在创编之前，设计一个开放性的问题，让学生畅所欲言，既可以打开学生的思路，也可以探探他们的"底"，然后以学定教，顺势而为，尽量给予学生足够的空间，让他们去想象、去创造，少一些束缚反而更好。有时候孩子们的想象比我们成人有趣多了。

胡倩：黄诗仪老师的想法也启发了我，《动物王国开大会》这一课在故事快要结束的时候，或许可以卖个关子：你们猜猜故事的结局是什么？或者说，你们知道吗？第二天，并不是所有小动物都来参加大会了。有两只特别怕吵的小鸟没有来参加大会，你们知道为什么吗？这样孩子是不是可以跳出文本，体会到如果一个通知反反复复都没有说清楚，可能会给听者带来困扰，也会耽误事情。但是我又觉得这样设计会有点冒险，学生会不会对课文的学习产生疑惑？

问题八：关于《小猴子下山》第一课时、第二课时的改进意见。

刘淑华：黄诗仪老师一开始用第一课时来上这节课，感觉童话的特点表现得不明显，可以再改改。

黄诗仪：因为我第一课时第一个环节有说到这一个知识点，我想是不是应该融入一些复述类的环节在第一课时，我这几天做一下思考和修改，谢谢赵老师、刘老师、王老师、胡老师指导。

胡倩：在讲解"又大又多"这类词时可先借助插图，让学生观察他看见了什么？学生可能会说：看到了许多玉米（你发现了玉米的数量多）；看到了玉米长得很大（你发现了玉米个头大）；看到了玉米很多长得大（你真会观察，发现了玉米地里的玉米不仅数量多，而且长得个头大，用书上的四字词语说就是"又大又多"）。

黄诗仪：第一课时，我偏向随文识字，但是这样学生展示和自主识字的时间就不多了。

王元双：黄老师，上课的时候要根据学生的实际情况安排，如果随文识字比较轻松，那么朗读感悟就可以融入其中进行，多出来的时间可以再一次整体读或者分角色表演，既体现童话特点，又能为复述故事做准备。

刘淑华：每一次学习讨论，老师们都这么积极配合、踊跃发言、思维碰撞、得出新的思考，让我感觉收获满满。谢谢我们团队的每一位老师，谢谢你们每一次会议的积极探讨，每一次努力地付出。付出终将有所回报，相信我们这个童话教学尝试一定会有所收获，老师们，撸起袖子加油干，给你们点赞！

◆ 文本解读 ◆

基于课例《动物王国开大会》《小猴子下山》的童话文本解读

深圳市龙岗区平安里学校 王元双

一、文体题材解析

各位老师：大家好！我们都知道童话是儿童文学的一种体裁，通过丰富的想象、幻想和夸张来编写适合于儿童欣赏的故事，一般故事情节神奇曲折，生动浅显，对自然物往往采取拟人化的描写，以适应儿童的接受能力。

二、学生学情分析

再来看低年级小学生的年龄特点：感知笼统、不精确；注意不稳定、不持久，且常与兴趣密切相关；记忆最初仍以无意识记、具体形象识记为主。而童话所具有的幻想性、拟人性、夸张性、象征性、完整性、生动性等特点能吸引小学生的注意，激起阅读兴趣，有助于发展学生的感知能力。

三、课标解读

1. 新课标对语文学科的总述中有几个关键词：语言文字运用、综合性、实践性。

"语文课程是一门学习语言文字运用的综合性、实践性课程。义务教育阶段的语文课程，学生初步学会运用祖国语言文字进行交流沟通，吸收古今中外优秀文化，提高思想文化修养，促进自身精神成长。工具性与人文性的统一是语文课程的基本特点。"王崧舟老师曾讲道："语文教学不是教课文内容，而是引导学生学习语言文字运用的奥秘，学会语言文字的运用才是更重要的目标。语文课在体现综合性和实践性的时候，千万要记得语文要姓'语'，而不能成为其他学科的课。"那么，在进行童话教学时，我们要弄清选入教材里童话故事有哪些语言文字运用的"点"，无论通过什么方式学习都要实现"语用"目标。

2. 如何确立童话文本的语文核心价值？

语文价值其实就是文字在表达及应用上的价值。那么，我们怎么具体展开筛选呢？我们怎么来确认是有语文核心价值的呢？有一个程序：首先要看的是发掘出来的这些文本有没有语用的特征？有没有用？是不是体现了本身的规律？也就是说，有没有迁移的价值？如果有，就有保留的价值。例如统编版教材一年级下册第三单元里的童话课文《小公鸡和小鸭子》写了发生在草地里、小河边、水里三个场景，对话集中在第3自然段，要"读好人物对话""读出不同角色说话的语气，进行角色体验"，就要从情境中体会小鸭子捉鱼给小公鸡吃的热情、小公鸡急着下水的急切以及小鸭子不让小公鸡下水的担心，并通过常设情境，引导学生体会人物内心，读好对话。那么"读好人物对话"的教学就很重要，也为学习后面第七、八单元的《动物王国开大会》《棉花姑娘》中更多的人物对话打下基础。"读好人物对话，进行角色体验"的不同学段的具体要求是不同的，不仅在其他文章中有迁移价值，而且是口语表达、写话的基础。它既体现了文本的语言规律，也有"语用"的价值。

3. 根据课标的总体目标和阶段性目标，童话这一文体可采取的教学策略和应该注意的问题。

我们先来做个对比，看看课标中第一学段和第二学段阅读部分的要求。

第一学段（二）阅读：

（1）喜欢阅读，感受阅读的乐趣。

（2）学习用普通话正确、流利、有感情地朗读课文，学习默读。

（3）阅读浅近的童话、寓言、故事，向往美好的情境，关心自然和生命，对感兴趣的人物和事件有自己的感受与想法，并乐于与人交流。

（4）认识课文中出现的常用标点符号，在阅读中，体会句号、问号、感叹号所表达的不同语气。

第二学段（二）阅读：

（1）用普通话正确、流利、有感情地朗读课文。

（2）能初步把握文章的主要内容，体会文章表达的思想感情，能对课文中不理解的地方提出疑问。

（3）能复述叙事性作品的大意，初步感受作品中生动的形象和优美的语言，关心作品中人物的命运和喜怒哀乐，与他人交流自己的阅读感受。

（4）在理解语句的过程中，体会句号与逗号的不同用法，了解冒号、引号的一般用法。

通过比较，我们可以看出各个学段是相互联系、螺旋上升的，最终全面达成总目标。

根据童话的特点，调动学生的各种感官体会人物的内心。分角色朗读、童话剧表演、讲故事、续编等是常见的设计。设计活动带动学生参与活动很重要。表演要力求动手、动脑、动心，并在这一活动中培养语言文字的运用能力，注意情感的升华，避免为表演而表演。讲故事、续编等也要朝着"语用"目标发展，同时培养开放、创新思维。

例如，一位教师在执教《巨人的花园》时，在读通并读懂全故事以后，设计了一个分角色表演的环节：谁来扮演巨人？谁来扮演小男孩？谁来扮演树儿？能分配的角色都被学生领完了，还剩大部分同学没有得到角色，没有出演机会。听课教师以为执教教师会让没有角色的学生认真听，评价哪个角色演得好。没想到执教教师不仅让没有角色的同学认真听、当评委，还让喜欢挑战的同学当导演，认为哪个角色可以怎样说、怎样演更好。一石激起千层浪，听的同学一下子以导演自居，认真听、认真看，还反复研读文本，按捺不住的同学还要求上台亲自示范，经过同学们的一次次讨论、一次次改进、一次次再创作，把人物说话时的语气、动作都揣摩得很到位。表演的同学和听的同学都很投入，不自觉地聚焦文本，思维碰撞，深入交流，把人物演得活灵活现。在这一扮演环节，调动学生积极参与，使他们全身心投入，有成就感。

四、教学内容分析

（一）单元整体解析

这单元围绕"习惯"这一主题编排了4篇课文。4篇课文都渗透着责任意识和良好习惯的养成。《动物王国开大会》是学生第一次接触篇幅这么长的课文，教学时可以利用童话反复性的特点，借助课文插图，图文对照，读懂故事。要"读好人物对话，体会角色内心"。文中的疑问句、祈使句出现较多，读出狗熊和老虎说话的语气，体会它们的心理，在此基础上读好角色对话，再进行分角色朗读，学有余力的尝试演一演。《小猴子下山》渗透了做事情要有目标意识。本单元课文贴近学生的生活，故事情节充满童趣，语言明白易懂，文中丰富的插图能激发学生的阅读兴趣。根据课文信息做简单推断是本单元的学习重点，这是在延续一年级上册和本册第二单元"找出课文中的信息"要求的基础上，在阅读理解方面的进一步深化。在本单元的教学中要循序渐进，体现学习的层次性。

（二）课例内容分析

《动物王国开大会》是一篇有趣的童话故事，篇幅长，人物多，一共有18个自然段，故事有4个相似的情节，生动有趣，容易激发学生的兴趣。故事情节运用了反复的结构，小朋友们在狗熊和小动物们的对话中逐渐明白了通知的要素一定要说清楚，时间、地点都要明确。故事情境吸引学生，有利于他们读好长文。

《小猴子下山》讲述了小猴子下山一无所获的故事，文中也有4个相似的情节。比前一篇的要求有进一步的提高，要求学生在读懂课文的基础上整合信息，对"小猴子最后为什么会空着手回家"做出推断。

1.两篇童话故事的共同点

两篇童话中的情节相似。这两篇童话中的相似情节层层推进，环环相扣，顺序不可调换。在这两篇童话故事中，《动物王国开大会》在几次相似的情节中有细微的变化，巧妙地将通知要有准确的时间、明确的地点、参加人员等基本要素融入故事，让学生在生动的故事中明白并留下深刻印象。《小猴子下山》中小猴子的动作就把它的形象生动地展现出来了。搬玉米、摘桃子、摘西瓜、追兔子几个相似的情节让学生看着插图就能明白道理。另外，这样结构的故事非常适合复述，两篇课文在一个单元出现，经过几次训练，学生势必可以掌握这类故事的学习方法和复述技巧。

2.教学目标、重难点

小学语文课程标准第一学段的要求是：

（1）识字与写字：喜欢学习汉字，有主动识字的愿望。

（2）阅读浅近的童话、寓言、故事，向往美好的情境，关心自然和生命，对感兴趣的人物和事件有自己的感受与想法，并乐于与人交流。

（3）结合上下文和生活实际了解课文中词句的意思，在阅读中积累词语，借助读物中的图画阅读。

（4）口语交际：听故事、看音像作品，能复述精彩的情节。

3. 结合学生的特点设定以下目标

《小猴子下山》

（1）复习"猴""结"等12个生字，并会写"瓜""进""空"3个生字。

（2）正确、流利地朗读课文，通过图文结合，正确理解"掰""扛""扔""摘""捧""抱"这些词，理解并积累"又（　）又（　）"类型词语。

（3）自主学习，借助插图，填写表格读懂故事内容，并仿照"小猴子走到（哪里），看见（什么），就（怎么做）"这个句式，复述故事的主要情节。

（4）能推断"小猴子最后只好空着手回家去"的原因，初步明白做事情要目标明确，始终一致。

教学重点：正确、流利地朗读课文；通过图文结合，正确理解"掰""扛""扔""摘""捧""抱"这些词，理解并积累"又（　）又（　）"类型词语。能按照"小猴子走到哪？看见什么？就怎样"的句式复述课文。

《动物王国开大会》

（1）用复现、字理、形近字比较的方法认识本课的13个生字，学写"要"这个生字。

（2）在听读中推测故事情节，感知童话的反复结构，懂得发通知时要把时间、地点说清楚的道理。

（3）根据提供的两则通知，能准确说出通知的时间、地点、参加人、事情、通知人和通知时间。

教学重点：根据提供的两则通知，能准确说出通知的时间、地点、参加人、事情、通知人和通知时间。

五、教学过程简述

我们的课例里将呈现《动物王国开大会》第一课时和《小猴子下山》第二课时教学。

先看《动物王国开大会》第一课时。

低年级学生的思维一般以具体形象思维为主，直到四年级，才会逐步过渡到逻辑抽象思维。生动形象的图片容易引起学生的注意。借助图片辅助、结合生活经验等方式，在语境中识字，可以充分调动学生学习汉字的积极性，使识字过程成为促进学生思维发展的过程。

（一）联想识字，激趣导入

师：老师讲故事，再出示虎和熊的甲骨文。这是两种动物，看起来还挺凶猛的。猜出来了吗？张着大口，身上布满了斑纹，这是它的脚和长长的尾巴。好凶猛啊。这是虎。你看，今天的"虎"字由两部分组成，上面是虎字头，它代表的是老虎的头和身体，下面是几，你看，横折弯钩像不像老虎的长尾巴？好玩吧？

在古人心中，熊是一种非常厉害的动物！今天的"熊"字，上面是个能，下面是四点底。我们今天说"能人"，就是这人挺厉害，很有才干，跟熊一样。下面加上四点底专门表示熊这种厉害的动物啦！

故事是开启儿童智慧的一把钥匙，听故事可以丰富儿童的知识，同时提升他们的思维能力和想象能力，让想象更加斑斓、开阔。学生边听边想象、推断，还原场景、丰满人物性格，获得启迪。实际上，借助童话培养学生的想象力，不仅可以发展他们的创新思维，而且对深入理解课文内容、突破教学重难点、加强语言文字的训练都是十分有益的。

（二）听读故事，感知结构

一边读故事，一边出示插图和语言。生字用颜色笔标出，时间、地点用下划线。一边听，一边引导推断：你猜猜接下来会发生什么？故事的结局是什么？听完这个故事，你明白了什么道理呢？

"至圣先师"孔子对其学生说："举一隅，不以三隅反，则不复也。"说的是如果学生不能从一件事物类推到相关的事物，那么就不用再继续教育下去了，"举一反三"由此而来。举一反三是一个很重要的学习能力，是人类发明创造的基本功。

（三）举三反一，学发通知

听完故事，联系生活，举一反三学发通知：

1. 先口述一则常见通知，请同学们找出时间、地点、事情等重要信息。

2. 紧接着低难度挑战（一星挑战）：让学生读一则通知，说要素。再看一则通知，快速填空。（顺势进行小结：先写时间，参加人，在什么地方，做什么事情，最后再写通知人和通知日期）

3. 提高难度再挑战（二星挑战）：把一则通知的各要素打乱，让学生拼图。

4. 再次提高难度（三星挑战）：让学生根据老师给出的情境，帮老师拟一则通知。

第一课时完成后，第二课时将完成以下教学目标：

1. 通过复现、生活识字、形近字比较的方法来巩固本课要认的13个生字。

2. 学写"连""百""还""舌""点"5个生字。

3. 借助插图和提示语感受人物的心理活动，分角色朗读课文，为后面的童话学习打好基础。在初读了课文，学习了生字，画出小猴子下山的路线图后进行《小猴子下山》第二课时的教学。

低年级学生从无意注意占优势逐步过渡到有意注意占优势，"复现"这一方式符合其心理特点。在具体语言环境中反复多次与生字见面，将音、形、义有机结合在一起整体识记，符合语文学习的规律。从儿童记忆力的特点出发，"复现"能促进学生识记生字。

1. 复习导入

用各种方式复现，复习上节课学习的生字。回顾小猴子下山的路线图，从总体上把握整个故事。

语文是一门实践性较强的课程，在语文教学中融入表演，可以极大地调动学生学习的积极性，让学生在表演中觅趣，可以极大地提高学习效率。低中年级学生在感知对象时以形象思维为主，而表演形象、直观、生动、有趣，切合低中年级学生的年龄特点，于是在低年级的语文课上创设情境让学生表演，不仅激发了学生的学习兴趣，而且能调动学生的多种感官，加深对课文的理解，是一种极实用的方法。

2. 推断规律，边读边演

通过上节课的学习，厘清故事脉络。小猴子下山后先到了玉米地，接着看到了桃子树，再到西瓜地，最后遇到小兔子。（借助PPT制作下山地图）

师生合作学习第1自然段：小猴子一起来到了玉米地，看到了又大又多的玉米。（出示表格"到了哪里""看到什么""做了什么""心情如何"）小猴子做了什么呢？

学生朗读、体会小猴子的心情：这玉米得多大呀，小猴子只能用两手掰下，扛着走，可高兴坏了，带着这样的心情演一演吧。

学法迁移：通过这个自然段的学习，同学们发现了文章学习的小窍门呢？

文章中的所有自然段都是对小猴子到了哪里、看到什么、做了什么、心情怎样这四个问题的解答进行描写的。（利用PPT出示表格首行四个问题）

结合表格，（1）读一读第2~5段课文；（2）仔细看一看课文插图；（3）圈一圈文段中的动词；（4）加上自己的理解演一演，并填写表格。

课标中强调：语文课也是母语教育课程，学习资源和实践机会无处不在，无时不有。因而应该让学生更多地直接接触语文材料，在大量的语文实践中体会、掌握运用语文的规律，积累丰富的语言材料。结合上下文和生活实际了解课文中词句的意思，在阅读中积累词语，借助读物中的图画阅读。

3. 体会词语，情景演绎

表格补充完整以后进行小组汇报填表情况。利用表格提示，体会到了小猴子怎样的心情？加上你的理解演一演。突出动作扛玉米、扔玉米、摘桃子、捧桃子、扔桃子、摘西瓜。（出示又大又红的桃子图+又大又红词语、又大又圆的西瓜图+又大又圆词语）

我们发现小猴子每次一见到好东西，就会非常高兴。你看它先是见到又大又多的玉米，然后是又大又红的桃子，接着还有又大又圆的西瓜。你发现这几个词有什么样的特点吗？（PPT出示图片+词语）在今后我们使用"又（　　）又（　　）"这样的词语来描述物体时，一定要注意它所形容的是一个物体的不同特点，它们不是对立的。（出示香蕉和苹果的图片）像又大又小、又高又矮、又近又远这些都是不正确的。（出示词语并打×）

你还能说出这样的词语吗？

例如，又细又长，又香又甜，又高又瘦，又高又壮。

同学们在日常生活中多观察、多积累，你的词语宝库一定会有越来越多的好词好句。

读好并表演抱西瓜、扔西瓜、追兔子。说一说捧和抱的区别。桃子比较小，还比较娇嫩，所以我们可以用捧，而西瓜很大，所以只能用手抱。

根据故事读出小猴子难过的心情。

课标在总目标中提出：在发展语言能力的同时，发展思维能力，激发想象力和创造潜能，能较完整地讲述小故事。

4. 体悟课文，总结复述

出示表格：用"因为……所以……"的句式，对故事进行总结。

利用图片和动词提示进行故事复述。

在复述完故事后，引导学生明理：做事都应该做到目标明确，有始有终，并在生活中提醒自己，专心观察，认真书写。

"一手好字"成就于良好的写字习惯。要形成这样良好的写字习惯，不是一蹴而就的，而是随着年段课程目标成螺旋上升。"一手好字"的总目标为"正确、规范、美观"。在兼顾总目标的基础上，侧重"正确"，渗透"规范"。

本课要求会写的9个字均为合体字。这节课重点指导学生书写"梦"和"森"字。教师可引导学生写字前先观察：一看结构，二看田字格中的位置，三看关键笔画。

5. 书写生字

本节课我们需要书写的生字有：瓜、进、空。

我们首先要区分3个字的字体结构，它们分别是独体、半包围、上下结构。

书写时，按照"一看结构，二看田字格中的位置，三看关键笔画"引导学生进行书写。

学生写字时，教师要提醒学生保持正确的坐姿和握笔姿势，强调"提笔即练字"，继续养成良好的书写习惯。

课标提出：在发展语言能力的同时，发展思维能力，激发想象力和创造潜能。

6. 小结拓展

小猴子因为没有明确的目标，两手空空回家了。过了不久，小猴子又再次下山，这次会不会有不一样的结果呢？同学们课后为小猴子编写新的故事。

希望同学们从今天开始树立明确的目标，为今后的学习、生活更加努力！

参考文献

［1］王荣生.阅读教学教什么［M］.上海：华东师范大学出版社，2016.

［2］皮连生.面向21世纪课程教材教学设计［M］.北京：高等教育出版社，2005.

［3］周一贯.小学语文文体教学大观［M］.上海：上海教育出版社，2017.

◆ 课例展示 ◆

《动物王国开大会》第一课时课堂实录

深圳市龙岗区平安里学校　胡　倩

【教学目标】

1. 用复现、字理、形近字比较的方法认识本课的13个生字，学写"要"这个生字。

2. 在听读中推测故事情节，感知童话的反复结构，懂得发通知时，要把时间、地点说清楚的道理。

3. 根据提供的两则通知，能准确说出通知的时间、地点、参加人、事情、通知人和通知时间。

【教学重难点】

根据提供的两则通知，能准确说出通知的时间、地点、参加人、事情、通知人和通知时间。

【教学准备】

多媒体课件。

【教学过程】

一、联想识字，激趣导入

师：小朋友们好，我知道你们很爱看书，已经认识很多字了。来，胡老师先考考你，认识这两个字吗？（出示"虎"和"熊"的甲骨文）对，你们看出来了，这是两种动物，看起来还挺凶猛的，猜出来了吗？

师：张着大口，身上布满了斑纹，这是它的脚和长长的尾巴，好凶猛啊！这是虎。你们看，今天的"虎"字由两部分组成，上面是虎字头，它代表的是老虎的头和身体，下面是几，你们看，横折弯钩像不像老虎的长尾巴？

师：第二个字呢？哈哈，鸭子？不对，这也是一种猛兽。有大嘴、尖爪、巨大的脚掌。这是熊。在古人心中，熊是一种非常厉害的动物！今天的"熊"字，上面是个能，下面是四点底。我们今天说"能人"，就是这人挺厉害，很有才干，跟熊一样。下面加上四点底专门表示熊这种厉害的动物。

师：小朋友们很有想象力！胡老师要奖励你们，带你们穿越时空，飞到奇妙的童话世界看一看。张开小翅膀，和老师一起来吧！

师：看，是动物王国！这里的小动物呀，可都会说话哦。

（出示课题：动物王国开大会）

师：故事开始了！

二、听读故事，感知结构

师一边读故事，一边出示插图和语言。生字用颜色笔标出，并标明时间、地点。

（出示课文第一段）读：动物王国要开大会，老虎让狗熊通知大家。（出示喇叭和狗熊的话）狗熊用喇叭大声喊："大家注意，动物王国要开大会，请你们都参加！"一连说了十遍。

读：狐狸奔来了，对狗熊说（出示插图和狐狸的话）："你说一百遍，大会也开不起来。""为什么？"狗熊问。（出示狐狸的话）"因为你没告诉大家，大会在哪一天开，是今天，还是明天，还是……"

（出示狗熊伸舌头做鬼脸的插图）读：狗熊一听，伸了伸舌头，做了个鬼脸，连忙说："对，对，对！"于是就去问老虎。

（出示老虎的话）读：老虎说："大会就在明天开，你快去通知大家吧！"

（出示大喇叭和狗熊的通知）读：狗熊又用喇叭大声喊："大家注意！动物王国要在明天开大会，请你们都参加！"一连说了十遍。

师：你猜猜，接下来会发生什么？

生1：我猜，狐狸又来了，它对狗熊说："狗熊，你说一百遍，大会也开不起来。"狗熊问："为什么呀？"狐狸说："你没告诉大家明天几点钟开会呀！"

师：对不对呢？我们继续听故事。

读：大灰狼跑来对狗熊说："你说一百遍，大会也开不起来。"

生2：老师，原来是大灰狼来了，不是狐狸。

师：对呀，我们接着听。"为什么？"狗熊问。

（出示大灰狼的话）"因为你没告诉大家，在明天什么时候开，上午还是下午，几点钟开。"狗熊一听，说："有道理，有道理！"于是，它又去问老虎。

（出示老虎的话）老虎说："大会就在明天上午8点开，你再去通知大家吧！"

（出示大喇叭和狗熊的通知）问：猜猜狗熊会怎么通知？

生3：狗熊又用喇叭大声喊："大家注意，动物王国要在明天上午8点开大会，请你们都参加！"

师：是这样的！接下去会发生什么？

生2：我猜又来了一个小动物，它会说："狗熊狗熊，你说一百遍大会也开不起来！"狗熊问："为什么呢？"小动物说："因为你没有说到底在哪里开会呀！"

师：哦？小朋友们，你们觉得他说得有道理吗？我们继续听故事。

（出示梅花鹿插图）生2：呀，这次跑来的小动物是梅花鹿！

师：梅花鹿奔来问狗熊："大会在哪儿开呀？你得说清楚。"

读：狗熊捶捶自己的脑袋，说："我怎么没问清楚呢？"于是又去问老虎。

（出示老虎插图和老虎的话）读："哎呀，忘了说地点。大会在森林广场开，你再去通知大家吧！"老虎对狗熊说。

师：小朋友们，你们觉得这一次狗熊会怎么通知大家呢？

生3：狗熊可能会拿着大喇叭喊："大家注意啦！明天上午8点，在森林广场开会，请大家准时参加！"

师：他说的对吗？哈哈，我们听听故事的结局。

（出示动物一起开大会的插图）读："请注意啦！"狗熊又用喇叭大声喊，"明天上午8点，在森林广场开会，请大家准时参加！"一连说了十遍。这一次，大家都明白了。第二天上午，动物们都来到森林广场，准时参加了大会。

师：小朋友们真棒，你们都猜对了！你们不仅认识很多字，而且还很会猜故事、编故事呢！你们都有当童话大王的潜质！通过这个故事，你明白了什么道理呢？

生1：我明白了发通知的时候，要把事情说明白。

追问：把什么说明白？

生1：什么时间，什么地点开会说明白。

小结：对，通知时，把时间、地点说明白很重要。

三、举三反一，学发通知

师：在生活中，我们也常常和通知打交道。比如学校的大喇叭就经常会播放一些通知。"请一到三年级每个班的体育委员在今天的午写时间到德育处开会。"这是一个口头通知。谁来说说这个通知里的时间、地点分别是什么？

生2：时间是今天午写的时候。地点是学校德育处。

师：要谁参加？为什么事情参加？

生3：一到三年级每个班的体育委员去开会。

师：是的，这个通知里的时间、地点、参加人、事情都很清晰，是一个规范的口头通知。

师：我们再来看看课后的读一读、说一说。这是一个书面通知，一般会贴在学校的宣传栏，谁来读读？

生1读通知。

师：好，我们一起来口头填空。

师：时间：4月22日上午8点，地点：教学楼门前。参加人呢？各班参加运动会入场式的同学，事情：集合。

生2：老师，通知人是什么？

师：通知人就是指，这个通知是谁发的。

生3：前面的信息都用完了。我猜，通知人应该是少先队大队部。那么通知时间就是最后的：4月20日咯！

师：是的，你真会推测。

师：光会填空还不够，我们再用放大镜来看看这则通知。这个通知是按照什么顺序写出来的？

生：先写时间，参加人，在什么地方（地点）做什么事情（事情），最后再写通知人和通知日期。

师：考考你们，现在我们来玩一个关于通知的拼图游戏吧。你们看，这个通知的拼图被打乱了，你能把它们放回到正确的位置吗？（出示课件）

通知

6月15日_____（下午3点），请_____（一年级八班全体同学），
在_____（二楼慧雅创新学院）参加_____（科技节展览）。

平安里学校德育处
6月10日

师：拼图游戏也难不倒你们，敢不敢挑战最高级？

生：敢！

师：好，请小朋友们帮老师来发一个通知。情况是这样的：我们班要在这周五下午1点半，在学校的"悦读王国"开展故事妈妈进校园活动，老师需要你们拟一个通知，请我们班的小朋友们准时参加。你们能帮帮老师吗？

生：本周五下午1点半，请18班全体同学到悦读王国集合，参加故事妈妈进校园活动。

师：你真棒！真是老师的好帮手。时间、地点、参加人和事情都说清楚了，好样的！

四、学写"要"字

师：最后，我们来写一写这个生字：要。

生1：老师，我知道，"要"是上下结构的字，上面是"西"，下面是"女"。

师：真的是这样吗？我们用放大镜看看这个"要"字。放大"要"的上半部分。原来"西"的竖弯要变成竖。好，下面我们一起在课本上描红一个，临写两个。注意坐姿。

五、总结

师：小朋友们，这节课我们一起飞到奇妙的动物王国，和狗熊一起学会了发通知。咱们的狗熊发了四次才把动物王国要开大会的通知说明白，幸好小动物们都准时到了，没有耽误事情，老师真为狗熊捏了把汗！

生3：是啊老师，一个通知播四回，如果我是小动物，肯定都不想听它后面说的是什么了，烦都烦死了。

师：对呀，所以发通知的时候，我们不仅要把时间、地点说清楚，而且尽量一次就把通知内容说正确、说完整。

师：哎呀，小朋友们，胡老师突然想到一件紧急的事情！明天又有龙舟

雨。最近，咱们深圳的龙舟雨一波接着一波，常常有小朋友因为忘记带雨衣雨鞋而淋到雨。聪明的小朋友，你们帮胡老师想想，该怎么给家长发个通知提醒他们给孩子带雨具呢？如果想好了，就把你的通知通过语音的形式发在群里。胡老师会邀请说得最清楚明白的小朋友替胡老师给家长们发这个通知。好，今天的课到这里就结束了，晚上，请小朋友和爸爸妈妈分角色读一读课文！如果能加上动作和表情一定会更加有吸引力！下节课，我们一起演一演这个童话故事，期待你们的精彩表现！下课。

《小猴子下山》第二课时课堂实录

深圳市龙岗区依山郡小学　黄诗仪

【教学目标】

1. 复习"猴""结"等12个生字，并会写"瓜""进""空"3个生字。

2. 正确、流利地朗读课文，通过图文结合，正确理解"掰""扛""扔""摘""捧""抱"这些词，理解并积累"又（　）又（　）"类型词语。

3. 自主学习，借助插图填写表格，读懂故事内容并仿照"小猴子走到（哪里），看见（什么），就（怎么做）"这个句式，复述故事的主要情节。

4. 能推断"小猴子最后只好空着手回家去"的原因，初步明白做事情要目标明确，始终一致。

【教学重难点】

重点：

1. 正确、流利地朗读课文，通过图文结合，正确理解"掰""扛""扔""摘""捧""抱"这些词，理解并积累"又（　）又（　）"类型词语。

2. 能按照"小猴子走到哪里，看见什么，就怎么做"的句式复述课文。

难点：

1. 在读熟的基础上，准确理解句式结构。

2. 能够通过文段推断"小猴子最后为什么只好空着手回家去"的原因，初步明白故事的寓意。

【教学准备】

课件。

【教学过程】

一、复习导入

师：同学们你们好，上节课我们学习了生字，还画出了小猴子下山的路线图，今天我们继续一起走进《小猴子下山》的故事。生字词语来给同学们的学习加油打气，我们一起从桃树下把它们摘下来吧。

生领读词语。

师：谢谢这位小老师，读音标准，声音清晰。（生接龙读词语）

师：这一组的同学能够快速地将词语读完整，看来你们的词语识记非常熟悉。

二、推断规律，合作解读

师：通过上节课的学习，我们知道了小猴子下山后先到了玉米地，接着看到了桃子树，再到西瓜地，最后遇到了小兔子。（引导学生一起说，回顾小猴子下山路线图）

师：（出示第一自然段）我们和小猴子一起来到了玉米地，看到了又大又多的玉米。在这一段文字中，还告诉了我们哪些信息？请你找一找。

生表演：小猴子看到又大又多的玉米，非常高兴，掰下玉米，扛着往前走。

师：你对文章非常熟悉，回答问题很完整。接下来挑战升级，你们能从这些信息中再深入地思考吗？如果说玉米地是小猴子所到的地方，那么接下来的信息是什么？为了帮助同学们思考，我要请一位同学用表演的方式给同学们以身临其境的体验，谁来演一演小猴子？（学生演绎第一段，突出动作、心情）

师：这位同学的表演非常生动形象，尤其是动作的表情十分到位，通过提示，同学们是不是已经发现了这些信息后面隐藏的规律呢？

生：我发现，文章中的所有自然段都是对小猴子"到了哪里""看到什么""做了什么""心情怎样"这四个问题的解答进行描写的。

师：你们真是会读书的小朋友，一下就找到了文段的描写规律。没错，整篇故事都是根据这四个问题进行描写的。接下来请同学们结合表格用上老师的学习小锦囊。（出示学习小锦囊）

（1）读一读第2~5段课文。

（2）仔细看一看课文插图。

（3）圈一圈文段中的动词。

（4）加上自己的理解用演一演的方法来填写表格。

（PPT出示：①读一读；②看一看；③圈一圈；④演一演。表格）

师：首先，我们将表格补充完整。请同学们自由讨论，接着进行汇报。（小组讨论）

师：现在我们听一听小狮子组的汇报。（PPT右上角：①读一读；②看一看；③圈一圈）（表格上已填写玉米地图片及掰、扛的动作图+文字）

生：小猴子到了桃树下，看到了又大又红的桃子，于是它扔了玉米，摘了桃子，捧着往前走。

生：小猴子到了西瓜地，看到了又大又圆的西瓜，于是它扔了桃子，摘了西瓜，抱着往前走。

师：狮子小组的合作真默契，你们是不是和他们填写得一样呢？

生：是！

三、体会词语，情景演绎

师：通过表格，我们已经将小猴子下山这个故事读通了，那聪明的你们是不是都体会到小猴子的心情了呢？加上你的理解演一演吧。

（学生表演：突出动作扛玉米、扔玉米、摘桃子）（出示又大又红的桃子图+又大又红词语）

师：小猴子那兴奋的模样，被你们表现得淋漓尽致。在这里同学们要注意，扛的是相较于自己比较（生：重）的物品，摘是拿下、采下的意思，（图片）到了西瓜地的小猴子又是什么样的呢？

（学生表演：突出动作捧桃子、扔桃子、摘西瓜）

师：通过表格梳理课文［出示表格，标红又（　）又（　）的词语］，我们发现小猴子每次一见到好东西就会非常高兴。你看它先是见到又大又多的玉米，然后是又大又红的桃子，接着还有又大又圆的西瓜。你发现这几个词有什么样的特点了吗？（PPT出示图片+词语）

生1：我发现又（　）又（　）的词语是ABAC格式的词语。

生2：我发现这个词语描写了这些东西的样子。

师：你们的理解都不错，但是还可以更准确一些。（PPT圈画物体的特点）我们一起看看这个玉米，这个玉米的颜色是黄色的，很大，并且长了一地，那我们在描述它的时候，就可以用又大又多、又大又黄来形容。（圈画特点并出示词语）

用我们的火眼金睛来看看这个西瓜：它的颜色是绿色的，形状圆圆的，很大，红红的瓜瓤，这些告诉我们，它很甜。所以黄老师用又大又绿来形容它，你还能用又（　）又（　）的词语来形容这个西瓜呢？

生：这个西瓜大大的、甜甜的，所以我们可以用又大又甜来形容。

师：说得真棒，那你们发现这个词语的新特点了吗？

生：通过观察图片我们发现，又（　）又（　）一般描述的是这个物体的两个不同特点：玉米很多、很大，所以是又大又多；桃子很大很红，所以是又大又红。

师：非常准确，在今后我们使用又（　）又（　）这样的词语来描述物体时，一定要注意它所形容的是一个物体的不同特点：小猴子爱吃的香蕉，它拿起来和吃起来是又软又甜；我们爱吃的苹果，它的样子是又红又圆。

师：挑战来了，请同学们用又（　）又（　）的词语来描述一下这些事物。

生：葡萄又大又多；苹果又大又红；月亮又圆又亮；女孩又高又瘦。

师：看来同学们对于这个格式的词语的掌握已经很不错，平时在写话时，也可以用上这样的词语。同学们在日常生活中多观察、多积累，你们的词语宝库一定会有越来越多的好词好句。

师：（出示表格）虽然扔了玉米和桃子，但小猴子还有一个大西瓜，想想也觉得很开心，可是结尾却告诉我们小猴子只好空着手回家了，为什么小猴子什么也没有呢？这位同学来告诉我们答案。

生表演：突出抱西瓜，扔西瓜，追兔子，什么也没有的垂头丧气。

师：这位同学表演得真形象。小猴子可以说是什么都没有了，同学们可不是，在这里我们要牢记两个字"抱""捧"，谁来说一说你是怎么识记的。

生：捧是两只手合在一起，掌心向上。抱是用手围住，形成一个圈。

师：是呀，桃子比较小，还比较娇嫩，所以我们可以用捧，而西瓜很大，所以只能用手抱。同学们在使用的时候可不要弄混。

师：眼看小猴子能抱得西瓜开心回家，但是因为追逐小兔子，西瓜没了，小兔子也没追上。（出示表格：往回走，蹦蹦跳跳的兔子，扔、追）这时候小猴子的心情如何呢？请同学们读一读这段，用上学习小锦囊抓重点词句分析，来说一说吧。

（学生读文）

生：通过文章中的"只好"，知道小猴子现在没有别的办法了，所以现在非常难过。

师：你找得很准确，你们能带着这个心情再读一读这句话吗？

四、体悟课文，总结复述

师：在任何一篇文章的学习中，抓住重点词句进行理解都是不错的方法，同学们快把小锦囊收好吧。

师：（出示表格：包含"到了哪里（图片）""看到什么""做了什么""心情如何""结果怎样"）小猴子下山后遇到了不少好吃的，这一路本来可以收获满满，最后却什么也没有，小朋友你们明白这是为什么吗？

生：因为小猴子扔了玉米，摘桃子，扔了桃子，摘西瓜，扔了西瓜，追兔子，兔子没追到，所以最后只好空手回家了。

师：你用了"因为……所以……"的句式，将文章总结得非常好，但到底小猴子错在哪里了呢？它也不是很明白，所以小猴子回到了家，闷闷不乐的，它不明白为什么自己什么也没得到，所以它想把事情说给妈妈听。你们能帮它一起说一说吗？老师给同学们准备了图片和动词提示，你们一定能说得很棒。

（学生讨论，老师进行巡堂指导）

生：我今天下山后，先走到了玉米地，掰了玉米，然后看到了又大又红的桃子，就扔了玉米去摘桃子，接着我看到了又大又圆的西瓜，就扔了桃子去摘西瓜，最后我抱着西瓜回家时，又看到了蹦蹦跳跳的小兔子，所以我又扔了西瓜去追兔子，兔子跑到树林里不见了，所以我什么也没有了。

师：你说得有条有理，小猴子的妈妈听完后，笑了笑，告诉小猴子：

（出示课件录音：我们做每一件事时，不能看见一个喜欢一个，喜欢一个扔掉一个，三心二意。应该要有明确的目标，有始有终，这样才会有所收获）

师：是呀，无论是小猴子还是我们的同学，都应该做到目标明确，有始有终。在接下来的书写中，希望同学们提醒自己，专心观察，认真书写。

五、书写生字

师：本节课，我们需要书写的生字有瓜、进、空。

师：我们首先要区分3个字的字体结构，它们分别是什么结构？

生：独体、半包围、上下结构。

师：书写时，我们的"三个一"你们还记得吗？

生：一看结构，二看田字格中的位置，三看关键笔画。

师："进"字的书写需要注意的是先内后外的顺序，"井"字在田字格靠右些，看看胡老师如何写好这个字。"瓜"字在书写时，需要注意什么？

生：竖提不要写成竖。

师：没错，很容易与爪弄混，请同学们跟我书空，熟悉笔画。"空"字的书写要注意点和竖都在竖中线上，找准位子就能把字写好。接下来请同学们认真书写，书写时注意坐姿和书写姿势，做到"三个一"。

六、结束语

今天，小猴子因为没有明确的目标，两手空空回家了。过了不久，小猴子又再次下山，这次会不会有不一样的结果呢？同学们课后为小猴子编写新的故事吧。

❖ 备课解析 ❖

基于文体意识的童话教学策略
——例谈《小猴子下山》《动物王国开大会》

深圳龙岗区福安学校　刘淑华

亲爱的老师们，大家好！

我是赵艳和润语文工作室，龙岗区福安学校的刘淑华老师，很高兴与大家相约云课堂，在这里共同探讨"童话教学"这个话题。特别感谢进修学校，给了我们童话教学四人小组这么一个展示的平台，也非常感谢赵艳老师及进修学校的龙老师对我们小组的悉心指导，让我们在这里齐齐亮相，与大家一起交流、分享和学习。刚刚美丽智慧的王元双老师为我们做了童话教学的文本解读，紧接着两位集美貌和智慧于一身的黄诗仪老师和胡倩老师分别为我们展示了一年级的两节童话教学课例——《小猴子下山》和《动物王国开大会》，听完文本解读。看完课例，老师们有什么想法或是有什么困惑，我们可以畅所欲言。

老师们都很善于思考，也特别有想法。接下来的时间，通过今天王元双老师的文本解读，我想与老师交流小学阶段基于文体意识下的童话有效备课，即童话教学具体教什么、怎么教等问题。

木心说："神话是大人说小孩子的话，给大人听的。"那么，童话就是大人说小孩子的话，给小孩子听的。不管是眼睛看还是耳朵听，它是专为儿童服务的。

接下来，我将从童话的特点、童话的类型、童话教什么、童话怎么教这四个方面与老师们进行交流探讨。

一、童话的特点

从小到大，我们听过的童话、教过的童话以及跟自己的孩子读过的童话数不胜数。比如格林童话、安徒生童话，还有中国的一些童话故事《葫芦娃》《咕咚》等。老师们，你们对童话到底有多少了解呢？

童话是儿童文学的一种体裁，通过丰富的想象、幻想和夸张来编写的适合于儿童欣赏的故事。这是《现代汉语词典》的释义。童话具有语言通俗生动、故事情节离奇曲折、引人入胜的特点。童话常采用拟人的手法，赋予鸟兽虫鱼、花草树木等以生命，使其拥有人的思想感情。

童话与其他叙事性文学作品（如神话、传说、小说）有什么不同？它有哪些特点？在接下来的分享中，我将与老师们共同交流学习这些问题。

童话是儿时最美的梦，甚至到了成年后，人们都希望能沉浸在童话斑斓的故事里！就像我们女生喜欢看韩剧一样，因为现实生活中不大可能发生，所以陶醉在剧情中也挺好的。

让我们闭上眼睛，把从小到大读过的童话故事和在课堂上教过的童话故事回顾一遍，都有哪些？有《豌豆上的公主》《猴子捞月》《丑小鸭》《小马过河》等许多童话故事。读着这些故事，来想一想，童话的主旋律是什么呢？我们会发现：拟人和想象永远都是童话不变的主旋律，具体来说，童话有以下一些特点：拟人性、幻想性、夸张性、象征性、完整性、生动性。

了解了童话的特点，我们再来看看，童话的分类。

这些童话故事是我们耳熟能详的，例如《木偶奇遇记》《五彩云毯》《皇帝的新装》《拇指姑娘》《小马过河》《小猴子下山》《我家的大白鹅》等。

老师们，以上童话，如果让你来分类，你会怎么分？分类的依据是什么？

二、童话的类型

第一，按童话中出现的物体形象，可以将童话划分为三种类型：第一种是拟人体童话，如《木偶奇遇记》，就是把物人格化了的童话，这种类型在童话中最为常见；第二种是超人体童话，如《五彩云毯》就是把人或物超人化的童话，故事里有神仙、妖魔、精灵等形象的童话；第三种是常人体童话，如《皇帝的新装》的主人公是一些普通的人，但用了些夸张手法来刻画人物或描述故事。

第二，按照中西方文化背景的不同，可以分为外国童话和中国童话。背景不同造就了中西童话风格的明显区别。国外的童话如公主、王子之类的，比较具有现实意义而且偏向成人化，比如《拇指姑娘》《白雪公主和七个小矮人》等。而中国的童话内容低龄化，教育性色彩更浓一些，比如《小马过河》等。

第三，按作者分类，童话分为经典童话（即由童话作家编写的童话）和教材体童话（由教材编写者编写的适宜各年级学生阅读学习的童话）。今天的课例《小猴子下山》《动物王国开大会》就属于经典童话。还有《格林童话》《安徒生童话》这些都属于经典童话。再如小学语文课外阅读中摘录的《我家的大白鹅》《太阳，你是粉刷匠吗？》。

把童话的特点和童话的分类梳理完，接着我们来交流一下，出现在教材里的童话课文，我们具体该教什么呢？

首先，识字写字是低年级语文教学的重中之重，在每篇课文中都应该有体现、有落实，这个目标是逃不开的。但是童话作为一种独立的文体，它的幻想性、反复结构等特点应该在每篇童话的教学中渗透，这种潜移默化会让学生慢慢形成识童话、读童话的能力。除此之外，每个童话文本都有其表达上的独特性，比如胡倩老师执教的一年级童话《动物王国开大会》，这个文本就有一个很独特的地方——教小朋友们发口头通知，这是这篇童话的语文核心价值。

确立童话的文本价值，要以课标为准绳，将工具性和人文性的统一贯穿始终。尤其是文本课例的语言文字运用价值、情感陶冶价值，要在具体的教学目中体现。

语文价值其实就是文字在表达及应用上的价值。那么，我们怎么具体来展开筛选呢？我们怎么来确认是否有语文核心价值呢？有一个程序：我们首先要看发掘出来的这些文本有没有语用的特征？有没有用？是不是体现了本身的规律？也就是说，这些运用技巧只有在这个文本当中才能够被发现，换一个地方就找不到了，或者说也许它就不典型了，那么要把那些典型的童话文本保留下来。有没有迁移的价值？如果有，就有保留的价值。

童话既然出现在我们的教材里面作为文本，那就有它的独特性。是教材就离不开课标，那我们先来把课标认真解读一下，课标理解透了，童话课文如何备课也就有方向了。

三、童话教什么

（一）解读课标要求

我们先来看小学语文统编版童话课文分布图表。我们可以发现，小学低年级课文中童话所占的比例较大，这些充满童真童趣的童话故事是小学生阅读文本的首选。

中高年段的学生已经初步具备了分析和概括能力，可以在学习童话时自己分析、概括童话中的情节和人物，但即使是高年段，抽象逻辑思维发展程度也不高，还不能完全脱离教师的帮助，所以在进行较高程度的抽象逻辑思维训练中，需要教师担当指导者、促进者的角色。

今天胡倩老师和黄诗仪老师刚刚上完的两节童话教学课例，都属于低年段的童话课文。所以，今天的交流分享多以低年段童话教学为例。

课标指出，小学语文低年段的阅读目标是：让学生阅读浅近的童话、寓言、故事，向往美好的情境（这是低年段阅读的情感目标），关心自然和生命，对感兴趣的人物和事件有自己的感受与想法，并乐于与人交流（这是通过阅读，培养学生的理解与表达能力）。比如《小猴子下山》这个故事，针对小猴子的行为，小朋友们，你想对小猴子说些什么呢？

以上分享的是小学低年段的阅读目标。如何正确定位低年段童话教学的目标，使教学目标关系学生的阅读兴趣、阅读质量和阅读品位的问题呢？低年段童话教学的目标是什么呢？

1. 感知美好形象——情感教育

注重童话情境的营造，在读童话的过程中认字、识词、想象，（如黄诗仪老师执教的《小猴子下山》，小兔子跑进树林里，不见了，小猴子只好空着手回家去。回到家里，小猴子会跟它的爸爸妈妈聊一聊今天发生的事吗？它会怎么说呢？）黄老师领着学生阅读文本，朗读表演、想象说话。又如童话课文《夏夜多美》《荷叶圆圆》《雪孩子》等，学生在阅读、体验童话文体的基础上，感知童话的故事内容，感受故事的温暖，向往美好的情境，感受到自然的美丽、生命的美好、人性的真善美，即文本的真情实感。这些就是童话教学的情感教育目标。

2. 乐于阅读童话——培养阅读兴趣

学生在阅读童话的过程中对感兴趣的人物和事件有自己的感受与想法，能表达自己独特的阅读感受，与家人、同学、老师、朋友分享阅读的快乐，受到美好情感的熏陶，获得智慧启迪。

学生从一年级进入校门开始，老师就带领孩子感受课内童话教学的快乐，培养学生的阅读兴趣，并让学生浓厚的阅读兴趣在课后得到延展，进行阅读积累，感受阅读的快乐。根据学生平时的记录，我们还会做"阅读之星"的评选，目的就是激发学生阅读的兴趣，让他们养成阅读的好习惯。

老师们还有什么好方法来培养学生的阅读兴趣呢？大家可以聊一聊。

3. 提升语文素养——积累语言、提高理解与表达能力

童话教学的一个重要目标就是积累字词、语言。古人读《三字经》《千字文》，第一步就是认字并积累字词。然后才是理解、创作与表达。今天黄诗仪老师执教的《小猴子下山》立足文本，积累词语，初步掌握童话故事的基本结构，能讲述读过的童话故事，了解童话特殊的表达形式，乐于创编童话，提升语文综合素养，培养想象力、思维力和创造力。学生们在课后创作的童话作品读起来心情美好，充满童真、童趣，语文素养在不知不觉中提升，语文技巧在生活中得到运用。

（二）文本解读

童话作为阅读教材（给读者带来了什么）——愉悦的阅读体验，美好的情感体验。

童话作为语文教材（可以教什么）——积累语言，提升语文素养。

童话教材（主要教什么）——感受童话特点，培养美好情感。

1. 童知童趣

童话故事里不可避免地隐含着儿童发展所需要的两个知识点——科学知识和社会知识，它们巧妙地隐身于故事当中。科学童话里藏着科学知识和科学情趣，文学童话里含着儿童灵性和成长智慧。选择教学内容时，要巧妙地让这些内容在故事里现身，让其成为能温暖儿童的知识与情趣。如胡倩老师执教的《动物王国开大会》这篇童话属于文学童话，胡老师巧妙地通过星级挑战的游戏方式把"发通知"这一知识点与游戏相结合，学起来充满情趣，学生在游戏中碰撞出智慧的火花。

2. 童话故事

有人说，童话是我们童年接触到的最重要的故事种类。因此，读故事、解故事、讲故事、演故事、编故事等语文技能，是童话教学无法缺席的内容。如胡倩老师执教的《动物王国开大会》，第二个环节听读故事，感知结构。学生一边读故事，教师一边出示插图和文段，说到重点部分，教师进行追问，学生在读故事、猜故事、编故事中轻轻松松学会了一项语文技能：发通知时，把时间、地点说明白很重要。

3. 童言童语

童话里的文字就像童心幻化出的一个个小精灵，跳跃在故事里。这些童言童语的运用（包括识字、写字和短语），是童话教学内容的重难点所在。如黄诗仪老师执教的《小猴子下山》，其教学重点是正确理解"掰""扛""扔""摘""捧""抱"这些词，理解并积累"又（ ）又（ ）"类型词语。学生通过读一读、看一看、圈一圈、演一演的方式，把小猴子那兴奋的模样表现得淋漓尽致，也把重点词语"又（ ）又（ ）"充分理解到位，并能举一反三——又大又红、又高又大、又细又长……

4. 童化手法

幻想、拟人、夸张、象征、反复等童话写作手法的学习，既有助于读懂童话，又有助于编写童话，也是童话教学内容里的难点。这一手法可以在小学中高年段多尝试。如《在牛肚子里旅行》《一块奶酪》等。

5. 童话之美

童话之美，美在画面，美在心灵。如低年段的《动物王国开大会》的曲折之美、《小猴子下山》的意外之美。中年段的《巨人的花园》《去年的树》的人性之美，《海的女儿》的奇妙之美。高年段的《卖火柴的小女孩》的忧伤之美，童话世界里的别样美感充盈在字里行间。为了让学生对这些美感知、审视与体验，教师应该带着学生共同体验，感同身受，感受童话特点，培养美好情感。

比如三年级上册中外童话单元《那一定会很好》《在牛肚子里旅行》《一块奶酪》等童话画面唯美，充满丰富的想象，学生走进故事做着一个又一个绮丽的梦。

四、童话怎么教（童话教学策略）

把目标理顺了，特点弄明白了，童话怎么教应该是水到渠成的事了。在小学阶段，既然以童话课文作文本来学语文，就需把童话的特质和学语文的规律相结合来教学。

（一）情境教学策略

回顾一下，胡倩老师在执教《动物王国开大会》这篇童话时，为了激发学生学习的兴趣，在上课伊始采用了别样的导入法——听说你们很爱看书，已经认识很多字了，来，胡老师先考考你们，认识这两个字吗？胡老师出示"虎"字和"熊"字的甲骨文。对，有人看出来了，这是两种动物，看起来还挺凶猛。猜出来了吗？张着大口，身上布满了斑纹，这是它的脚和长长的尾巴，好凶猛啊……胡老师创设情境，先把故事的主角——老虎和熊引出来，然后带着学生走进充满神奇色彩的动物王国。胡老师运用的这一策略就是情境教学策略。这一策略的运用在我们的童话教学中最为常见。

（二）游戏教学策略

童话最重要的美学特征是游戏精神，它反映了儿童游戏本能，理应成为教育教学方式、策略的重要依据。因此，教师应在尊重童话文本的基础上，将童话阅读教学活动与游戏活动融为一体，并积极引导学生以游戏者的身份参与进来。由于游戏新鲜、不可预测，学生们特别兴奋，积极参与。如此既满足了儿童游戏的本能，又能在玩中走进童话，享受童话。如黄诗仪老师在教学《小猴子下山》这篇童话时，与学生一起根据小猴子下山的路线图，进行猜故事游戏，猜一猜接下来猴子会有什么新的收获？在故事猜测中一次又一次感受惊喜，体会小猴子兴奋的心情。可能老师们会说，对呀，我们经常都是用这个方法的。没错，其实老师们都非常厉害，把这常用的教学策略贯穿在我们平时的课堂里，扎实而有效。

（三）看图想象策略

幻想是童话的生命，而低年段学生热衷于看图想象、看图说话。因此，教师在教学过程中应以童话文本为依据，积极引导学生认真观察语文教材中美丽、好看的插图，不失时机地发展儿童想象力。这就是我们接下来要交流的第三个策略。

1. 巧借插图，想象理解

叶圣陶说："图画不单是文字的说明，且可拓展儿童的想象。"如黄诗仪老师执教的《小猴子下山》，老师出示小猴子下山地图，学生根据小猴子下山路线图，想象理解，在文中找出小猴子到了哪里？看到什么？做了什么？心情如何？

2. 想象朗读，体味言语

只有边读边想，边想边读，让读与想同步，让情感在关键词或词组中切入，方能在儿童头脑中激活故事。也只有激活了故事的言语，才会带上感情、体温，让儿童在不经意间把言语渐渐沉淀成故事。如胡倩老师执教的《动物王国开大会》，一边读故事，一边出示插图和文字，想象朗读，体味言语。在听读中推测故事情节，感知童话的反复结构，懂得发通知时，要把时间、地点说清楚的道理。

3. 利用留白，想象补白

童话里，留白比比皆是，如提示语的省略处、情节的略写处、关键地方的搁笔处、结尾的意味深长处等。如一年级下册的《树和喜鹊》：接下来，这个森林里还会发生什么样的故事呢？想象补白的过程，就是运用形象思维，具体生动地表现故事的过程。扣住关键处想象补白，教学重难点一下子就盘活了。如黄诗仪在执教的《小猴子下山》中创设情境：小兔子跑进树林里，不见了。小猴子只好空着手回家去，回到家，闷闷不乐，它不明白为什么自己最后什么也没得到，猜一猜，它会跟它的爸爸妈妈或者是兄弟姐妹说些什么呢？利用留白，想象补白，体会小猴子失落、懊悔的心情。

4. 角色替代，想象体验

寓言，可冷静旁观，而童话则需真诚参与，因为里面有儿童自己。教师在教学过程中要基于语境，想象体味，利用分角色读或读多个角色、戴头饰表演角色等，让"我"成为故事里的角色，从而零距离地体味童话。如在童话《要下雨了》中一会儿是小兔子，一会儿是小燕子，一会儿又变成小鱼儿，参与故事，欣喜体会。又如黄诗仪执教的《小猴子下山》中，让学生角色扮演，并通过演绎法，想象自己就是这只幸运的小猴子，一路上遇到这么多好东西，读一读、演一演，让孩子理解"掰""扛""扔""摘""捧""抱"这几个动词，体会小猴子无比激动的心情。

比如三年级上册中外童话单元《那一定会很好》《在牛肚子里旅行》《一块奶酪》等童话画面唯美，充满丰富的想象，学生走进故事做着一个又一个绮丽的梦。

（四）续写编写策略

在我们小学语文的习作学习中，写童话故事也是孩子们最喜欢的一个命题。从小到大，在家长的口述中，从童话的书籍中，乃至电视的动画片里，他们都积累了大量的童话素材，学生愿意写童话，热爱写童话，童话故事给他们打开了一扇神奇的窗户，他们跃跃欲试，都想在童话的写作中大展身手。因此在童话教学中，阅读童话后常常有续编、续写或者改写童话的习作训练要求。如黄诗仪老师在教《小猴子下山》时，最后的结束语：过了不久，小猴子又再次下山，这次会不会有不一样的结果呢？同学们课后为小猴子创编一个新的故事吧。编故事是一个难点，这一形式更适合中高年段的童话教学。如一年级下册的《小壁虎借尾巴》，小壁虎转身一看，高兴得叫了起来："我长出一条新尾巴啦！"老师顺势：接下来，小壁虎带着它的新尾巴又会发生什么故事呢，孩子们可以发挥想象，畅想小壁虎接下来的有尾巴的新生活。如三年级上册的《去年的树》，从去年惜别小鸟到今年化为灯火再次听到小鸟的歌声，这中间，大树经历了什么？它会怎么想？会想对小鸟说什么？请你替大树写一篇日记吧。让学生用日记的形式回顾童话，续写大树的心里话，延续童话故事的生命力，这是一个不错的教学策略。

说到这里，老师们会想，刘老师分享的这些都是我们日常教学中的常用策略。是的，没错，如果我们的童话教学课堂能把这些普通的策略运用好，我们的教学目标也就达到了。备课备什么呢？不就是备学生、备教材吗？

小学阶段，童话教学教什么、怎样教、用什么策略方法，胡倩老师和黄诗仪老师分别在她们的课例中为老师们做了很好的呈现，仅供参考。欢迎老师们积极留言，分享学习心得！

今天的基于文体意识下的童话有效备课之备课解析就分享到这里，谢谢大家的聆听，老师们，再见！

基于文体意识的小说教学有效备课研修案例

赵艳和润语文工作室
小组成员简介

彭余（组长）	谭霞（组员）	李莹萍（组员）	冯倩萍（组员）
龙岗区平安里学校语文教师，龙岗区优秀教师、优秀班主任。	龙岗区平安里学校语文教师，龙岗区优秀教师、先进教育工作者，曾获深圳市跨学科主题说课比赛一等奖，龙岗区现场教学比赛二等奖。	龙岗区平安里学校语文老师，曾获龙岗区阅读教学设计一等奖。	龙岗区平安里学校语文教师，龙岗区优秀教师，曾获龙岗区首届科研课题论文一等奖。

◆◆ 研讨记录 ◆◆

小说教学有效备课研讨记录

【研讨主题】

基于文体意识的小说教学有效备课。

【参与人员】

组长：彭　余　龙岗区平安里学校

组员：谭　霞　龙岗区平安里学校

　　　李莹萍　龙岗区平安里学校

　　　冯倩萍　龙岗区平安里学校

【研讨过程】

当下的小说阅读教学中，许多教师没有清晰的文体意识，所以常会有这样的感觉，小说文本越细读越不知道教什么，要么带着学生机械地分析小说三要素，要么花大量的课堂时间去介绍小说作者的生平，或者去做表面的主题延伸阅读。小说教学，教师应当关注小说的文体特征，去发掘每一篇小说的独到之处和教学价值，按照"不同的小说应该有不同的教法"来选择教学内容和教学方法。

本次研讨主题是"基于文体意识下的小说有效备课"，小说组的老师们提前收集资料，研读课标，整理教材，汇总自己的心得体会。接下来，我们小组会围绕研讨主题，重点探讨以下五个问题，其过程如下。

问题一：什么是小说？小说的文体特征有哪些?

彭余：要知道怎么开展小说教学，首先得知道什么是小说。《现代汉语词典》是这么定义小说的：一种叙事性的文学体裁，通过人物的塑造和情节、环境的描述来概括地表现社会生活。

谭霞：我同意，小说是叙事，它的本质特征就是叙述、虚构。所以要从叙述、虚构的角度去读小说。一篇小说可以没有精彩的人物，没有跌宕的情节，但是不能没有叙述，叙述是小说中最关键的部分。

李莹萍：确实，小说都是通过叙述人的语言来描绘生活事件的，我们要注意的是小说有三个要素：人物形象、故事情节、环境（它包括自然环境和社会环境）。小说中的人物是作者根据现实生活创作出来的，他不同于真人真事，通过这样典型的人物形象反映生活，更集中、更有普遍的代表性。

冯倩萍：赞同，我补充一点，小说塑造人物的手段可以是概括介绍，可以是具体的描写，可以写人物的外貌，也可以刻画人物的心理活动；既可以是人物的行动对话，也可以适当插入作者的议论；既可以正面起笔，也可以侧面烘托。

彭余：小说主要是通过故事情节来展现人物性格、表现中心的。故事来源于生活，但它通过整理、提炼和安排，比现实生活中发生的真事更完整。

李莹萍：我想在这里强调一点，小说的环境描写和人物的塑造与中心思想有着极其重要的关系。在环境描写中，社会环境是重点，它揭示了种种复杂的社会关系，如人物的身份、地位、成长的历史背景等。自然环境包括人物活动的地点、时间、季节、气候以及景物等。自然环境的描写对表达人物心情、渲染气氛都有不小的作用。

谭霞：总而言之，小说就是以塑造人物形象为中心，通过故事情节的叙述和环境的描写来反映社会生活的。

问题二：小说与其他文体的区别，如何区分小说与记叙文？

彭余：很多学生不会区分小说与其他文体，我们如何引导学生辨别？

谭霞：我来说说小说与记叙文的区分。虚拟性是小说最重要的文体特征，小说一般是编写的，而记叙文是真实叙写的，多为第一人称。仔细体会就能发现记叙文代入感很强，小说一般为了故事的完整性多数是长篇幅，当然，根据篇幅长短也分为长篇小说、中篇小说和短篇小说。

彭余：我们读小说，首先要知道小说的灵魂是叙述，小说的叙述可以有多个叙事角度，也可以有多条线索，可以根据情节的需要来把握事件的进程，这就是与记叙文最大的不同。

李莹萍：是的，记叙文就是以写人记事为主的文章，而小说虽然也写人记事，但其情节要求相对完整，且突出人物形象的刻画，展示人物性格。散文是一种重在抒发个人感情的文章。三者既有联系，又有区别。

冯倩萍：我同意李老师的观点。例如写作的目的不同。我认为一般性的记叙文只要把事交代明白，有始有终就可以了。而小说须有引人入胜的故事情节，要体现出情节的四要素（开端、发展、高潮、结局）。至于叙事散文，虽也有大段篇幅的叙事，但不要求情节的连贯性。散文结构具有跳跃性，往往将回忆与现实交织在一起，可见散文不是以叙事为目的，叙事是为抒情服务的。另外，从表达方式看，记叙文和小说以记叙、描写为主，而散文兼用记叙、描写、抒情、议论等多种表达方式。

谭霞：我以六年级上册的小说单元为例，小说来源于生活，有生活的影子。单元中的小说《桥》里面的故事来源于生活，但是未必有一模一样的事情发生，虽然会有类似的，但是它会更具有一些值得人去深思的地方。小说是虚构的，需要作者埋下引线设计包袱，引导读者将感情投射到故事情节和人物中。

李莹萍：我还有一点补充，小说和记叙文大多是以记叙的方式写作，记叙文中的"我"一般是作者本人，小说中的"我"是虚构的主人公。但这种小说中的虚构会给读者带来与众不同的阅读体验。

彭余：所以说读一百部小说，就意味着经历了一百种人生经历。小说是最接近人生的一种文本，我们读小说的价值在哪里呢？

问题三：学习小说的价值是什么？

冯倩萍：对于学习小说的价值是什么，我们可以把美国小说家亨利·詹姆斯对小说的理解传递给学生："如果把小说家比喻为工匠，那么他的小说就是建造有着许多窗户的小说之屋，每扇窗户外都有不同的景象，每间屋子都提供一种不同的生活方式，每扇门都通往另一个国度。"听了这样形象的比喻，学生更便于理解什么是小说。

李莹萍：是的，随着新课程的改革与发展，素质教育进入了关键时期，在小学语文教学中，小说教学发挥了极其重要的作用。从学生角度的价值来看，实施小说教学，不仅可以提升他们的阅读能力，还可以激发学生的学习兴趣，陶冶情操，感染学生的心灵。阅读不同的小说就相当于经历了不同的"人生"。

彭余：确实如此，在现实生活中，能引导学生明辨是非、善恶假丑，在日后面对困难和诱惑，也能从容应对；面对是非选择，也能正确取舍。学生会清楚自己想要的人生方向是什么，想要追寻怎样的人生目标以及他们在生活中的价值取向。

谭霞：所以，本次教学课例《桥》，通过引导学生品读课文，关注环境描写，感悟老共产党员无私无畏、不徇私情、英勇献身的精神。

冯倩萍：目前使用的统编版教材重视文体意识，从小学五年级下学期开始，教材在每一册书中根据螺旋上升的训练原则选取一个单元作为小说的专题学习，在语文教学中对学生进行初步的文学启蒙教育，强调了"经典性、文质兼美"的特点，让学生通过阅读鉴赏优秀作品，达到品味语言艺术的丰富情感、激发审美思想、感受思想魅力的要求。

李莹萍：刚才我们从老师的角度讨论教什么，现在我们从学情上，要充分考虑到学生的年段要求和编者意图，阅读完《桥》这篇小说后，学生可能得到些什么，因此，我们可以在接下来的教学设计中挖掘《桥》的教学价值。

彭余：我们要引导学生关注情节、人物和环境，留心情节的展开、发展与结束，思考环境描写的作用，分析作者刻画人物形象的关键言行和心理活动等描写，概括人物形象，进而理解小说的主旨。因此基于文体的价值考量，《桥》这一课的教学价值可以体现为：①朗读品悟，体会小说传神的语言艺术；②分析人物，感受小说典型的人物形象；③表达运用，内化吸收小说的环境描写方法。

冯倩萍：最后我借用王荣生老师的话来总结：学习小说的价值从教学论方面来回答，就是语文教学中"为什么要教小说"、学生"为什么要学小说"。老师们对于这个问题的思考与理解，会影响小说教学的内容选择以及教学方法的选择。有了以上的价值考量，才能使接下来的教学设计具体化、可操作化，更能确保我们的教学目标符合小说教学文体的特征。

问题四：对小说这类文体，老师教什么？关于《桥》一课教什么的研讨。

彭余：那么在小说这类文体教学中，老师应该具体教什么，如何选择教学内容呢？

谭霞：在备课过程中，可以从两个角度思考，教师不仅要以学生的角度解析文本，对小说文本进行判断和分析，还要站在老师的角度，确定恰当的教学目标及合适的教学内容，最后制定合理的教学策略。

彭余：谭老师考虑得很全面。课程标准是我们的教学依据，课标中对叙事类文体的阅读教学在不同学段有着不同的要求。第二学段课标要求："能复述叙事性作品的大意，初步感受作品中生动的形象和优美的语言，关心作品中人物的命运和喜怒哀乐，与他人交流自己的阅读感受。"大家可能会发现，在现行的部编版小学语文教材中，小说的比重是不高的，在第二学段只是零星出现。

比如，在四年级下册第六单元课文《小英雄雨来》的课后练习"照样子列小标题，说说课文主要内容"指向的就是小说三要素中的"情节"，但依据课标要求，考虑到学生的层次阶段，这里的情节只是概括把握，而不需要领悟构思的巧妙。

冯倩萍：我们现在的教材，小说文本集中出现在五年级下册第二、第五单元（名著节选）和六年级上册第四单元、六年级下册第二单元（名著节选）。在第三学段，课标又是这样阐述的："阅读叙事性作品，了解事件梗概，能简单描述令自己印象最深的场景、人物、细节，说出自己的喜爱、憎恶、崇敬、向往、同情等感受。"

比如，五年级下册《景阳冈》的课后练习"按照故事的发展顺序，把内容补充完整，再说说故事的主要内容"，很明显，这道思考题也指向"情节"，教材要求学生对小说情节把握的要求变得更高了。

李莹萍：可见，叙事类（包括小说）文本教学除了要关注学生读懂故事内容，获得情感体验，学习语言表达之外，还要分阶段去选择教学内容。那小说教学到底要教什么？

彭余：在以往传统的小说教学中，离不开故事情节、人物形象、小说主题等，这些本是小说教学中显而易见的，但是不应该只教到这个层面，没有继续深入。

谭霞：我同意。在小学阶段，特别是高年级的阅读教学，不应该只关注小说内容的理解，而是要通过一个个小说例子的解析，从文本着眼，关注文本特点，让学生"进入"作者描绘的小说世界，体会文本精巧的构思、精美的语言、高超的表达。只有运用正确的解读方式，才能更好地"进入"小说世界。

冯倩萍：这也就是我们要教会学生通过什么方式阅读小说，把握解读小说的方法。小学生接触小说，首先要了解该类文体的特点，初步习得小说阅读的能力，再提升学生整体的阅读兴趣，拓展他们的阅读视野。

李莹萍：回顾我们的教材，小说的比重并不高，一是因为教材篇幅所限，二是因为小说是语言极度个性化、风格化的文本，对小学生来说，解读小说这类文体还是有一定阅读难度的。

谭霞：确实，所以我们要通过课例《桥》教会学生如何阅读小说。在统编版六年级上册第四单元的语文要素中提到：读小说，关注情节、环境，感受人物形象，发挥想象，创编生活故事。也就是说，我们的教学目标是要教会学生阅读小说的方法并初步学习创编小说。

彭余：值得注意的是，这个单元的小说与五年级下册的小说特点又有所不同，《桥》是首次以小小说体裁出现的课文，全文不到700字的篇幅，塑造了一位临危不乱、舍己为人的老支书形象。根据语文要素的提示，我们可以围绕

"如何塑造老支书的人物形象"等方面来制定教学内容。

李莹萍：除了语文要素之外，课后问题也可以给我们指引。我们要关注到，《桥》这篇文章构思精巧、布局巧妙，小说情节虽然简单，但是跌宕起伏，情感很丰富。教学时，教师要引导学生梳理情节，把握故事中的矛盾点，品悟出人意料的结尾。洪水退后，一个老太太来祭奠两个人，一个是她的丈夫，一个是她的儿子。故事到这里，才让人恍然大悟，知道"老汉"与"年轻小伙"的父子关系。情感也达到了高潮，这便是小说典型的艺术特色。

冯倩萍：除了构思巧妙，课文中的短句也是本文的一大特色。如文章一开头连用几个短句"像泼""像倒"，短句的出现，更突出了雨的来势汹汹，表现了雨水之大，为下文的山洪暴发做铺垫。最为突出的是老汉下命令时的语言："桥窄！排成一队，不要挤！党员排在后边！"短短几句话将当时的环境恶劣及老汉的果断表现出来了，给人们心中注入了希望。

因此，我们教《桥》这篇课文时，应该站在小说的文体特点上引导学生，品味精练的语言，感受小说人物形象。

谭霞：我补充一点，《桥》一课中的环境描写非常重要。教师要引导学生关注小说中的环境描写，并体会环境描写对人物形象的塑造作用。《桥》中环境描写的语句并不多，但却把紧张的气氛渲染到极致，如"山洪咆哮着，像一群受惊的野马，从山谷里狂奔而来，势不可当""近一米高的洪水已经在路面上跳舞了。死亡在洪水的狞笑声中逼近""水渐渐窜上来，放肆地舔着人们的腰"。在上课时，我们应该指导学生在体会语言写法的基础上，反复朗读。让学生充分感悟洪水来势凶猛，体会人们当时的恐惧不安，从而感受老支书的镇定、威严。

李莹萍：虽然引导学生通过学习《桥》的环境描写来获得方法，但是最后的目的还是要把学生引向写法，习得语言。我建议，既然本单元的另一篇文章《穷人》中也有很多环境描写，我们可以结合《穷人》来对比阅读，让学生品味两篇文章的环境描写的相似与不同之处，加深学生对这种环境描写的理解。

冯倩萍：李老师这个建议不错。我们一起来对比两篇文章的环境部分，《穷人》中开篇就有环境描写，"屋外寒风呼啸，汹涌澎湃的海浪拍击着海岸，溅起一阵阵浪花。海上正起着风暴，外面又黑又冷，但这间渔家的小屋却温暖而舒适。地扫得干干净净，炉子里的火还没有熄，食具在搁板上闪闪发亮。在挂着白色帐子的床上，五个孩子正在海风呼啸声中安静地睡着"。这段虽然也是环境描写，但是和《桥》的环境描写截然不同，《穷人》的环境描写更详细具体。

谭霞：这样，学生能通过对比阅读，认识到不同的环境描写手法，可以根据情节、人物的需要而决定，既可以像《桥》那样"来势凶猛"，也可以像《穷人》那样"温馨细腻"，最后再让学生进行创作，这样也落实了本单元"发挥想象力，创编生活故事"的语用要求。

彭余：除了课文的编排，课后的练习也能帮助我们确立有效的教学目标。以《桥》为例，我们一起分析一下这篇课文的课后问题："1.有感情地朗读课文，注意读好短句。"这是指向积累语句，感受短句的特点。"2.这篇小说写了一位怎样的老支书？找出写老支书动作、语言、神态的句子，结合相关情节说说你的理解。"这道题要求学生能梳理情节，感受人物形象。"3.画出描写雨、洪水和桥的句子读一读。再联系老支书在洪水中的表现，说说这些描写对表现人物的作用。"这要求学生体会环境描写对表现人物形象的作用。"4.小说最后才点明老支书和小伙子的关系，和同学讨论这样写有什么好处。"这道题则是关注情节设计，突出人物形象。这样我们更明确这一课要教给学生什么内容。

冯倩萍：最后结合课标要求和本单元的语文要素，根据《桥》这篇小说的叙述特点，我们可以将本篇《桥》的教学目标确定为：

1. 能有感情地朗读课文，感受短句的特点。

2. 梳理情节，通过老支书的神态、语言、动作感受人物形象。

3. 能找出环境描写和关注巧妙的情节设计，体会它们对刻画人物的作用，学习小说的创作手法，塑造人物形象。

谭霞：根据单元要素和课后思考题的提示，《桥》的教学重点是通过品读课文，关注环境描写和课文情节发展，感受老支书无私无畏、英勇献身的人物品质。教学难点是让学生感知小说中的环境描写对刻画人物形象的作用。那我们就先按照刚才的讨论结果来探讨文本解读部分的内容。

问题五：小说这类文体怎么教？聚焦《桥》一课怎么教？

彭余：刚才我们讨论了小说要教给学生什么，并且确定《桥》这篇小说的教学目标。接下来，就是我们老师的任务了，小说这类文体应该怎么教？

《桥》这一课该怎么教？

冯倩萍：关于小说的文体特征，我们之前已经做了研讨，那么这一类文体我们具体应该怎么教，才能更好地完成单元要素的要求呢？我们教学时，不能千篇一律，更不能只从"三要素"来解读文本。小说阅读教学，要找到每一篇小说的独特之处与教学价值，并据此进行教学，小说的文体决定了小说的教学内容，决定了小说的"不同的教法"。要在把握小说共有文体特征的基础上，实施有差异的教学，才是可行有效的。

李莹萍：我也觉得这一点很重要。传统的小说三要素固然重要，但是把握小说的文体特征更是我们小说教学的前提。

谭霞：所以，我们现在需要做的是把握小说的文体特征。小说的本质特征是叙述与虚构，故事是它的第一特征，情节突出了叙事中的因果关系。通过描写人物性格来塑造人物形象是小说的第二特征。由此可以看出，小说教学的主要任务应该是读懂小说的人物性格。

冯倩萍：确实，对于小说的这一文体特征，我们可以确定小说的教学目标。语文教师要把握好小说的文体特征，在学生深入阅读并有了自己的认知与体验的前提下，作为教师的我们再进行一定的引导，让学生能有真正的收获与提升。

彭余：综合以上三位老师的意见，我可以总结为，小说的教学最重要的是读，小说教学必须建立在学生阅读的基础上，使学生学会如何阅读小说。接下来，我们需要根据小说在各个学段的特点进行讨论，每个学段的小说教学有什么相同和不同之处。

李莹萍：我来总体说说小说在小学阶段的分布和特点。根据小说的不同特点，本着层层深入、螺旋上升的原则，五年级语文下册教材第二单元选取了一个单元的小说学习单元，这个单元主要选取了四大名著中的其中一个故事节选，用演一演、写读后感的方式理解小说人物，表达自己对小说人物的思想感情，通过本单元的"快乐读书吧"引导学生品百味人生，激发读经典名著的兴趣。六年级上册第四单元选取了一个小说单元，包括了三篇小说——《桥》《穷人》《在柏林》。这个单元的主题是认识小说大多是虚构的，却又有生活的影子。六年级下册教材选取了"外国文学名著"，其主题为了解作品梗概，把握名著的主要内容，就新鲜深刻的人物和情节交流感受。

谭霞：我觉得李老师介绍得很全面，不仅介绍了每一册书中的小说，也把单元要素和要求都说得很清楚。

冯倩萍：从李老师的介绍里，我们了解了课标的总体要求，但是我觉得还需要强调一点：教师还要关注教材里所明确提到的语文要素，正确解读教材编者的编排意图。

现在我们所使用的统编版教材，相比人教版，已经非常明显地突出了小说的文体特征。如六年级上册第四单元的单元导读便清晰地告诉我们：读小说，要关注情节、环境，感受人物形象，这些便是教学中要落实的语文要素。关注到语文要素，教师便不会局限于小说教学的人文主题里，为教师用教材教语文提供了明确指引。从学生学习的角度来看，学生关注语文要素可以帮助学生明确学习方向和重点，自主规划学习活动，自我评价学习效果。

彭余：冯老师提醒得很有道理，不仅要从老师的角度看语文要素的作用，还要从学生学习的角度来看，学生关注语文要素可以帮助学生明确学习方向和重点，自主规划学习活动，自我评价学习效果。需要注意的是，语文要素不等于"操作说明书"，不能简单地把语文要素当作静态的知识去教授，否则，语文教学就可能变得有知无趣、有知无用。

以六年级上册第四单元课文为例，可以如此落实语文要素：精读课文教学——《桥》《穷人》（欣赏之余，学习与训练语文要素）；略读课文教学——《在柏林》（巩固和运用语文要素）；口语交际教学——《说服别人》（在情境与交互中梳理方法，学会表达）；习作教学——选取素材，创编故事，开展故事会（重在书面，将学习经验汇总外化为习作）；语文园地和快乐读书吧（意在积累和拓展，延伸知识视野，提高审美品位）。下面，我们就以《桥》的教学为例，分析一下小说该怎么教。

李莹萍：《桥》是本单元的第一篇精读课文，它不仅承载着课标的要求，也为六年级下册外国名著单元的学习奠定了基础。所以，在教学本篇课文的时候，我们首先要明确《桥》在课标中的位置以及它是微型小说这一文体特征。

李莹萍："读小说，关注情节、环境，感受人物形象"是本单元的语文元素，我们首先需要根据这篇小说的文体特征及其特有的文体体式，确定教学目标。

谭霞：《桥》是一篇微型小说，但它的人物形象的塑造尤为突出。它塑造的是一位普通的村党支部书记的光辉形象。我觉得本篇小说的教学目标可以确定为通过体会环境描写和情节塑造人物形象的作用，引导学生感受一波三折的情节中老支书的形象，初步感受和了解小说的基本特点，习得小说阅读的基本方法。

冯倩萍：这样的教学目标我认为挺合适的，根据这个教学目标，我觉得可以这样设定教学重难点：教学重点为通过品读课文，关注环境描写，感悟老共产党员无私无畏、不徇私情、英勇献身的精神。教学难点为感知环境描写对刻画人物形象的作用，了解环境的创作手法。

彭余：但是，教学目标也需要划分板块，这样更容易落实教学环节，大家讨论一下怎么分板块吧。

李莹萍：第一个目标可以设定为积累课文特色语言，通过有感情地朗读小说，感受短句的特点，体会村支书临危不惧、忠于职守、舍己为人的高贵品质。

谭霞：对，第一课时对村支书的品质只是需要在朗读中感悟，不用深入，体会小说的特点还是要交给李老师，在第二课时上比较合适。

冯倩萍：《桥》这篇小说最大的特点在于刻画人物语言时的方法和技巧，所以我觉得第一个目标这样确定很好。在落实这一目标的时候，我建议可以用朗读的方法。在教学中，教师可以抓住短句的特点，在气氛的渲染下，配合视频情景和音响效果，入情入境地反复朗读，让学生身临其境，感同身受，从而在朗读中感受老汉舍己为人的高尚品质。

彭余：那第一个目标和教学方法就这样确定了。第二个板块大家讨论一下。

李莹萍：在本课中，小说故事情节跌宕起伏，扣人心弦，是本文的突出特点。我觉得第二个小目标可以设定为：理解《桥》的巧妙构思，梳理情节，体会情节的起伏。

谭霞：具体怎么落实这个目标呢？

冯倩萍：可以让学生根据文中线索，梳理好情节脉络。本文的主要线索是洪水，洪水是故事发生的环境，对洪水的描写贯穿故事始终。让学生通过体会作者对山洪的细致描写，了解小说的故事背景。

彭余：好的微型小说能够让人留下深刻印象往往是这结尾的突然一转，出人意料，又在情理之中。教学中引导学生感受微型小说的特点，这种方法不错。

李莹萍：我觉得下面一个板块可以设定为理解环境描写的特点，积淀情感，联系老支书的言行，感知环境描写对凸显人物形象的作用。

谭霞：是的，环境描写是这篇小说的最大特点，应该也是这篇小说的独特价值所在了。

冯倩萍：这堂课是上给六年级学生的，他们的信息筛选能力已经有了一定的基础，我觉得可以采取填图表的方式让学生自己找出环境描写的句子，并填写表格。这个目标可以在第二课时进行。

彭余：我觉得在理解和感悟环境描写的时候，可以加入学会虚构小说中的环境描写，这个单元的习作不就是要求学生虚构故事，最好能用上环境描写吗？在这里插入小说环境创作的训练，我觉得不错。

李莹萍：这个想法挺好，不仅衔接得当，同时也突出了这篇小说的独特价值。

谭霞：那这就设定为第四个板块，我觉得《桥》这一课的环境描写也可以和《穷人》开篇的环境描写进行对比，进而阐明环境对于塑造人物形象和展现情节的重要意义。

冯倩萍：这个提议好。在小说环境创作环节，我觉得出示两个情境，让学生任选一个情境进行环境和情节的创作，注意环境描写是怎么刻画人物性格的。

彭余：能不能结合当今的疫情来说呢？新冠疫情防控期间涌现出的英雄人物能不能当作主人公。

李莹萍：这个问题我也考虑过，但感觉这样的表达太复杂，反而加重了学生理解和记忆的负担，不如把这部分内容放到拓展环节，让学生作为作业来选做会不会更好。

谭霞：那在作业方面还有没有其他选做？

冯倩萍：《草房子》的环境描写特别精彩，也适合让学生摘抄记录，积累语言。

彭余：大家的想法都很不错，通过一步步研讨，我们确定了《桥》的教学目标、教学重难点以及细分了教学的四大板块，我认为以展示课《桥》来阐释小说的教学策略，提高学生解读小说的能力是不错的选择。但是，教一篇不代表教所有，每一篇小说的文体特征都不完全一样，还需要研究不同小说的文本特点来确定相对应的教学内容和教学方法。

◆ 文本解读 ◆

基于文体意识下《桥》的文本解读

深圳市龙岗区平安里学校　冯倩萍

一、解读小说的文体特征及小说教学策略

叙述与虚构是小说区别于其他文体的本质特征，它最接近人生，也是最真实、最丰富的人生体验，读小说不仅可以丰富我们的人生体验，还能满足我们精神世界的需求。其中，叙述又是小说的灵魂所在。正如曾祥芹先生所说，小说是一种叙事文学，是通过以叙述人的口吻叙述外界事物，来达到塑造形象反映生活的。作者的主观情感怎样才能在小说中体现呢？我们必须通过对事物客观的叙述描写透露出来。客观的叙述性是小说的一个重要的审美特征。同时，它的叙述也是虚构的叙述，它是作者根据自己的想象虚构出来的虚拟世界，而读者读起来却像在生活中发生过的一样。小说既来源于生活，又高于生活。

王荣生先生说过，小说的第一个特征是故事，情节突出了叙事中的因果关系；小说的第二个特征是通过描写人物性格来塑造人物形象。因此，我们的小说教学要以读懂人物性格为主要任务。作为一名语文教师，我们要让学生从一个不成熟的读者向高明的、成熟的读者发展。这就要求作为教师的我们把握小说的文体特征，找到每一篇小说的独特之处和它的独特价值，并根据这独特价值进行教学。小说自身所特有的文本体式决定了我们在小说教学中的教学内容，决定了小说在课堂上所呈现的"不同教法"。小说阅读最重要的是必须要读，小说教学首先要建立在学生阅读的基础上，最好建立在学生深入阅读的基础上。只有在学生深入阅读后并有了自己的认知与体验的前提下，教师再进行一定的引导，学生才能有真正的收获与提升。小说教学的主要任务是使学生学会如何阅读小说。

二、解读《桥》在课标中的定位

统编版教材重视文体意识，从小学五年级下学期开始，教材在每一册书中根据螺旋上升的训练原则选取一个单元作为小说的专题学习，在语文教学中对学生进行初步的文学启蒙教育，强调了"经典性、文质兼美"的特点，同时它也符合语文素养中所强调的审美鉴赏与创造，通过让学生阅读鉴赏优秀作品，达到品味语言艺术的丰富情感、激发审美思想、感受思想魅力的要求。

新课标指出，阅读叙事性作品，了解事件梗概，简单描述自己印象最深的场景、人物、细节，说出自己的喜欢、憎恶、崇敬、向往、同情等感受。

在统编版五年级语文下册教材第二单元，学生们接触了一个单元的小说学习，有《三国演义》中的《草船借箭》，《水浒传》中的《景阳冈》，《西游记》中的《猴王出世》，《红楼梦》中的《红楼春趣》，初步学习了阅读古典名著的方法，用演一演、写读后感的方式理解小说人物，表达自己对小说人物的思想感情，通过本单元的"快乐读书吧"引导学生品百味人生，激发读经典名著的兴趣。《桥》是统编版六年级上册第四单元的一篇课文，这个单元的课文要求教会学生如何阅读小说并初步学习虚构故事。这个单元的课文与五年级下册的小说特点又有所不同，《桥》是微型小说，这类小说只选取了生活中的一个横断面，或者事情中的一个小片段或小插曲，对于人物塑造只勾勒轮廓，捕捉其人物性格中的闪光点，它们的故事情节更加感人肺腑，矛盾冲突更集中。我们的教学重点在于引导学生进一步学习小说，关注情节、人物、环境，留心情节的展开、发展、高潮、结局，思考环境描写的作用，让学生创编生活故事、虚构故事情节，尝试描写小说中人物的心理活动，叙述与情节紧密结合的环境。

作为本单元的第一篇精读课文，《桥》本身承载着新课标的要求，结合习作"笔尖流出的故事"，引导学生学会虚构故事，学会围绕主要人物展开描写，使故事情节尽可能吸引人，并能试着描写故事发生的环境以及人物的心理活动。本单元的小说教学，为六年级下册外国名著的学习奠定了基础，与中学阶段的小说学习紧密衔接，分段提高学生的阅读能力。因此，在本专题的研究中，我们选择了《桥》作为小说教学的范例。

三、以编者视角解读文本

文本在教材中的位置：《桥》是统编版六年级上册第四单元的第一篇精读

课文。本单元的其他课文为《穷人》《在柏林》。

编者选取该文本的目的：这几篇课文都紧紧围绕第四单元的主题——认识小说大多是虚构的，却又有生活的影子的文体特征；读小说，关注情节、环境、感受人物形象；发挥想象力，创编生活故事。结合"快乐读书吧"中"笑与泪，经历与成长"和习作"笔尖流出的故事"学习依托小说的三要素，根据身边的人或事虚构故事。编者在选取该文本时，考虑到了微型小说的文体特点，有众多的环境、人物对话描写，希望学生在学习完这篇课文后，能够体会这些描写的作用和深层含义，并且在以后的习作中学会使用这些描写方法。

四、以读者身份解读文本

《桥》是作者谈歌塑造的一位普通的村党支部书记的光辉形象，面对汹涌而来的洪水，他沉着冷静，果断地指挥村民们度过困境。他无私无畏，给村民们筑起了一座不朽的跨越死亡的桥梁。"读小说，关注情节、环境、感受人物形象"是本单元的语文元素，根据这篇小说的文体特征及其特有的文体体式，我们将本篇小说的教学目标确定为通过体会环境描写和情节塑造人物形象的作用，引导学生感受一波三折的情节中老支书的形象，初步感受和了解小说的基本特点，习得小说阅读的基本方法。教学重点为通过品读课文，关注环境描写，感悟老共产党员无私无畏、不徇私情、英勇献身的精神。教学难点为感知环境描写对刻画人物形象的作用，了解环境的创作手法。根据教学目标和教学重难点，我们可从以下四个板块进行教学：①积累课文特色语言，通过有感情地朗读小说，感受短句的特点，体会村支书临危不惧、忠于职守、舍己为人的高贵品质。②感知课文构思，厘清结构，体会情节的起伏。③关注环境描写的特点，积淀情感，联系老支书的言行，感知环境描写对凸显人物形象的作用。④学会虚构小说中的环境描写，学会环境描写对刻画人物形象的作用，学习创作手法。

1. 解读《桥》的语言特色，感受短句的特点，体会村支书临危不惧、忠于职守、舍己为人的高贵品质

《桥》这篇微型小说最大的特点在于刻画人物语言时的方法和技巧。文中的对话指向了当时的环境，反映了人物的心理活动。本文采用了大量简短的词语和句子，渲染小说紧张的气氛。文章一开头连用几个短句"像泼""像倒"，短句的出现，更突出了雨的来势汹汹，让人读来意犹未尽，充分体现了暴雨来势之凶。教学时应引导学生关注这种语言特色，通过指导学生朗读来感

受短句在文中的作用。"东、西面没有路"短短一句话，在这种特定的语言环境下烘托出人们逃生的困难。最为突出的是老支书下命令时的语言："桥窄！排成一队，不要挤！党员排在后边！"简短有力的三句喊话，先表明现实状况，然后说明撤退要求，最后提出高标准要求。短短几句话却将当时环境下老支书的果断给表现出来了，也给人们心中注入了希望。在教学中，教师可以抓住短句的特点，在气氛的渲染下，配合视频情景和音响效果，入情入境地反复朗读，让学生身临其境，感同身受，从而在朗读中感受老支书舍己为人的高尚品质。小说阅读，必须让学生自己读，让学生在读中有自己的认知和体验。进入小说所创设的情境中，才是把阅读与教学结合起来的关键。

2.解读《桥》的巧妙构思，梳理情节，体会情节的起伏

《桥》这篇小说故事情节跌宕起伏，扣人心弦，是本文的突出特点。在教学中，让学生根据文中线索，梳理好情节脉络，是教会学生如何阅读小说的关键。本文的主要线索是洪水，洪水是故事发生的环境，对洪水的描写贯穿故事始终。首先，让学生通过体会作者对山洪的细致描写，了解小说的故事背景。而这个主要线索也烘托着故事中的主人公，把面对洪水时村民们的恐慌与无助袒露在大家的面前。这一切都为"英雄"的出场奠定了基础。故事的高潮在于老支书与小伙子之间的几个"揪"与"推"的动作，这一揪一推表达了老支书的矛盾心理，在此，引导学生梳理情节，感受在矛盾冲突的一揪和一推之间，作为一名父亲内心的挣扎和矛盾。但是作为老支书的儿子，他能感受到父亲作为一个党员的职责和作为父亲的爱吗？当读者心中充满疑问之时，典型的欧·亨利式结尾，将悬念在最后一刻揭开，给人以强烈的情感冲击，这种结构特征是突转型的，正是这篇课文最大的妙秘所在。课文的语言简练生动，韵味十足。好的微型小说之所以能够让人留下深刻印象往往是因为这结尾的突然一转，出人意料，又在情理之中。教学中引导学生感受微型小说，解读环境描写的特点，积淀情感，联系老支书的言行，感知环境描写对凸显人物形象的作用。

课文的开头，"黎明的时候，雨突然大了。像泼。像倒""山洪咆哮着，像一群受惊的野马，从山谷里狂奔而来，势不可当"，简短的语言、生动的环境描写，让故事中的人物置身于险象环生的环境。教学中，教师可以运用让学生自主阅读并圈画相关语句的方法进行教学，在朗读中感悟山洪的肆虐。"近一米高的洪水已经在路面上跳舞了。""死亡在洪水的狞笑声中逼近。""水

渐渐窜上来，放肆地舔着人们的腰。"作者用了大量比喻和拟人的修辞手法进行环境描写，增强表现力。教学中，教师要引导学生了解这些句子对文章描写所起到的作用，让学生充分感悟洪水来势凶猛，体会人们当时的恐惧不安，从而感受老支书的威严、冷静。此外，穿插其中的环境描写扣人心弦，也推进了故事情节的发展。

3. 学会虚构小说中的环境描写，理解环境描写对刻画人物形象的作用，进行小说的环境创作，学习小说的环境创作手法

崔峦老师曾指出，在阅读教学中要格外重视树立人物形象。在小说教学中，通过最基本的品词析句和朗读感悟人物形象，体验情感，最终积淀文化，形成自己丰富的精神世界，是小说教学的主要任务。《桥》一文中，洪水来势凶猛推动故事情节发展，站在木桥前的老汉"像一座山"一样纹丝不动地站立着，有序地安排着人民群众撤离，直到生命的最后一刻。他把生的希望留给别人，把死的危险留给自己，洪水魔鬼的形象和老支书无私无畏的光辉形象交相辉映。如何让学生感受这一人物形象呢？教师可以通过让学生在学习单中填写描写雨、洪水的句子，引导学生发现环境描写是人物活动和故事发生发展的场所，是微型小说构成的重要元素。根据《桥》以短句形式描写环境的特点，让学生对比阅读《穷人》中开篇的环境描写，"屋外寒风呼啸，汹涌澎湃的海浪拍击着海岸，溅起一阵阵浪花。海上正起着风暴，外面又黑又冷，但这间渔家的小屋却温暖而舒适。地扫得干干净净，炉子里的火还没有熄，食具在搁板上闪闪发亮。在挂着白色帐子的床上，五个孩子正在海风呼啸声中安静地睡着。"这段环境描写和《桥》的环境描写截然不同，详细而具体。由这个对比，让学生认识到，不同的环境描写手法，应根据情节、人物的需要而设定，自然而然地出现一个或两个情境，让学生进行环境的创作，从而落实了本单元"发挥想象力，创编生活故事"的语文元素。

小说教学是教师指导学生进入小说文本阅读的手段、途径，让学生通过多种方式阅读小说，运用诗意的、恰当的教学方法帮助学生更好地掌握小说的解读方式，是我们小说教学的主要策略。

参考文献

［1］王荣生.小说教学教什么［M］.上海：华东师范大学出版社，2015.

［2］曾祥芹.文体阅读法——阅读学丛书［M］.郑州：大象出版社，1992.

◆◆ **课例展示** ◆◆

《桥》第一课时课堂实录

深圳龙岗区平安里学校 谭 霞

【教学目标】

1. 理解掌握"咆哮""淌着""揪出""呻吟"等词语，借助阅读方法梳理情节，概括主要内容。

2. 通过有感情地朗读课文，感受短句的特点，体会村支书临危不乱、忠于职守、舍己为人的高贵品质。

【教学重难点】

重点：引导学生抓住课文中令人感动的地方，感悟老共产党员无私无畏、不徇私情、英勇献身的精神。

难点：通过品读课文，感悟老党员的品质。

【教学准备】

预习单、多媒体课件、相关音频和视频等。

【教学过程】

一、简介导入，揭示课题

师：同学们，今天我们一起走进第四单元的小说。有人说小说大多是虚构的，却又有生活的影子，在本单元的学习中，我们要关注情节、环境，感受人物的形象，发挥想象，创编生活故事。接下来，我们一起学习第一篇小说《桥》，请同学们齐读课题。（板书课题）（生读）

二、检查预习，梳理情节

1. 教师检测学生的预习情况

师：同学们，通过预习你查找了小说的哪些资料？谁与我们分享？（学生代表汇报，相机出示收集的资料）

生1：我知道小说的三要素：人物、故事情节、环境。我也知道小说是以刻画人物为中心，通过完整的故事情节和环境描写来反映社会生活的文学体裁。

师：谢谢你带我们回顾了小说的三要素。

生2：我通过查找资料知道小说按照篇幅长短可分为长篇小说、中篇小说和短篇小说。短篇小说中还包括微型小说。

师：那谁能带我们认识微型小说呢？

生3：微型小说是小说的样式之一。亦称"一分钟小说""小小说"和"超短篇小说"。它的显著特点是篇幅短小、人物少、故事情节简单，只截取生活中具有特殊意义的某个片段或某个场景进行横断面的描写。

师：看来我们班的学生不仅会查找信息，也会筛选信息，非常用心！那么，文中的生字词你能读准吗？谁来试一试？

正确认读下面的词语，注意把变色的字读准。

（多媒体出示：咆哮、嗓门、流淌、沙哑、揪出、呻吟、废话、狞笑）指名范读，其他同学认真跟读，注意红色字体的易错字。（指导"狞"的读音）

师评：谢谢同学给我们带来了字正腔圆的范读。

2. 了解内容，厘清情节

师：同学们，我们在五年级下册接触了一个单元的小说故事，初步学习了阅读古典名著的方法。谁来带着我们回顾一下有哪些梳理情节的方法？（提炼关键信息、梳理情节变化、概括主要内容等）请同学们拿出学习单，用这些阅读方法开展学习。（指名汇报交流）

（1）提炼关键信息。请学生分别写出这个事件发生的时间、地点、人物及核心事件（一个短语概括）。

生1：时间黎明，地点村庄，人物有老支书、小伙子、群众、老婆婆。

核心事件：老支书舍己为人、英勇牺牲。

师评：你抓住关键字提取了信息，这些信息很关键。

（2）梳理情节变化。请你用三个词语梳理本文情节的变化。

生2：我用三个词梳理本文情节的变化：山洪暴发、临危不乱、化险为夷。

师评：你用三个成语梳理了情节的变化，太了不起了！

（3）概括主要内容。用一句话概括文章主要内容，厘清课文脉络，概括主要内容。

生3：本文主要讲述了在山洪暴发时，村内党支部书记，沉着冷静地指挥人们撤离，最终自己与儿子舍己为人，被洪水吞没的事。

师小结：谢谢同学的分享、提炼、梳理、概括，这是阅读情节性比较强的小说时经常用到的阅读方法。它们有利于我们了解主要内容，把握核心情节。特别要注意：不同的阅读方法，指向不同的阅读成果。

三、再读课文，深入探究

师：现在请同学们快速浏览课文，把描写洪水的句子画出来，想象画面，读出你的理解和感受。（自由默读）

（汇报交流：出示句子）

指名读句子，正音，适时引导朗读。

师：你们找出描写洪水的句子了吗？谁与我们分享？

生1读：黎明的时候，雨突然大了。像泼。像倒。

感受：我从像泼、像倒感受到这雨下得真大呀！我心里有些担忧。

师：你读的时候声音再响亮点，读出雨大时内心的担忧，再试试。

生再次朗读：黎明的时候，雨突然大了。像泼。像倒。

师：嗯，语言干脆，读出了雨势之大。

生2读：山洪咆哮着，像一群受惊的野马，从山谷里狂奔而来，势不可当。

感受：这里运用了一个比喻句写出洪水来势凶猛。

师：再请一个同学读这句，读出洪水的凶猛。再请其他人试试。

生3读：近一米高的洪水已经在路面上跳舞了。死亡在洪水的狞笑声中逼近。

感受：这是一个拟人句。说洪水在跳舞说明水势之大，让我想到好像是魔鬼在跳舞，甚至有些狂野。

师：是什么在逼近？是死亡啊！再请一位同学来读读，注意带上害怕的表情读（指名朗读），我们再一起读出感觉来（齐读）。

生4读：水渐渐窜上来，放肆地舔着人们的腰。

感受：这水舔到腰了，舔得我——胆战心惊、毛骨悚然。

师：如果用一个字或一个词来形容这场洪水，你会用什么字？（凶猛、狂野、可怕等）请听谭老师和同学的合作读。（师生合作）再请一个小组的同学合作读读。（出示描写洪水的句子）

黎明的时候，雨突然大了。像泼。像倒。

山洪咆哮着，像一群受惊的野马，从山谷里狂奔而来，势不可当。

近一米高的洪水已经在路面上跳舞了。死亡在洪水的狞笑声中逼近。

水渐渐蹿上来，放肆地舔着人们的腰。

师：读着读着，你们仿佛看到了什么？（指名说）

生：我仿佛看到了可怕的洪水，也仿佛看到了惊慌的村民。

师：同学们想象力很丰富，仿佛能读出画面感，这也是一种读书的本领。

师：这么丰富的画面，作者写作时仅用一个词就能表现出来。请看这两句"像泼。像倒"，像这样的句子，一个词也是一句，我们叫它短句。我们再来读读这些短句，注意要停顿，"像泼。像倒"是两个句子。谁来试一试？（指名读）这样短的两个字组成的一句话，你读后的感觉是什么？（语言简练，读起来有紧迫感）这就是文字传递的紧张，谁再来试试读这两句短语？（指名读）我们读的时候要读得再干脆些，你再来试试。（评价学生读：这次读得更好了，短而有力！）大家再来听听老师怎么读！（范读）

师：这篇小说中还有很多这样的短句，让我们再次通过朗读来感受短句的独特魅力。（放音乐齐读句子）

师：这哪是洪水呀！这分明就是——（魔鬼），课文运用了大量短句，让读者也感到恐惧。

四、品味言行，概说人物

师：请你再细读课文，在这种危急的环境下，文中的哪些人物深深感动了你？请小组合作学习，找出文中最让你们感动的人物，并找出相关的语句，谈谈体会。

1.小组合作探究。

感动人物表

感动人物	感动瞬间 （相关语句、词语）	感动理由

2. 小组代表汇报，其他小组认真听汇报，然后补充交流，着重指导以下句子。

生1读："老汉清瘦的脸上淌着雨水。他不说话，盯着乱哄哄的人们。他像一座山。"并谈感受：老汉在乱哄哄的人群中还能那么镇定，我能感受到老汉当时的沉着冷静，就像一座山。

师评：你真会学习！

师：把老汉比作山给我们的感觉是——冷静、镇定、有威信，老师再请一位同学读读这句。（指名读）我们再来听听其他小组的感受。

生2读："突然，那木桥轰的一声塌了，小伙子被淹没了。"并说出感受：洪水无情，木桥塌了，小伙子就没了。

师：还有第三位同学做代表与我们分享打动她的地方。

生3读："桥窄！排成一队，不要挤！党员排在后边！"

师：读书要会看标点，我们一起来看看这段话有三个感叹号。听听老师怎么读（范读，指名多生读）。

师评：读得再有力些、坚定些。老汉的声音虽然沙哑，但是传来的声音却像大山一样坚定。再请同学试试。（指名读）

师评：嗯，声音有力而坚定，读出了老支书的气势。

师：我们一起合作读读句子：（师生合作读，老师读旁白，学生读感叹句）

老汉沙哑地喊——"桥窄！排成一队，不要挤！党员排在后边！"

老汉坚定地喊——"桥窄！排成一队，不要挤！党员排在后边！"

师：一处神情、一处语言，让我们感受到了人物老支书的形象。小说描写一定离不开动作的描写，请你找出动词。

3. 抓住"揪、推"来教学。

"老汉突然冲上前，从队伍里揪（jiū）出一个小伙子，吼道：'你还算是个党员吗？排到后面去！'老汉凶得像只豹子。"

师：请看屏幕，读读这句话。（生读）

评：好凶的支书，谁能比刚才的同学读得更凶。（再指名读）此时的老汉比豹子还要凶。（多生读）

师：文中有一个与"揪"相反的动作，请同学们找找。

（出示：小伙子推了老汉一把，说："你先走。"）

　　老汉吼道："少废话，快走。"他用力把小伙子推上木桥。

　　师：你找到了吗？谁来读读这段对话？（指名读）这一推又让你有什么感受？（感受到关键时刻小伙子对老汉的关心）

　　师：这一推推出了——父子情深！

　　师：他们是在什么情况下互相推让？

　　（出示：木桥开始发抖，开始痛苦地呻吟）

　　"水，爬上了老汉的胸膛。最后，只剩下了他和小伙子。"

　　师：同学们，我们来分角色朗读，再次感受一下这对父子之间深深的爱。

　　（女同学读老汉的话，男同学读小伙子的话，老师读旁白）

　　（出示：木桥开始发抖，开始痛苦地呻吟）

　　"水，爬上了老汉的胸膛。最后，只剩下了他和小伙子。"

　　小伙子推了老汉一把，说："你先走。"

　　老汉吼道："少废话，快走。"他用力把小伙子推上了木桥。

　　师小结：作者善于抓住动作描写来刻画人物形象，这也是小说吸引人的魅力所在。

　　五、聚焦结尾，体会表达

　　师：同学们，这篇小说的结尾耐人寻味，值得细细品赏。让我们静静地看，轻轻地读一读这个结局。

　　出示句子，指导朗读。听老师读读。（配乐示范读）

　　五天以后，洪水退了。

　　一个老太太，被人搀扶着，来这里祭奠。

　　她来祭奠两个人。

　　她丈夫和她儿子。

　　师：全体同学一起读读这个结局，语言轻柔一些。（齐读）

　　师：是啊，党员排在后边，必须这样，即使是自己的儿子也不例外。从这个故事中你感受到这是一位怎样的党员呢？（不徇私情、舍己为人、临危不乱、忠于职守等）

　　师小结：故事的结尾出人意料，简短的文字却营造了震撼人心的艺术，这就是微型小说的特点之一。

六、总结概括，布置作业

师：同学们，这节课我们品味了《桥》这一课的独特语言，也感受到了像一座山似的人物形象，下节课，我们再来学习写小说的方法。课下请完成这几项作业：

1. 有感情地朗读课文。

2. 准备课外书《草房子》，画出环境描写的句子，钉钉群语音分享。

下课，同学们再见！

七、板书设计

《桥》临危不乱、不徇私情 ⎰ 山洪暴发
　　　　　　　　　　　　　临危不乱 ⎰ 舍己为人
　　　　　　　　　　　　　化险为夷

《桥》第二课时课堂实录

深圳市龙岗区平安里学校　李莹萍

【教学目标】

1. 研读课文，结合人物言行，关注环境描写的特点和作用。

2. 通过对比阅读，体会小说环境对人物形象的刻画作用，初步感知小说的环境创作手法。

3. 通过片段练笔，培养学生运用环境描写的创作手法刻画人物形象的能力，尝试小说创作。

【教学重难点】

重点：研读课文，关注环境描写——洪水肆虐的危机情景，结合老支书的动作、语言、神态，感受老支书忠于职守的信念和舍己为人的精神品质，理解环境描写对老支书人物形象的塑造作用。

难点：通过对比阅读《穷人》与《桥》的环境描写的不同之处，感知环境描写对刻画人物形象的不同作用，进行环境片段创作。

【教学准备】

导学单、教学音频、课件。

【教学过程】

一、复习导入，感知人物

师：同学们，上节课我们看见了疯狂肆虐的洪水、摇摇欲坠的木桥。危难时刻，我们的英雄老书记挺身而出，这是一位怎样的老支书？

生1：在灾难面前不畏惧，在死亡面前，以人民群众利益为主，我认为这是一名临危不惧、舍己为人的老支书。

生2：洪水来临时，沉着冷静地指挥群众撤离，老支书像一座山。

生3：危难时，能从群众中揪出儿子，最后儿子也牺牲了，确实是一名大公无私、不徇私情的老党员。

师：能从多角度评价人物，你们真善于评价人物。

（过渡）从小说的结局，我们看到无情的洪水还是吞没了老汉和他的儿子，这篇小说情节构思巧妙，结局耐人寻味。这节课，我们走进这篇小说的环境描写，体会环境是如何刻画人物形象的。

二、研读人物，关注环境

师：请同学们细心听课文音频，再次走进这场山洪暴发的现场，边听边在课文中用直线画出描写雨、洪水的句子，填入学习单内。

学习单

雨、洪水（环境）	人物	
	群众	老汉
黎明的时候……势不可当		
近一米高的洪水……跳舞了		
死亡在洪水的狞笑……逼近		
水渐渐窜上来……舔着人们的腰		
水，爬上了老汉的胸膛		
一片白茫茫的世界		

（播放课文音频，学生边听边圈画批注）

师：同学们，你们找的和老师画线的一样吗？我相信这难不倒你们。

（过渡语）"瞧，这势不可当，咆哮着的洪水来了！请同学们默读课文思考，面对洪水，村民和老汉分别有什么样的表现？用提取关键词的方法，找出群众和老汉的言行表现。

师：请两位同学和大家分享。

（投影出示学生的学习单1、学习单2）

学习单1

学习单2

师：这两位同学真细心，找得很认真，和李老师的很相似呢！

学习单

雨、洪水（环境）	人物	
	群众	老汉
黎明的时候，雨突然大了。像泼。像倒	惊慌地喊	不说话
山洪咆哮着，像一群受惊的野马，从山谷里狂奔而来，势不可当	你拥我挤	盯着
近一米高的洪水已经在路面上跳舞了	疯了似的	像一座山
死亡在洪水的狞笑声中逼近	跌跌撞撞	冷冷地说
水渐渐窜上来，放肆地舔着人们的腰	乱哄哄	冲上前
水，爬上了老汉的胸膛		吼

师：请同学们对比群众和老支书的言行，你有什么感受？

生4：在这万分危急的关头，我能感受出群众都慌了，更能对比衬托出老支书面对洪水时的沉着冷静、临危不惧。

师：真会思考！

（课件出示环境描写删减后的文章）

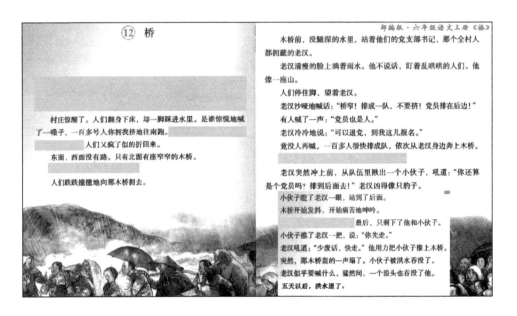

看，李老师把环境都删去了。请同学们读一读，然后思考：小说里面的环境描写和小说人物老支书有关系吗？能否把环境描写都删去？（生思考，指名回答）

生5：我认为有关系，不能删去。洪水越大，情况越危急，才能体现出老支书的沉着冷静，临危不惧。

生6：我也认为不能删去，老支书的言行是在特定的洪水灾难面前，自然而然发生的。

师：你们真善于思考。环境是小说基本的构成要素。任何小说，它所描述的情节和刻画的人物，都只能在一定的社会环境和自然环境条件下存在。因此，环境对于塑造人物形象和展现情节都具有重要的意义和作用。

师：老师还有个问题，想请同学们帮助解答。请同学们再仔细观察我们课文《桥》描写雨、洪水的句子，思考本文环境描写的语言具有什么特点，在文中又起什么作用呢？（生思考，指名回答）

（课件出示句子）

黎明的时候，雨突然大了。像泼。像倒。

山洪咆哮着，像一群受惊的野马，从山谷里狂奔而来，势不可当。

近一米高的洪水已经在路面上跳舞了。

死亡在洪水的狞笑声中逼近。

水渐渐窜上来，放肆地舔着人们的腰。

一片白茫茫的世界。

生7：句子运用了比喻、拟人的修辞写了洪水的变化特点，像受惊的野马狂奔，越来越大，越来越凶猛。

生8：我还注意到这些句子的语言描写，都非常简短。

生9：句子渲染了一种紧张、危急的氛围，所有的村民都很紧张、慌乱逃生。

师：集体的智慧真了不起！《桥》描写雨、洪水的句子都很简短。例如开篇的雨"像泼。像倒。"短促有力，突出了暴雨迅猛有力的特点，为下文山洪暴发做了铺垫，渲染了紧张的氛围。

可以总结出：环境描写，既渲染氛围，推动故事情节，同时还刻画人物形象。

师：《桥》这篇小说，作者用寥寥数语去交代雨势大，山洪来势凶猛，我们能不能认为我们进行小说创作时，环境描写越短促效果越好呢？请看另一篇小说《穷人》，找出环境描写部分的语句自己读一读。李老师请一位同学分享，其他同学听，关注这篇小说环境描写的特点。

（课件出示《穷人》开篇的环境描写）

渔夫的妻子桑娜坐在火炉旁补一张破帆。屋外寒风呼啸，汹涌澎湃的海浪拍击着海岸，溅起一阵阵浪花。海上正起着风暴，外面又黑又冷，但这间渔家的小屋里却温暖而舒适。地扫得干干净净，炉子里的火还没有熄，食具在搁板上闪闪发亮。在挂着白色帐子的床上，五个孩子正在海风呼啸声中安静地睡着。丈夫清早驾着小船出海，这时候还没有回来。桑娜听着波涛的轰鸣和狂风的怒吼，感到心惊肉跳。

三、对比阅读，感悟方法

师：谁来给大家读读这段文字？其他同学认真倾听，听后有什么感受？（指名读，其他同学听并思考）

师：这段文字在写法上给你什么感受？

生10：《穷人》这篇小说的开篇环境部分描写得很细致。

师：和《桥》作对比，这里的环境描写并不短促。同学们认为环境描写简短一些好，还是详细描写更合适？

（生思考，指名回答）

生11：我认为这里更适合详细描写。

生12：我也认为在这篇《穷人》小说中，详细描写更好，能帮助我们深入当时的环境，从"干干净净的地板""闪闪发亮的食具"这些细致的描写中，可以了解桑娜是一位勤劳爱干净的人。

师：小说的环境描写，既会出现《桥》短句的形式，又有《穷人》细腻的环境描写。假如我们是小说创作者，当你创作小说时，面对环境描写，你会选择写短句还是写得细致详细？（生思考）

生13：我认为都可以。在小说中描写环境无论长短都是合适的，但是我们要根据情节、人物的需要决定。

师：你回答得真巧妙，将来你很有可能成为一名优秀的小说家！特定的环境描写，有助于塑造小说人物形象，是小说情节推进不可或缺的蓄势，无论长短都可以。那究竟怎样运用环境描写呢？老师送你们一句话：

（课件出示：一寸长，一寸强。一寸短，一寸险）

师：不同的环境描写、别出心裁的情节构思，都会影响小说创作的品质。

师，请回顾小说《桥》以及《穷人》的环境描写，进行环境描写时，你们有什么好方法，可以和其他同学分享小锦囊吗？

生14：我们可以学习《桥》运用比喻、拟人等大量修辞，使景物描写更加生动形象。

生15：我们可以仿照《桥》运用短句渲染紧张、危急的氛围。

生16：我认为也可以参照《穷人》，抓典型的景物，用细致长句的描写来表现特定场景，刻画人物形象的性格或品质。

师：这些真是好方法！同学们，就让我们也运用这些小锦囊，来写一写小说的环境，比一比谁是优秀小作家！

四、片段练习，学以致用

师：请看两个情境，任选其一进行环境和情节创作，注意你的环境描写和情节要刻画出特定的人物形象特点。

（课件出示）

情境1：开满杜鹃花的校园

情节：上学走进校园

人物："淘气包"张明

情境2：突如其来的暴雨

情节：有个值日的同学忘带伞了

人物：热心肠的王莉

（生写，师巡视指导）

师：同学们写得很用心。谁来分享你的片段？请其他同学认真倾听，想想他哪儿写得好？（指名读）

生17：我选择情境1。

张明今天开学了！他走进校园，发现校园里开满了杜鹃花。他盯着花，闪过念头，伸手摘花，开始"仙女散花"。这时班主任走了过来，制止张明的行为并惩罚张明在校园栽种杜鹃花。张明辛苦完成任务。一段日子过去了，他栽的花已经长出了几个小花苞，可是几个小孩子过来打闹、摘花。张明生气极了，这时他明白过来了。

一星期后花开得很美。

生18点评：我能从张明"摘""仙女散花"的动作，感受到他是一个淘气包。

（指名生分享）

生19：我也选择情境1。

又到了学生返校的时间，此时校园已经开满了杜鹃花。张明是众人皆知的"淘气包"，他一摇一摆地走进校园。校园里五颜六色的杜鹃花开了：有粉的、有紫的，还有白色的；有的含苞待放，有的已经绽放，仿佛在神气地展现出它们最美的一面。张明一看，立刻小跑到树下，摘下了许多杜鹃花，又把它们往天上扔，原来他在表演仙女散花呢！当花掉到地上时，他又用脚去踩烂这些可怜的花，脸上还洋溢着欢快的笑容，真是令人讨厌极了。

（指名点评）

生20：从"有粉的、有紫的，还有白色的以及有的……有的……"这句话，我能感受出杜鹃花真美呀，开满了整个校园，但是张明真淘气！

师：从第二位同学的环境描写中，李老师也感受出了杜鹃花的生机勃勃，引出了张明淘气的行为。我们再看情境2。（指名分享）

生21：一天下午，天空黑沉沉的，好像马上要下雨了。值完日的同学刚准备出校门，天空就下起了倾盆大雨。她站在门口，望着大雨，急得像热锅上的蚂蚁，原来她忘带伞了！这时卫生小组长王莉走了过来，关切地问："你怎么还不回家？"

"我……我忘带伞了，电话也没带。"王莉想想，拿出自己的伞，"这个借给你，我不用伞。"

"谢谢，这雨这么大，你没有伞怎么办？不如我们一起走吧。""可以呀。"于是两个女孩手拉手走出了校门口。

生22：从王莉和同学的对话中，我能感受出王莉是个热心肠的女孩，但是它的环境描写没有体现突如其来的暴雨。

师：你观察得很仔细，我们再欣赏其他同学的创作。（指名分享）

生23：天渐渐暗了。"轰隆隆！"一声惊响过后，天空下起了倾盆大雨。乌云密布，电闪雷鸣。有一位值日的同学忘记带伞了。在教室门口，她皱起眉毛，不时地抬头，急得像热锅上的蚂蚁。这时，班长王莉出来看见了，她打开书包，拿出自己的伞往同学怀里一塞，说："我家近，你用吧！"说完便冲进雨里，消失在雨中。

生24：我从"轰隆隆、乌云密布、电闪雷鸣"几个短句，能感受到雨势的凶猛。

师：这几句短句用得真巧妙，谁再来分享？（指名分享）

生25：放学时，雨突然下起来了，像泼。像倒。"哗啦啦"豆大的雨点拍打着窗，像一群疯了似的魔鬼挤进教室。教室门口，值完日的同学来回踱步，"哎呀，怎么下雨了呢，我可没带伞，怎么办呀！"她急得眼眶渐渐湿润了。这时，班长王莉出来了，她上前安慰道："我把伞借给你吧，学校离我家近，我不怕的。"

生26："像泼。像倒""豆大的雨点……像……魔鬼挤进教室"，这两句话既模仿了课文的短句，又运用了比喻的修辞，我感受到了暴雨的突如其来，且来势凶猛。

师：能结合关键词点评，你真厉害！通过刚才的展示，李老师发现，同学们都能很好地用上小锦囊里的方法了。

小说故事是虚构的，却又有生活的影子。我们读起来，仿佛在生活中发生过一样的故事。无论是"淘气包"张明，还是热心肠的王莉，甚至是我们课文中大公无私、舍己为人的老支书，我们都能在生活中找到他们的影子。

五、拓展延伸，布置作业

师：走出《桥》，走进生活，我们依然会遇到那位"老汉"，无论是汶川地震，还是"山竹"台风暴雨，或是2020年的新冠疫情……自然灾害来临时，无助的苍生总是能与"伟大的人物"相逢，我们会看到很多普通却神圣的灵魂，那是"人"应有的模样！

（师播放"抗疫视频"，生思考）

师：同学们，如果将来要想成为一名作家，我们应该善于用心体会生活中的平凡事物，用心观察生活中平凡人物背后的不平凡，做生活的有心人。

师：请同学们自由选择完成下面的作业。今天的课上到这里，下课！

（出示课件）

1. 阅读《草房子》，关注书中描写环境的语言，摘录精彩的环境描写片段或语句。

2. 新冠疫情期间，抗疫一线涌现出许多英雄人物，请收集抗疫期间的英雄人物事迹，以这些人物事迹为原型，尝试创编微型小说。题目自拟，字数不限。

六、板书设计

桥

老支书　舍己为人　大公无私

环境作用　　渲染故事氛围

推动故事情节

刻画人物形象

◆◆ 备课解析 ◆◆

基于文体意识下的小说教学策略例谈

——以统编版六年级第四单元《桥》为例

深圳市龙岗区平安里学校　彭　余

　　小说是最准确、最艺术化地还原生命或生活本质的文体，有着其他文体所无法企及的高度。小说阅读教学对提升学生整体阅读能力，拓展他们的阅读视野有着极其重要的作用。但因为小说语言形式和题材内容上的丰富多样，小说相对其他文体的阅读教学，显得更难以把握。教师常常会有这样的感觉，小说文本越细读，越不知道教什么，要么带着学生机械地分析小说三要素，要么花大量的课堂时间去介绍小说作者的生平，或者去做表面的主题延伸阅读。之所以出现这样的情况，是因为教师在进行小说阅读教学时没有清晰的文体意识。

　　小说是虚构的，一提到小说的文体特点，我们最先想到的就是小说的三要素，但要注意小说的三要素不等于小说文体特点的全部。小说的表达是极度个性化和风格化的，不同类型的小说具有不同的表达特点。我们在教学时，不应该千篇一律，更不能只从三要素来解读文本。小说阅读教学，要找到每一篇小说的独特之处与教学价值，并据此进行教学，小说的文体决定了小说的教学内容，决定了小说的"不同的教法"。要在把握小说共有文体特征的基础上，实施有差异的教学，才是正确的小说阅读教学行为。而小学生接触小说，了解该类文体的特点，初步习得小说阅读的能力，对提升学生整体的阅读兴趣、拓展阅读视野是十分重要和必要的。

　　一、关注课标要求和语文要素，正确拟定小说阅读教学目标

　　现行的部编版小学语文教材中，小说主要集中出现在五年级下册第二、第五单元（名著节选）和六年级上册第四单元、六年级下册第二单元（名著节选）。

（一）关注课标

小说属于叙事性文体的一类，在课标中，叙事类文体的阅读教学在不同学段有着不同的要求。如在第二学段，课标要求"能复述叙事性作品的大意，初步感受作品中生动的形象和优美的语言，关心作品中人物的命运和喜怒哀乐，与他人交流自己的阅读感受"。四年级下册第六单元课文《小英雄雨来》的课后练习"照样子列小标题，说说课文主要内容"指向的就是小说三要素中的"情节"，但依据课标要求，考虑到学生的层次阶段，这里的情节只是概括把握，而不在于领悟构思的巧妙。而到了第三学段，课标又是这样阐述的："阅读叙事性作品，了解事件梗概，能简单描述令自己印象最深的场景、人物、细节，说出自己的喜爱、憎恶、崇敬、向往、同情等感受。"比如五年级下册《景阳冈》的课后练习"按照故事的发展顺序，把内容补充完整，再说说故事的主要内容"，很明显，对学生把握小说情节的要求更高了。

（二）关注语文要素

了解了课标的总体要求，教师还要关注教材里所明确提到的语文要素，正确解读教材编者的编排意图。现在我们所使用的统编版教材相比人教版教材，已经非常明显地突出了小说的文体特征，如六年级上册第四单元的单元导读便清晰地告诉我们：读小说，要关注情节、环境，感受人物形象。这些便是教学中要落实的语文要素，关注到语文要素，教师便不会局限在小说教学的人文主题里，为教师用教材教语文提供了明确指引，能有效避免教学中的随意性和模糊性。从学生学习的角度来看，学生关注语文要素可以帮助学生明确学习方向和重点，自主规划学习活动，自我评价学习效果。

需要注意的是，语文要素不等于"操作说明书"，不能简单地把语文要素当作静态的知识去教授，否则语文教学就可能变得有知无趣、有知无用。以六年级上册第四单元小说课文为例，可以如此落实语文要素：精读课文教学——《桥》《穷人》（欣赏之余，学习与训练语文要素）；略读课文教学——《在柏林》（巩固和运用语文要素）；口语交际教学——《说服别人》（在情境与交互中梳理方法，学会表达）；习作教学——选取素材，创编故事，开展故事会（重在书面，将学习经验汇总外化为习作）；语文园地和快乐读书吧（意在积累和拓展，延伸知识视野，提高审美品位）。

当然，除了课文的编排外，课后的练习设计也有着非常明显的文体特征指向，也能帮助我们确立有效的教学目标。以《桥》为例，我们可以对这篇课文的课后问题做如下梳理分析：

1. 有感情地朗读课文，注意读好短句。（积累语句，感受短句的特点）

2. 这篇小说写了一位怎样的老支书？找出描写老支书动作、语言、神态的句子，结合相关情节说说你的理解。（梳理情节，感受人物形象）

3. 画出描写雨、洪水和桥的句子读一读，再联系老支书在洪水中的表现，说说这些描写对表现人物形象的作用。（体会环境描写对表现人物形象的作用）

4. 小说最后才点明老支书和小伙子的关系，和同学讨论这样写有什么好处。（关注情节设计，突出人物形象）

依据这样的分析，我们便可以设立这样的教学目标：

（1）正确认读本课8个生字，积累"咆哮""狞笑""放肆"等词语。

（2）能有感情地朗读课文，感受短句的特点。

（3）梳理情节，通过老支书的神态、语言、动作，感受人物形象。

（4）能找出环境描写和关注情节设计的巧妙，体会对刻画人物的作用，学习小说的创作手法，塑造人物形象。

既关注到课标的总体要求，也关注到具体的语文要素，才能正确把握和拟定小说阅读的教学目标。

二、巧用小说阅读教学策略，有效培养学生小说阅读能力

小说教学固然可以教给学生很多东西，但小说教学的关键是使学生学会如何阅读小说，培养其阅读思维，并能够很好地迁移表达。如何引导学生阅读小说，提高其阅读思维和表达能力呢？笔者以小说《桥》的教学为例，来谈谈小说的阅读教学策略。

（一）朗读品悟，体会小说传神的语言艺术

《桥》这篇课文尽管语言简洁，但仍值得细细品读一番。教师可引导学生画出描写洪水的句子，并想象画面，读出自己的理解和感受。通过朗读使学生身临其境地感受到当时命悬一线的情境，从而意识到环境的恶劣，为后文刻画人物形象做铺垫。

教学片段1：

师：快速浏览课文，把描写洪水的句子画出来，想象画面，读出你的理解和感受。

学生汇报交流，PPT出示句子。

生1读：黎明的时候，雨突然大了。像泼。像倒。

师：声音再响亮点，好像读出"这雨很大很大的样子"来。

生2读：山洪咆哮着，像一群受惊的野马，从山谷里狂奔而来，势不可当。

师：再请一位同学读这句，读出洪水的凶猛。

生3读：近一米高的洪水已经在路面上跳舞了。死亡在洪水的狞笑声中逼近。

师：是什么在逼近？是死亡啊！这是一个拟人句。说洪水在跳舞说明水势之大，我也会想到好似是魔鬼在跳舞，甚至有些狂野。再请一位同学来读读，注意带上表情读。（出示视频）我们一起读出感觉来（齐读）。

生4读：水渐渐窜上来，放肆地舔着人们的腰。

师：这水舔到腰了，舔得我——胆战心惊。如果用一个字或一个词来形容这场洪水，你会用什么字？（凶猛、狂野、可怕等）师生合作读。（PPT出示描写洪水的句子）

黎明的时候，雨突然大了。像泼。像倒。

山洪咆哮着，像一群受惊的野马，从山谷里狂奔而来，势不可当。

近一米高的洪水已经在路面上跳舞了。死亡在洪水的狞笑声中逼近。

水渐渐窜上来，放肆地舔着人们的腰。

师：读着读着，你们仿佛看到了什么？（指名说）

生5读：我仿佛看到了可怕的洪水，也仿佛看到了惊慌的村民。（同学们能读出画面感，这也是一种读书的本领，想象力真丰富）

师：这么丰富的画面，作者写作时仅用几个词就能表现出来。请看这两句"像泼。像倒"，像这样的句子，一个词也是一句，我们叫它短句，这就是短句的独特魅力，短而有力，短而丰富，让我们感受到了特殊的魅力。

生6读："像泼。像倒。"是两个句子。

师：这篇小说中还有很多这样的短语，让我们再次通过朗读来感受短语的独特魅力。（配乐齐读句子）

师：这哪是洪水呀！这分明就是——魔鬼！课文运用了大量短语，让读者也感到恐惧。

学生通过朗读和想象画面，感受到短语的独特魅力，便能悟到这一特定的环境描写的渲染作用。朗读能让学生仿佛置身于危急的灾难现场，朗读便是最直接有效的学习策略。

（二）分析人物，感受小说典型的人物形象

在小说当中，人物形象起着至关重要的作用。小说的人物具有鲜明的个性、典型的人格与独特的品质。在教学中，对小说典型人物形象的探究，仅仅让学生品读感悟人物的独特性是远远不够的，还要让学生感悟作者描写塑造人物的方法，知其然更要知其所以然。人物是在情节和环境中塑造的，因此人物形象的探究便可以从以下两个方面展开。

1. 结合环境描写，分析人物

在《桥》的教学中，老师可布置自学任务，填写表格，让学生先关注环境"雨、洪水"的描写，再用提取关键词的方法概括群众和老支书的言行，通过对比衬托出老支书面对灾难时的沉着冷静、临危不乱。学生通过分析，悟出这种通过环境描写，渲染氛围，为下文铺垫，塑造人物形象的方法。

教学片段2：

师：请同学们细心听课文音频，再次走进这场山洪暴发的现场，边听边在课文中圈画描写雨、洪水的句子，填入学习单内。

师：请同学们默读课文，用提取关键词的方法概括群众和老汉的言行。

学习单

雨、洪水（环境）	人物	
	群众	老汉
黎明的时候……势不可当		
近一米高的洪水……跳舞了		
死亡在洪水的狞笑……逼近		
水渐渐窜上来……舔着人们的腰		
水，爬上了老汉的胸膛		
一片白茫茫的世界		

师：真是细心的同学，概括得真准确。请同学们对比群众和老支书的言行，你有什么感受？

生：在这万分危急的关头，我能感受出群众都慌了，更能对比衬托出老支书面对灾难时的沉着冷静、临危不乱。

除此以外，教师还可以用对比阅读的方法来加深学生感悟。如引导学生对比分析《桥》和《穷人》中的环境描写，看看它们的环境描写有什么相同和不同的地方。《穷人》的环境描写，作用和《桥》相似，但是《穷人》的环境描写更细腻。学生在对比阅读中，更能够领悟到环境描写在人物塑造上的重要作用。

2.结合故事情节，分析人物

梳理故事情节是阅读小说的关键和基础，也是感受人物形象最根本的方法。

《桥》在情节的设置上不断地制造冲突与悬念，尤其是："突然冲上前，从队伍里揪出一个小伙子……用力地把小伙子推上木桥，木桥坍塌小伙子和老汉被洪水吞没……"五天以后老太太祭奠丈夫和儿子，得知老汉和小伙子是父子关系，突出老汉不徇私情、舍己为人的品质。

教学片段3：

师：同学们，这篇小说的结尾耐人寻味，值得细细品赏。让我们静静地看，轻轻地读一读这个结局。

出示句子，指导朗读。听老师读读。（配乐示范读）

五天以后，洪水退了。

一个老太太，被人搀扶着，来这里祭奠。

她来祭奠两个人。

她丈夫和她儿子。

师：全体同学一起读读这个结局，语言轻柔一些。（齐读）

师：是啊，党员排在后边，必须这样，即使是自己的儿子也不例外。从这个故事中你感受到这是一位怎样的老支书呢？（不徇私情、舍己为人、临危不乱、忠于职守等）

师小结：故事的结尾出人意料，简短的文字却营造了震撼人心的艺术，这就是微型小说的特点之一。

最后的结局巧妙呈现，是最打动人的地方，这便是情节设置的力量。我们在教学时，应该引导学生把目光放在作者是如何制造"冲突"和设置"悬念"上，让学生明白这么设置的作用是什么，从而了解小说的文本特点。

（三）表达运用，内化吸收小说的写作方法

通过朗读感悟，对比阅读，学生认识到了环境描写的作用，但只停留在认识上是不够的。光说不练假把式，教师可在学生有所感悟的基础上引导他们由输入转向输出。如《桥》这一课在环境描写上运用了许多比喻、拟人等修辞手法，尤其是抓典型景物描写表现特定情境的写作技巧，是环境描写成功的关键。教师在引导学生充分朗读感悟之后，可以借助图片、影音等手段，设计出示生活中的一些情境，让学生展开合理想象，联系自己的生活经验，写一写环境中的人物。

相信在这种切身的写作实践和分享交流中，学生对小说这一艺术形式会有更深刻的理解。

当然，教师在小说教学时，还可以有更大胆的探索。例如，教师教学小说时可依据作品的篇幅、国籍、年代、主题等来归类重组；再如，同样是出自中国古典长篇小说，《草船借箭》是改编的，易于理解，《景阳冈》《猴王出世》则是节选的，语言介于文言文和白话文之间，这两种小说在语言风格上是有差异的，教师可以有意识地引导学生发现这种差异；也可以按篇幅进行分组，如微型小说、短篇小说、长篇小说等。类似于这样的归类重组，能更好地开阔学生的阅读视野，提升他们的阅读思维。

总而言之，眼中有文体，心中存意识，把握好小说的文体特征，采取相应的教学策略，才能教好小说。

参考文献

［1］王荣生.小说教学教什么［M］.上海：华东师范大学出版社，2007.

［2］谢海平.文体意识下的小说类课文教学策略［J］.教育·教学科研，2018（43）.

基于文体意识的说明文教学有效备课研修案例

【参与人员】

组长：陈婉玲　龙岗区兰著学校

组员：黄苏钰　龙岗区兰著学校

　　　李琳逸　龙岗区聚英小学

　　　徐　影　龙岗区依山郡小学

【研讨过程】

问题一：当前说明文教学存在哪些问题？

陈婉玲：想要改进说明文教学策略，我们必须先了解当前说明文教学面临的问题。今天我们来聊一聊当前说明文教学存在的问题。我反思了自己之前的说明文课例，也回顾了之前其他老师的一些课例，查了一些文献，就像朱萌在《小学语文说明文教学现状及策略研究》里提到的"没有注重说明文与其他文体的区别"，说明文教学与其他记叙文之类的教学流程没有差别，长此以往，对文体的淡薄也会让学生对说明文这一文体的概念较为模糊。

李琳逸：我补充一点，就是我们在说明文教学过程中很容易聚焦于说明方法而忽略了品析语言，忽略了整体行文的品读，这样，文章被肢解为知识的条条框框，而忽略了语文教学"工具性"与"人文性"的统一。

黄苏钰：还有一点就是我们在教授说明方法的时候也显得比较生硬，只是生硬地把概念灌输给学生，学生并没有很好地理解说明方法。

徐影：是的，很多学生上完课后还不是很理解具体某一种表达方法有什么表达效果，最后几种说明方法都混淆了。

陈婉玲：那我总结一下刚刚我们提到的当前说明文教学存在的问题：一是文体意识淡薄，没有注重与其他文体的区别；二是说明方法的教授没有落到实处，学生对说明方法的表达效果不够理解，对说明方法的习得停留在表面；三是在教学过程中容易把握不当，忽略语文教学"工具性"与"人文性"的统一。

问题二：说明文文体的特点是什么？与其他文体有什么区别？说明文教什么？

陈婉玲：既然我们选择了说明文这一种文体，那么就得对说明文有充分的了解和认知。今天主要从以下三点进行研讨：

1. 了解说明文这种文体本身有什么特点。

2. 既然有不同的文体分类，那么说明文与其他文体相比有何不同，又特殊在哪里呢？

3. 说明文主要是想传递什么样的知识给学生？想要达到什么样的教学目标？

大家之前也收集了一些资料，再加上自己的知识积累，相信都有自己的看法，那么接下来大家一起分享讨论一下吧。

徐影：因为这一部分主要是我负责的，那我就先来抛砖引玉地说一下。之前确定我们研究课题的时候，我就先去查看一些前人的资料，发现大家对说明文的认知已经比较透彻了。从它的起源、含义、分类、特点、特殊性、教学作用等方面，都有了一定的文献积累。说明文其实很好理解，就是以"说明"为主要表达方式，以介绍某种事物为主要目的的一种实用性文体。从它的含义来看，我们能抓住两个点：表达方式和内容。所以我们后面在进行说明文教学设计的时候，一定要考虑到这两个点。还有，既然是为了介绍某种事物，那么它的语言就必须要精练，逻辑不能乱。所以我们在引导学生学习说明文的时候，一定引导学生遵循一定的逻辑，这样才不会乱。

陈婉玲：徐老师刚刚说的表达方式和内容确实是说明文教学中必须让学生掌握的两个点，但是我认为除了这两个点之外，还要考虑到课文里还蕴含了精神层面的内容，语文的工具性和人文性特征都要考虑到。

黄苏钰：陈老师这一点说得特别对，说明文教学时不仅要让学生了解和认识文中介绍的事物、学会介绍事物的表达方式，还要学会从说明文中获取一些精神和思想层面的积累。我们还可以通过扩展延伸的方式来促进学生思想情感的成长。

李琳逸：你们说得都不错。那我再补充一点你们没有提到的内容：说明文与其他文体的区别，也就是说明文比较特殊的地方。相较于议论文的哲理性、记叙文的形象性和抒情文的情感性特征来说，说明文最突出的特征是知识性。说明文最主要的目的是传递"已知的正确的知识"，因此，它的内容具有科学性，语言需要严谨准确，陈述方式要条厘清晰。而这些特殊性都是其他文体所没有的。

陈婉玲：今天的研讨总结下来就是：我们在进行说明文教学时，要充分考虑到说明文内容的工具性和人文性两个方面，不仅要教内容和方法，也要注重提升学生的思维。同时要分清主次，注意区分说明文与其他文体的区别，重点把握好说明文的知识性、科学性、逻辑性和严谨性等特点，充分发挥独特的教学作用。

问题三：说明文文体的价值是什么？

陈婉玲：我们已经对当前说明文教学存在的问题、说明文文体特点等有一定的研讨，下面我们来聊一聊说明文体的价值。《义务教育语文课程标准（2011年版）》提到"现代社会要求公民具备良好的人文素养和科学素养"。根据课标指引，小学教材中的科普说明文就承载着普及科学知识、激发学生热爱科学、引发学生探索科学奥秘的任务。不管是引导学生科学知识的习得还是兴趣的激发，针对学生长远科学素养的培养，说明文的教学价值与意义都不可小觑。

黄苏钰：是的，我查了一些文献，朱萌在《小学语文说明文教学现状及策略研究》里面关于说明文的价值提到"说明文承载的科学知识和严谨的表达方式被忽视，文体价值没有得到重视"。说明文作为一个独立的文体，文本本身已经具备自我价值，而对文体的忽视往往也导致其价值被忽视，同理，正因为我们对说明文价值认识不到位，也导致了教学中文体意识薄弱等问题。

徐影：对的，而且现在正是高科技发展的时代，科学技术更迭日新月异，对于现在的学生，科学素养的培养非常具有时代意义。

李琳逸：是的，说明文这类文体旨在向孩子们传递科学知识，但我们不仅要看到文本表面传达的科学知识，还得激发学生对这类文本的关注以及探索科学奥秘的兴趣，挖掘文本对于学生科学素养引导与培养的更多可能。

陈婉玲：还有一点，就是说明文这种文体本身逻辑性很强，因此学习该类文体，对于培养学生的逻辑思维有很大的引导意义。

黄苏钰：尤其对于高年段的学生，逻辑思维的引导确实很有必要。而且，说明文本身用词严谨准确，学生可以在品析语言的过程中感受语言特点，学习用词的精准与严谨。

陈婉玲：是的，这些都是文本可视的价值呈现，还有长期对学生科学素养的熏陶，引发学生对当代科技的关注等。

徐影：对，从低年段到高年段递进引导，如果一如既往地贯穿对文本价值的开发，那么文本对学生科学素养的养成就会发挥最大价值。

陈婉玲：那我总结一下我们刚刚讨论的，说明文文本价值首先从文体出发，普及科学知识，对学生的逻辑性思维、用词的精准与严谨都有重要引导；其次是激发学生热爱科学、探索科学奥秘的热情；最后就是结合时代特征对于学生科学素养的培养。

问题四：关于《太阳》一课教什么的研讨。

陈婉玲：在之前的研讨中，我们已经获取了大量的资料信息，相信大家对我们的课题研究都有了自己的看法。今天我们就具体讨论下《太阳》这一课主要教什么。

黄苏钰：本次课例中，我和李老师选择了统编版小学语文教材五年级上册第15课《太阳》。我们看了统编版一到六年级的教材，发现只有五年级上册第五单元明确提出了阅读说明性文章，了解基本说明方法，用恰当的说明方法把某一种事物介绍清楚的单元目标。其他单元没有明确提出"说明性文章""说明方法"这些概念，要么只是停留在对说明文的感性认知，要么干脆就没有说明文。

另外，本单元只有《太阳》和《松鼠》两篇课文，其中《松鼠》是文艺性说明文，说明方法的使用并不突出，所以我们最终选择《太阳》这篇课文。李老师负责第一课时，我负责第二课时。

徐影：我先跟大家分享一下我的看法。我认为要讨论一个课时教什么内容之前，我们首先要根据之前收集的资料确定一下整篇课文我们的教学目标是什么，这样才能更好地确定每个课时应该怎么分工。《太阳》是一篇五年级的说明文，在充分考虑说明文教学目标的同时，我们还要充分考虑到学生的学情，也就是学段目标，千万不能出现"串级"教学的现象。此外，教材中的单元教学导读部分，也是帮助教师确定教学目标的有效材料，我们都需要兼顾。

李琳逸：是的，基于课标学段要求和本单元的单元要素，我将《太阳》第一课时的教学目标定为以下三个：

1. 会认"摄""殖"等4个生字，会写"抵""殖"等10个生字。正确读写"繁殖""水蒸气"等11个词语。

2. 梳理课文内容，了解课文是从哪些方面介绍太阳的，了解太阳对人类有哪些作用。

3. 初步学习阅读说明文，了解列数字、打比方等说明方法。

陈婉玲：目标很清晰，需不需要加上一个梳理说明文的写作逻辑顺序？因为这个是文体特点，课标也有提及。

黄苏钰：这样，第一课时的内容会不会太多？

陈婉玲：稍微提及一下就可以了，放在梳理课文那块。

李琳逸：好的，我加上去。

徐影：那第二课时的目标是什么呢？

黄苏钰：在第一课时中，李老师带着学生了解课文中使用的说明方法，第二课时主要是让学生品味这些说明方法的妙处，并让学生试着用恰当的说明方法把某种事物介绍清楚。

徐影：这个目标很明确。需不需要再加一个，在课堂上拓展一些课外的知识，培养学生的科学精神和探究精神呢？

黄苏钰：之前我也考虑过这个问题，但课堂时间有限，让学生用说明方法来介绍一种事物就已经很花时间了，我打算布置相关课后作业，让学生课后再收集自己感兴趣的科学知识，培养学生的探究精神。

问题五：说明文这类文体怎么教？聚焦《太阳》一课怎么教？

陈婉玲：关于说明文的教学内容，我们之前已经做了研讨，那么，具体说明文应该怎么教才能更好地修正之前教学中出现的问题呢？我查了很多文献，首先就是引导学生找出说明对象，梳理文章传递的科学知识或者观点，不过有一点经常会被忽略的是：梳理行文逻辑。冯明月在《从文体特点出发，提升小学说明文教学效率——以苏教版五年级下册〈神奇的克隆〉一课为例》提到说明文教学改进策略就有：厘清文章脉络，习得内在逻辑。所以我们在教学中也得有意识地对文本的内在逻辑进行梳理。

李琳逸：好的，这一点确实需要加强。而且对于说明对象的引导也要注意方法，不能沦为老师的"一言堂"。

陈婉玲：是的，接着就是品析语言，要由浅而深品读出说明文语言独有的味道。冯明月在《从文体特点出发，提升小学说明文教学效率——以苏教版五年级下册〈神奇的克隆〉一课为例》提到说明文教学改进策略还有：了解说明方法，品析语言之"美"，说明文不需要像记叙文一样对细节进行精致的刻画，不需要像议论文一样对情感进行浓墨重彩的抒发。说明文要用最简洁的文字去解说事物、阐明事理，传递给人们以知识。但是，这并不代表它就不需要

"美"。说明文语言本身严谨准确，这就是它独有的美，我们在品析语言的时候要先自我反复读文本，自己把味道品读出来，才能感染学生。

黄苏钰：确实，对于说明文语言的品析要有针对性，从文体特点出发，才能挖掘出语言本身的"美"。关于说明文教学的改进策略，我也查了一些文献，陈芳在《小学说明文有效教学策略探微》中提到：说明文教学，教师应引导学生关注语言表达，特别是揣摩作者运用的说明方法，品味其对说明内容在表达上的多样灵活、合理到位，进而把握说明文的言语秘妙。因而，我们在教学中也应该引导学生对比理解不同说明方法的表达效果，从而引导学生深入品读说明文语言的精妙。

陈婉玲：是的，说明方法可是说明文的招牌特色。不过在品析语言的过程中要格外注意不要急着说出说明文语言的特色，正如王小龙在《小学语文课本中科普说明文的教学策略》中提到的，教师不是刻意地去讲说明文中的说明方法，而是引领学生饶有兴致地去阅读文本，让学生在与文本的反复对话中心领神会，对说明方法有所领悟、有所习得。这样的教学立足点在于让他们感性地"悟得"与"习得"。怎么悟？通过朗读让他们朦胧地感受说明方法，并通过品析词句，让他们形象地感受说明方法。

黄苏钰：好的，我在引导学生品析语言的时候要格外注意这几点。

徐影：关于说明文的教学策略，我也查了一些资料，最后还需要加强语文实践，实现知识的迁移运用。比如王小龙在《小学语文课本中科普说明文的教学策略》中提到的，在中低年段可以抄句子、做批注进行朦胧的感知运用，还有改写、仿写、补充创作等。

李琳逸：这些迁移的方式都很好。说明文教学还有一点要注意的就是丁伍红在《小学语文说明文教学策略》中提到的，我们全程都要有意识地渗透引导学生探索科学奥秘、了解科学知识的兴趣，培植学生的科学理性精神。这一点也必须重视。

陈婉玲：那接下来黄老师与李老师具体说说对于《太阳》一、二课时的教学初步想法。

李琳逸：在第一课时中，我在导入环节主要采用谈话法让学生明确说明对象，在"课文梳理，提取信息"这一环节中，我主要采用讨论法让学生梳理课文内容并完成思维导图，在"学习太阳特点，了解说明方法"这一环节中，我主要采用朗读法让学生感知说明方法。

陈婉玲：运用"谈话"导入，在学生与文本之间架起一座桥，引发学生读文章的兴趣，鼓励学生自觉探索其中的异同。

徐影：我个人觉得在"课文梳理，提取信息"这一环节中，应该在讨论前要重点强调下说明文的独特作用——传递客观而科学的知识。虽然说明文的语言不够华丽，但朴实无华的语言中蕴藏着科学。而后提问："我们要如何才能探索到这些伟大的知识呢？别慌，老师给你们准备了两个锦囊妙计，我们一起去文中解锁吧。"这样，学生的学习兴趣才不会减少。

李琳逸：是的，这样，学生就能潜移默化地吸收，也很好地承接了上下两部分的教学。

黄苏钰：我再补充一点，在感知说明方法的时候，朗读的方式可以多一些，比如齐读、男生读、女生读、小组读等。

陈婉玲：是的，让他们在读中朦胧感知，锦囊可以学完后出示，不仅起到小结的作用，也让学生有成就感。

李琳逸：对，第一课时对说明方法只是简单了解，不用深入，体会说明方法好处的任务还是要交给黄苏钰老师。

陈婉玲：还有就是了解完说明方法，是不是要检测学生的掌握情况，建议增加一个课堂小练习。

李琳逸：好的，我再加入一个判断是哪种说明方法的小练习，了解学生的掌握情况。感谢大家的建议。

黄苏钰：在第二课时中，我主要采用对比法让学生品味说明方法的妙处，我会改动课文中的句子，让学生对比一下改动前后有什么不同，哪个更好。然后我会采用课堂练习法，让学生将刚刚学到的说明方法运用到课堂练笔中。

李琳逸：具体怎么改动课文中的句子呢？

黄苏钰：我会把课文中原本使用说明方法的句子改成不使用说明方法，或者改成使用另外一种说明方法。

陈婉玲：这的确是一个简单有效的方法。我看到有的句子里有些词语用得很严谨，例如"差不多""抵得上"，我觉得也可以单独挑出来，让学生感受一下这些词语的作用。

黄苏钰：陈老师的建议真棒！我之前都没想到这一点，在讲说明方法的妙处时，也可以让学生感受一下说明文语言严谨、准确的特点。

李琳逸：但这样整节课只是对比、练笔，会不会太枯燥了呢？需不需要加一些趣味环节？

黄苏钰：这节课是上给五年级学生的，他们的注意力和自制力都比较强，我觉得应该没太大问题。

陈婉玲：要不适当加一些趣味性的语言，可以将品味说明方法的妙处做成一个闯关环节或者比赛环节，学生在对比一组组句子，其实就是在闯过一道道难关，闯关成功后还可以获得一个奖章。

黄苏钰：这个想法不错，不会耗费太多课堂时间，同时又有激励作用。

徐影：那你打算让学生品味文章中的哪几句话？文中使用说明方法的句子并不多，"其实，太阳离我们一亿五千万千米远"是列数字，"我们看到太阳，觉得它并不大，实际上它大得很，一百三十万个地球的体积才抵得上一个太阳"是作比较，将太阳比作大火球是打比方，后面在讲太阳和人类密切关系的句子可以说是举例子，但感觉又不是很典型。

黄苏钰：我也觉得是这样。后面在介绍太阳和人类的关系时，说是举例子，但举的例子好像又不够具体。所以我决定主要让学生感受列数字、作比较、打比方三种说明方法的妙处，这也参考了课后题第二题。列数字能让文章更准确，打比方能让文章更生动形象，作比较更能突出事物的某个特点。

陈婉玲：需不需要再详细一点？列数字使说明文的表达更准确，作比较使说明对象特点更容易理解，打比方使说明对象更生动形象。

黄苏钰：这个问题我也考虑过，但感觉这样的表达太复杂，反而加重了学生理解和记忆的负担，就笼统说成使文章怎么样，学生能够说到这个说明方法能突出太阳的某个特点就可以了，不要求非常专业的表达。毕竟单元目标中也只是让学生了解说明方法，并没有要求学生对说明方法的妙处有很精准的把握。

李琳逸：在练笔环节，你有计划让学生写哪方面的内容吗？

黄苏钰：一开始我打算从学生生活入手，让学生写自己熟悉的事物。我查了很多资料，决定从动物入手，想让学生在课堂上根据小狗的资料写一段关于小狗的说明文。后来，我在参考了很多论文和课例后，发现还是用跟课文同一主题的材料更好，这样更有利于学生将所学知识迁移到课堂练笔上。于是，我收集了关于月亮的材料，让学生用课上学到的说明方法来介绍一下月亮。

李琳逸：我也觉得介绍月亮会比介绍小狗更好一些。那就直接让学生看材料写吗？需不需要搭建一个写作的支架？

陈婉玲：我也觉得要有一个写作的支架，可以先出示材料，让学生说说用什么说明方法来介绍月亮的什么特点，然后再让学生进行课堂练笔，这样，学生会更好操作一些。

黄苏钰：非常感谢大家的建议，帮助我将整节课完善了很多！

问题六：说明文文体怎么学？《太阳》一课应怎么学？

陈婉玲：关于学习方法，我们都知道有自主学习法、探究学习法、合作学习法等，那么在说明文教学中，对于学生而言有哪些学习方法比较适合呢？这是我们今天讨论的重点。我查了一些资料，有一点比较重要的就是学生的自主性需要老师调动引导，大部分学生对说明文存在误区，学习说明文缺乏兴趣，因而学习的自主性比较差，所以老师在引导学生自主探究学习的时候要事先有所铺垫。

李琳逸：是的，必须把自我对这种文章的好奇与热爱传达给学生，激发学生自主学习的欲望。

黄苏钰：还可以通过小组比赛等合作学习的方式创造竞争氛围，引起学生争先恐后的学习冲劲。

徐影：那《太阳》一、二课时学生具体采用什么学法来学呢？

李琳逸：第一课时，学生主要采用自主学习法和合作学习法两种学习方法。在课前主要通过自主学习完成预习单，主要是字词方面，课堂上由学生来教这部分。课上在学习太阳特点，了解说明方法这一环节时，也是让学生先自主找到写太阳特点的句子进行朗读感知，然后教师再抛出说明方法。课文的梳理主要通过小组合作、生生合作来完善思维导图。

陈婉玲：字词方面可以直接听写易写错字词，把时间集中在教学重点上。

李琳逸：这样也行，为后面的教学环节争取了时间，谢谢陈老师。

黄苏钰：第二课时，学生也是主要采用自主学习法和合作学习法两种学习方法。在品味说明方法的妙处时，学生先进行自主学习，自己独立体会说明方法的妙处，老师根据学生的回答来指导学生，然后再进行小组讨论，老师根据学生的回答仅做补充。在课堂练笔环节，学生先进行独立思考，自己完成课堂练笔，再进行小组内部的互看互评，让学生之间相互学习。

徐影：整节课是不是缺少了读的环节？

黄苏钰：在读方面，这篇课文的语言比较平实，不需要美读，所以我只是让学生在体会说明方法妙处时默读或自由读，大部分时间用在对句子的分析理解和课堂练笔上。

陈婉玲：教法与学法相辅相成，不可分割，我们在具体的课例中要选用符合学情、适合文体的教学方法，这样才能事半功倍。

问题七：关于《太阳》第一课时、第二课时的改进意见。

陈婉玲：下面我们主要来探讨一下《太阳》一、二课时的教学初步设计。李老师与黄老师都非常高效地完成了教学的初步设计，有很多值得我们学习的地方，希望我们探讨完善的说明文教学策略能够在课堂上实践并落实。首先是《太阳》第一课时，我看了李老师的设计，"小福袋"的设计很巧妙，思路也很清晰。对于太阳第一课时的导入，我有这样的想法："同学们，这节课我们来认识太阳，欸，我好像听到一些声音，太阳，我们平时跟它好像还挺熟的，那我请几位同学先聊一聊你平时对太阳的印象吧。（请3名学生）这节课我们会认识什么样的太阳呢？一起来阅读文本吧。"因为"太阳"这一对象其实我们并不陌生，大部分时间都能见到，但并不是真正的了解，所以运用"谈话"导入，在学生与文本之间架起一座桥，引发学生读文的兴趣，鼓励学生自觉探索其中的异同。

李琳逸：陈老师这个导入的设计，我之前确实也有类似的想法，听你这么一说思路更加清晰了。

陈婉玲：还有中间一些环节，比如引出"说明对象"这一环节，我建议关于"说明对象"的概念先不事先说出来，而是先引导学生观察本节课涉及最多的关键词——太阳，然后再顺其自然引出"说明对象"这一概念。最后检测巩固环节可以采用小游戏挑战的方式引起学生的兴趣。

徐影：是的，这一点可以先让学生自我搜索再总结习得，这样的学习更加顺应自然。

徐影：关于第一课时的教学设计，我已经仔仔细细地看过了，李老师做得很好，教学目标适宜，而且内容很丰富，设计的环节也新意有趣。所以我主要针对李老师教学设计中的一些环节过渡语做了一些小调整，用红色笔记标出来。同时也针对一些小环节提出了小小的改动建议。例如在导入环节有一个小想法：可否用问答方式引入课文？例如："同学们，你们在生活中见过太阳吗？你们看到的太阳是什么样的？（这里可从不同时段引导）今天我们一起来看看作者笔下的太阳有什么不同。"这样自然而然地进入课文。当然，我的建议仅供参考，大家可以讨论交流一下可行性。

陈婉玲：我再看了一遍，发现第一课时缺少一个关键点，没有针对文本"逻辑性"的引导。

李琳逸：这个点我也在纠结，感觉时间有点不够，而且这篇文本不够突出这一特性。

徐影："逻辑性强"这一点是说明文文体的特点之一，我们还是好好斟酌一下。

黄苏钰：不过时间确实需要重视，一节课时间有限，也担心学生接受能力。

陈婉玲：我之前研读文本，发现《太阳》一开始与太阳有关的传说引入，然后写太阳的外形等特点，接下来写太阳与人类的关系密切，其实这个过程遵循我们人类对太阳的认识是逐步加深的规律演变过程，这种内蕴的逻辑性还是有必要引导一下学生的，既是文体特点，又是课标"科学素养"的要求，也是学情需求，学生需要这样的引导来树立他们对"逻辑"的感知以及"逻辑"思维的培养。

李琳逸：听了陈老师的陈述，我也觉得有这个必要，那我可以在引导学生分层概括文章之后问他们：这几个方面能不能调换写作顺序？

黄苏钰：李老师这个问题设计得好，这样可以引发学生思考。关于我设计的第二课时也请大家帮忙看看。

陈婉玲：黄老师的第二课时整体思路非常清晰，从"鉴赏句子"到"迁移运用"，环节都很清晰明了，就是前面"鉴赏句子"可以用"鉴赏家"命名，最后写作小练笔环节可以用"小作家"命名。还有就是中间的鉴赏环节读的设计有点少，可以稍微体现一下鉴赏前与鉴赏后不同的"读"的区别，这样对于具体品读说明文语言的表达效果，学生可以在不同的"读"的对比中体会出来。还有最后的小练笔可以用与太阳接近的星球，这样学生更好地迁移运用。

黄苏钰：好的，那么最后的写作设计我打算用月球，然后收集一些与月球有关的资料出示给学生，这样学生练习也有资料借鉴。

李琳逸：还有，可以设计一个表格，让学生练笔之前想一想用什么说明方法可以更好地呈现这个材料，运用哪种说明方法表达效果最佳。

徐影：李老师说的这个方法好，黄老师对于第二课时的教学设计，整体看下来感觉很棒，教学设计的环节特别完整，环环相扣，内容也很丰富，而且还运用了一些小游戏的形式，让课堂充满了趣味性。所以对于第二课时，我基本就是从头梳理了一些字、词、句和环节衔接上的一些小细节，用黄色下划线标记出来，大家可以看看，我们一起讨论交流。

陈婉玲：最后小练笔也可以提供一些老师的范文给学生做参考，这样，学生会更加有信心。

黄苏钰：我之前也这么想，自己写一个小练笔给学生做参考。

李琳逸：有了示范后学生就没那么害怕练笔了。关于第一课时，大家还有什么其他建议吗？

陈婉玲、徐影：暂时没有了，已经设计得很好了。

李琳逸：那谢谢徐老师和陈老师提出的建议与参考。我刚刚也大致看了一下你们的标注，刚好你们俩都在导入部分提出了建议。从我个人对第一课时的设计和把握来看，我认为陈老师的建议可能会更适合一些。因为"太阳"这一对象其实我们并不陌生，大部分时间都能见到，但是学生对它并不是真正地深入了解，所以可以运用"谈话式"的导入，在学生与文本之间架起一座桥，引发学生读文的兴趣，鼓励学生自觉探索其中的异同。然后，关于"逻辑性"这一文体特点的引导我也会在稍后完善，总之，非常感谢大家出谋划策。

黄苏钰：关于第二课时，大家还有什么建议吗？

李琳逸：实操的时候一些教师语言可以生动一点，这样，学生听课可能会更有兴趣。

徐影、陈婉玲：整个设计已经非常棒了，暂时没有了。

黄苏钰：谢谢大家提出的修改建议，我在设计的过程中也有思路突然阻塞找不到出路的时候，大家一指点就帮助我发现一些自己原本没有注意到的问题，关于具体语言措辞我也会再想想，我会继续完善我的教学设计！感谢大家！

陈婉玲：黄老师与李老师的教学设计真的已经非常棒了，辛苦两位。我跟徐老师也从中学到许多，期待我们完善后的课例，大家辛苦了。

参考文献

［1］中华人民共和国教育部.义务教育语文课程标准（2011年版）［S］.北京：北京师范大学出版社，2012.

［2］秦君妍.小学语文科普说明文有效教学研究［D］.上海：上海师范大学，2018.

［3］朱萌.小学语文说明文教学现状及策略研究［D］.乌鲁木齐：新疆师范大学，2017.

［4］中国社会科学院语言研究所词典编辑室.现代汉语词典（第7版）［M］.北京：商务印书馆，2016.

［5］杨九俊，姚烺强.小学语文教学概论［M］.南京：南京大学出版社，2001.

［6］吴昀翰.说明文的性质、特点及分类［J］.高等函授学报（哲学社会科学版），1999（5）：56-60.

［7］周爱华.说明文的文体特质与教学策略［J］.江苏教育研究，2015（9）.

［8］冯明月.从文体特点出发，提升小学说明文教学效率——以苏教版五年级下册《神奇的克隆》一课为例［J］.教育观察，2019，8（21）.

［9］赵昕婷.说明文教学内容的确定性研究［J］.牡丹江大学学报，2013（9）：50-53.

［10］王小龙.小学语文课本中科普说明文的教学策略［J］.教学与管理，2011（8）.

［11］丁伍红.小学语文说明文教学策略［J］.江西教育（教海泛舟小学教学）综合版，2019（6）.

［12］陈芳.小学说明文有效教学策略探微［J］.福建基础教育研究，2015（12）.

❖ 文本解读 ❖

基于《太阳》的小学说明文文本解读

深圳市龙岗区依山郡小学　徐　影

尊敬的各位老师大家好：

我是来自依山郡小学的赵艳工作室学员。很高兴今天能与大家一起交流学习，下面请允许我为大家介绍本课题的文本解读部分。

一、文本解读

《义务教育语文课程标准（2011年版）》（以下简称"新课标"）重要的理念是"全面提高学生的语文素养"。阅读教学是语文教学的重要内容，也是培养学生语文素养的重要途径，而文本是阅读教学的重要工具。因此在教学过程中，我们要紧紧扣住文本，耐心细致地引导学生阅读，让学生掌握阅读的思路、技巧和方法，在不断的学习中积累语言，提高语言表达和阅读、写作的能力，进而达到全面提高学生的语文素养的目的。

（一）"文本解读"的含义

"文本"即为书面语言的表现形式。语文教学中有着两种"文本"，第一种文本是作者的原初作品，第二种文本是经过编者删改和提示后的教材。如果从字面意义来解读"文本"的概念，"读"即为阅读，"解"即为理解。"文本解读"即为读者对文学作品等文本的阅读、理解与诠释活动。

（二）文本解读的问题及重要性

新课标指出："阅读教学是学生、教师、教科书编者、文本之间对话的过程。"由此可见，文本对于阅读教学的重要性。在语文教学中，教师对文本的解读程度直接影响语文教学的效果，并对学生语文能力的提高和情感态度与价值观的培养起着至关重要的作用。然而，当今语文教学中，学生在语文运用能力的习得和实践上存在很多问题。追根溯源，是因为语文教师对文本解读存在着诸多问题，出现模式化、浅表化和片面化等现象。在说明文阅读教学中，文本解读是教学准备的第一步，因此教师务必要拿捏透彻。

（三）文本解读的方法

窦桂梅老师曾说："没有对文本的触摸，没有对文字的咀嚼，长此以往，语文教师专业化发展的标志教功——解读教材的功夫和能力就会丧失殆尽。"因此，深入了解和掌握文本解读的基础理论至关重要。文本解读的方法有很多，袁长如老师在《语文文本解读的问题与解决方法》一文中介绍了语言学文本解读法、社会学文本解读法、伦理学文本解读法和接受美学文本解读法四种类别的解读方法。本课题在参考袁老师的理论基础上，结合众多文献和理论研究，拟采取以下两种文本解读法对课题进行研究，在此做简单的介绍。

1. 以多元身份解读文本

以《太阳》为例，即以普通读者的身份、教师的身份和学生的身份三个角度对文本进行解读。正如著名教育家所说："用儿童的眼光来解读教材，用教学的眼光来审视教材，用生活的眼光来选择教材，就能找到作为教材的文本中的教学价值所在。"

2. 比较分析法

同样以《太阳》为例，将说明文文本与其他文体相同或内容相似的文本进行对比解析，解读说明文的普遍特征以及《太阳》这篇课文的独特特征。

二、说明文的文本解读

（一）说明文简介

说明文是以"说明"为主要表达方式，用来介绍或解释事物的状态、性质、构造、功用、制作方法、发展过程以及内在事理的一种实用性文体。说明文的分类有多种：按说明的对象来分，可分为事物说明文（如《中国石拱桥》）、事理说明文（如《敬畏自然》）；按说明文的语言风格分类，可分为平实的说明文和生动的说明文；按说明特点分，可分为自然科学说明文（如《大自然的语言》）、社会科学说明文（如《中国石拱桥》）。

（二）说明文的独特性

说明文是不同于其他文体的体裁。相较于议论文以理服人的哲理性，记叙文以情感人的形象性，说明文更倾向于以知授人，因此知识性是它的主要特点。说明文是客观地说明事物或阐明事理的一种文体，其主要目的是在于给人以知识，因而其本身内容具有高度的科学性，结构具有清晰的条理性，语言具有严密的准确性，这些特性让它与人们的生活紧密相连。

（三）说明文的文本解读方法

由于说明文本身的特殊性，教师在对其进行文本解读时也要根据它的独特性，寻找合适的方法进行解读。尤其是在用到"比较分析法"时，要对说明文的语言、内容、结构等方面进行细致而深入的研究。而说明文解读的难处还在于这三者之间是相互关联、相辅相成的。因此，在解读说明文时不能完全将三者进行简单的分割解读，而是需要进行融合。说明文的语言具有准确性的特点决定了说明文文体行文逻辑的严密性，而行文逻辑的严密性则在于作者要保证文本内容的科学性。而逻辑紧密的科学性内容则要求作者要对文本的结构进行精巧的构思，不可混乱，否则会让读者产生"读不懂"的现象。因此，在解读时一定要关注语言、内容、结构三者之间的关系。

三、基于《太阳》的说明文解读

（一）《太阳》简介

《太阳》是统编版小学语文五年级上册中的一篇课文。这是一篇典型的科普性说明文，主要介绍关于太阳的常识，说明太阳与人类有着密切的关系。

（二）解读《太阳》

1. 以多元身份解读

（1）普通读者对《太阳》的解读

《太阳》作为一篇典型的科普性说明文，具有显著的科学性特征。因此，普通读者在解读该文章时，会明显地关注到文章的科学内涵，即关于太阳的常识和太阳与人类的密切关系。因此，《太阳》的科普内容是普通读者的解读重点。

（2）学生对《太阳》的解读

五年级学生在三、四年级的人教版教材中就已经接触过说明文，例如《长城》和《赵州桥》等。因此，对于说明文的阅读，五年级学生已具备了一定的基础，能够自主提取一些关键信息，读懂课文内容。因此五年级学生在解读《太阳》时，已经能够自主完整地阅读课文，并通过阅读了解课文中介绍的太阳的基本常识以及浅显的人与太阳的关系。而他们欠缺的能力则是通过文字了解一些简单的说明方法，体会其在表达上的效果，学会辨别说明文文体并初步尝试运用写作实践。

（3）教师对《太阳》的解读

第一，解读课程标准。

作为一名语文教师，在解读文本时需要具备整体意识。在解读一篇课文时，要从课程目标、单元目标、教学目标等方面仔细考量。

新课标中对不同学段的说明文学习的要求不同。低学段重在激发学生阅读说明文的乐趣，初步体会说明语言的准确性；中学段的阅读教学主要是初步认识和区分说明文文体，阅读时能抓住所说明事物的特点，初识一些说明方法；高学段则要求"阅读说明性文章，能抓住要点，了解文章的基本说明方法，体会其效果，并尝试运用"。《太阳》作为五年级的一篇课文，针对的是高学段学生的学习需求和教学要求。因此在解读文本时，要明确小学高学段课程标准对说明文教学的要求，从"抓要点、明方法、会运用"三个方面进行解读，从而制订合理的教学计划。

第二，解读课文所在单元。

《太阳》是统编版小学语文五年级上册的第一篇课文。在对文本的单元进行解读时，一定要注意单元开头的导读部分，这是单元教学目标的指向。《太阳》所在的单元是习作单元，单元的专题是从说明文的角度编排的。导读中这样写道："学习本组的说明性文章，要抓住课文的要点，了解基本的说明方法，并试着加以运用。"这和新课标中第三学段提到的阶段目标"阅读说明性文章，能抓住要点，了解文章的基本说明方法"相吻合。因此，单元的导读部分是文本解读的关键步骤。

本单元让学生集中学习不同类型的说明性文章，了解其特点，并尝试写一篇说明文。本单元的课文主要是围绕"说明文以'说明白了'为成功"的主题编排的，其语文要素是"阅读简单的说明性文章，了解基本的说明方法"。围绕这一要素，本单元编排了两篇精读课文，分别是《太阳》和《松鼠》，让学生体会说明性文章的不同类型，了解基本的说明方法，感受不同的语言风格，学习用恰当的说明方法把某种事物介绍清楚。

值得注意的是，由于《太阳》一课处于本单元的第一课，因此对学生的要求不能过高，要适度。在《太阳》教学之后，可以让学生尝试运用学到的说明方法进行实践练习，但要提醒学生选择特征明显、容易介绍的事物作为写作对象。这样既降低了难度，又让学生得到了练习，同时保住了学生的学习兴趣。

第三，解读教学目标。

首先是文本内容的解读。《太阳》的课文内容分为两大部分：第一部分分别从"远""大""热"三个方面介绍了太阳的有关知识；第二部分讲太阳的作用，它和人类的密切关系，包括对动植物、资源的影响，对杀菌、治疗疾病等方面的影响。这两部分内容互相关联、相辅相成。正因为太阳那么大，温度那么高，距离我们又那么远，才能给地球送来适合人类生存的光明和温暖，我们生活的世界才会这么美丽可爱。

其次是说明方法。运用多种说明方法来说明事物是本文写法上的重要特点。课文在介绍太阳时，运用列数字、举例子、作比较、打比方等多种方法，使一些抽象的知识显得具体、通俗、明了，这样描写太阳的特点就会给人留下深刻的印象。

再次是人文性内涵。本文虽是一篇科普性文章，但在科普的同时也在引导学生了解科学性知识，培养学生的科学意识，激发其学习自然科学的兴趣。

最后是教育意义。语文学科特有的工具性和人文性特征决定了课文具备的双重教育目的。《太阳》作为一篇科普性说明文，不仅要教给学生说明文的写作方法和运用技巧，提升学生的语文素养，还要在过程中引导学生学会尊重科学，敬畏自然，培养学生科学意识，激发其学习自然科学的兴趣。切实起到语文工具性与人文性双管齐下的教育作用。

2. 比较分析法

相较于不同角度的解读，比较分析法更能显示出说明文的独特性。下面分别通过两个课文案例与《太阳》进行对比分析。

（1）说明文与抒情文案例对比分析——以《太阳》与《慈母情深》为例。

《太阳》和《慈母情深》都是统编版五年级教材的课文，分属两个单元，是两篇完全不同的文体。首先从简洁的题目中就能看出一些区别。《太阳》一文直接通过题目点明了本文的中心内容与太阳有关，而《慈母情深》也在题目中很直观地显示了本文的主旨——母爱。这是题目给人的第一印象。

其次看内容。《太阳》的课文内容分为两大部分：第一部分分别从

"远""大""热"三个方面介绍了太阳的有关知识；第二部分讲太阳的作用，它和人类的密切关系，包括对动植物、资源的影响及对杀菌、治疗疾病等方面的影响。《慈母情深》是以"父母之爱"为主题的一篇课文，文章选自著名作家梁晓声的亲情小说《母亲》。作家怀着一颗感恩的心摄取了少年时期生活的一个镜头：辛勤劳作的母亲不顾同事的劝阻，毫不犹豫地给钱让"我"买《青年近卫军》的事。从内容上看，《太阳》主要向读者介绍一些有关太阳的常识，而《慈母情深》则是叙述了"我"与母亲之间发生的一件印象深刻的事。两者内容的性质不同。

再次看语言。一篇课文的语言包含课文中的字、词、句、段。作为一篇科普性说明文，《太阳》在对太阳进行介绍时，在字词运用上力求准确严谨，在句段的编排上也极其考究，逻辑顺畅而严密，具有较高的科学性。而《慈母情深》一文并不长的篇幅却用了35个小节，通过一系列生动感人的动作和生活镜头的描写，淋漓尽致地刻画了一个辛劳、慈爱的母亲形象。

最后看写作技巧。《太阳》一课在介绍太阳时，运用列数字、举例子、作比较、打比方等多种说明方法，使一些抽象的知识显得具体、通俗、明了，这样描写太阳的特点会给人留下深刻的印象。《慈母情深》一文以1元5角钱为线索，通过"我"在车间里的所见、所闻、所想、所感，运用语言描写、外貌描写和动作描写等手法，刻画出了一个辛劳、慈爱的母亲形象，展现了母亲对孩子深沉的爱，也表达了作者对母亲的敬爱之情。

由此可见，不同文体的课文在诸多方面都存在着显著的区别，而这些区别恰巧就是我们需要重点关注却又常常在教学中被我们忽视的地方。首先，相较于其他文体，说明文的独特性在于其语言的准确性、严谨性和科学性，因此在教学中一定要引导学生发现并学会区分和赏析说明文的语言特征；其次，说明文的独特性还在于其自成一套的写作方法，如列数字、举例子、作比较、打比方等，这是其他文体所不具备的。因此在教学中，教师要引导学生学会提炼说明文中的说明方法，并将其化为己用，方能达到目的。

（2）说明文与说明文案例对比分析——《太阳》和《松鼠》比较分析。

看到这两个案例，大家可能会有疑问，《太阳》和《松鼠》都是说明文，有什么好比较的呢？其实，这里面可大有内涵。说明文的分类多种多样，其间的区别也是教师们在文本解读时需要注意的点。

例如，《太阳》和《松鼠》两篇课文虽然都是事物说明文，但按照说明文的分类来讲，《太阳》属于平实说明文，而《松鼠》属于生动说明文。两者的区别在于：《太阳》一课的语言朴实无华，通俗易懂，极尽简洁而严谨地介绍了太阳的相关知识；而《松鼠》一课的语言则是比较活泼灵动的，描述的过程生动形象，将松鼠的形象特点淋漓尽致地展现出来，并在字里行间显示出对松鼠的喜爱之情。

从表达方法来看，《太阳》一课在介绍太阳的相关知识时，多采用列数字和作比较的说明方法，让抽象复杂的知识变得通俗易懂，凸显太阳的特点。《松鼠》一课则多采用打比方的说明方法，以准确说明为前提，以形象化描写为手段，融知识性、科学性、趣味性为一体，描述了松鼠的特征。两篇课文的区别决定了它们不同的教学内容和教学方法，教师在解读时需要特别留意。

因此，当教师们在解读《太阳》时，还可以借助一些不同文体的课文或同单元的不同文体的课文进行对比分析，找出它们的相同点或特殊性，并根据分析进行恰当的教学设计。

综上所述，作为语文教师，在教学一篇说明文之前，务必要做到对文本进行充分的解读，运用恰当的文本解读方法，寻找合适的解读角度，深入透彻地对文本进行解读，了解说明文的独特性，同时也要兼顾课文的工具性和人文性特征，不可抛却其一。只有这样，教师的教学才能有一个坚实的理论基础，从而设计出科学有效的教学方案，提高教学效果和质量。

参考文献

［1］袁长如.语文文本解读的问题与解决方法［J］.现代交际，2016（7）.

［2］金善政.浅谈文本解读的重要性［J］.课程教育研究（下），2014（4）.

［3］陈静.小学语文说明文文本解读研究［J］.新课程（小学），2016（11）.

［4］赵永攀.指向语文核心素养的文本解读［J］.教学与管理（小学版），2017（6）.

◆ 课例展示 ◆

《太阳》第一课时教学实录
深圳市龙岗区聚英小学　李琳逸

【教学目标】

1. 正确书写"繁殖""水蒸气""抵得上""水滴"4个词语。

2. 梳理课文内容，了解课文是从哪些方面介绍太阳的，了解太阳对人类有哪些作用，了解说明文的写作逻辑顺序。

3. 初步学习阅读说明文，了解列数字、打比方等说明方法。

【教学重难点】

重点：梳理课文内容，了解课文是从哪些方面介绍太阳的，了解太阳对人类有哪些作用。

难点：初步学习阅读说明文，了解列数字、打比方等说明方法。

【教学准备】

多媒体课件。

【教学过程】

一、谈话导入，明确对象

师（出示谜语）：有位老公公，一副圆面孔。有朝一日不见它，不是下雨就刮风。（打一自然物）

生异口同声：太阳。

师：你们看到的太阳是什么样的呢？请你用一两个关键词来形容它。

生1：我看到的太阳是金灿灿、红彤彤的。

生2：我看到的太阳很大。

师：这是同学们了解到的太阳，今天我们就一起走进科普短文《太阳》，看看作者笔下的太阳和我们了解到的太阳有什么不同。（板书：太阳）

二、听写生词，检测预习

师：读课文之前老师想检测你们的生字词是否掌握，你们准备好了吗？

生：准备好了。

师：好，拿出听写本准备听写。

（听写完出示课件：繁殖　水滴　抵得上　水蒸气）

师：请同学们核对并订正，完成的同学请举手示意老师。

同学们纷纷举手。

师：同学们都完成了，那我们赶快进入文本吧。

三、课文梳理，提取信息

师（出示课件）：现在请同学们自由朗读课文，读准字音，读通句子，看看这篇文章和我们之前学过的文章在语言上有什么不同？

生：语言没有那么优美。

师：是的，这篇文章的语言比较客观、朴素。它有一个专有名字叫说明文。（出示PPT：说明文是以说明作为主要的表达方式，通过向读者介绍事物的性质、特点、特征或阐述事理，从而传递客观科学知识的一种文体）虽然说明文的语言不够华丽，但朴实无华的语言中蕴藏着科学。我们要如何才能探索到这些伟大的知识呢？别慌，老师给你们准备了两个锦囊妙计，我们一起去文中解锁吧。（出示锦囊图片）请同学们快速默读课文，找一找这篇文章出现最多的词是什么？

生异口同声：太阳。

师：我们刚刚学习了说明文的概念（出示概念PPT：说明文是以说明作为主要的表达方式，通过向读者介绍事物的性质、特点、特征或阐述事理，从而传递客观科学知识的一种文体），想一想，太阳在这篇说明文里是什么？

生：事物。

师：给你点赞！但是在说明文里，它有一个专有名字——说明对象。（出示：说明对象）第一个锦囊送给你们。（PPT出示锦囊一：了解清楚说明对象，说明文的阅读就成功了一半）读——

生齐读：了解清楚说明对象，说明文的阅读就成功了一半。

师：我们明确了说明对象就要去了解清楚它。（出示课件）请同学们仔细阅读课文，边读边思考课文是从哪些方面介绍太阳的，以小组为单位完成学习单上的思维导图。

学生小组合作完成思维导图。

师：哪一小组想来分享？

生1：课文写了太阳的作用，有助长动植物、形成煤炭、杀菌这三个作用。（板书：作用）

师：动植物和煤炭都属于哪一类呢？

生1：……

师：谁来帮助他？

生2：属于物产。（板书：物产）

师：没错，那太阳的作用除了物产和杀菌，还有其他作用吗？

生3：还对天气有作用。（板书：天气）

师：你找得很快，请同学们完善思维导图。

学生补充导图。

师：除了写太阳的作用，还写了什么？

生4：写了太阳的传说。

师：你真会发现，你接着往下读读看，传说这段写的是太阳的什么呢？

生4：写了太阳很大。

师：欸，你发现了太阳的一个特点，那太阳还有其他特点吗？（板书：特点，大）

生5：太阳离我们很远，太阳很热。

师：这是太阳另外的两个特点。（板书：远、热）请同学们完善思维导图。

学生补充导图。

师：由此可见，课文可以分为几个部分？

生异口同声：两个部分。

师：第一部分呢？

生：第1~3自然段。

师：写的是？

生：太阳的特点。（板书：1~3）

师：第二部分呢？

生：第4~8自然段。

师：写的是？

生：写了太阳对人类的作用。（板书：4~8）

师提问：那为什么作者先写太阳的特点再写太阳和人类的关系呢？这两部分可不可以调换？

生1：不可以调换，因为古代人对事物认识有限，对一些自然现象不了解，只能编造一些传说来解释，慢慢地，科学不断发展，人们就更加关注。

生2：不可以调换，因为社会是不断进步的，人类也是不断更新对事物的认识的。

师：老师同意你们的看法。其实这样的说明顺序是随着人类对太阳的认识不断深入的，一开始是编造传说，后来有了科学数据，再后来知道了更多与我们生活有关的发现。这恰恰也体现了说明文写作的逻辑顺序。同学们了解了吗？

生齐：了解了。

师：那我们继续文本的学习吧！

四、学习太阳特点，了解说明方法

师（出示课件）：现在请同学们默读第1~3自然段，看看作者是怎样描述太阳"远、大、热"这三个特点的？汇报时按"我从（句子）知道了太阳（　　）的特点"的句式进行汇报。〔出示：我从（句子）知道了太阳（　　）的特点〕

学生汇报：

生1：太阳离我们有一亿五千万千米远。到太阳上去，如果步行，日夜不停地走，差不多要走三千五百年；就是坐飞机，也要飞二十几年。（师出示该句子）

师：老师想请男生来读一读。

男生齐读：太阳离我们有一亿五千万千米远。到太阳上去，如果步行，日夜不停地走，差不多要走三千五百年；就是坐飞机，也要飞二十几年。

师：男生读得字正腔圆，不错。这个句子有一个很明显的特点，发现了吗？

生：数字很多。

师：你有一双善于发现的眼睛，通过这些数字，你知道了什么？

生：这样就能感觉太阳真的离我们很远。

师：是啊，通过这些数字我们就能真实地感觉到太阳的"远"，这样一种运用数字具体说明事物的方法就叫列数字。（出示PPT：运用数字具体说明事物的方法就叫列数字）（板书：列数字）运用列数字的说明方法能让事物的特点更加具体。还有哪个句子是写太阳"远"呢？

生2：因为太阳离地球太远了，所以看上去只有一个盘子那么大。（师出示该句子）

师：老师想请女生来读一读。

女生齐读：因为太阳离地球太远了，所以看上去只有一个盘子那么大。

师：女生读出了太阳的"远"，这里作者把太阳比作什么？

生异口同声：盘子。

师：把太阳比作盘子是什么修辞手法？

生异口同声：比喻。

师：在说明文里，这种把什么比作什么的方法叫打比方。（出示PPT：把什么比作什么的方法叫打比方）（板书：打比方）还有哪个句子用了打比方呢？再找找。

生3：太阳会发光，会发热，是个大火球。（师出示该句子）

师：全班一起读一读。

生齐读：太阳会发光，会发热，是个大火球。

师：这一句把太阳比作什么？

生异口同声：大火球。

师：（PPT出示大火球动图图片）从这张动图中你感受到了什么？

生：太阳好热呀！

师：你们看，通过打比方的说明方法，太阳的特点就变得更加形象了。（板书：打比方）还有谁要分享吗？

生4：太阳的温度很高，表面温度有五千五百摄氏度，就是钢铁碰到它，也会变成气体。（师出示该句子）

师：这一句运用了什么说明方法呢？看谁最快找出来？

生：这句话运用了列数字的说明方法。（板书：列数字）

师：（出示资料袋：钢铁的温度）我们来了解下钢铁的温度，从这里我们就知道太阳真的很热。

生5：一百三十万个地球的体积才能抵得上一个太阳。（师出示该句子）

师：（出示太阳系图片）你从中感受到了什么？

生：我感受到太阳真的很大。

师：这种把两种事物进行比较的方法叫作作比较。（出示PPT：这种把两种事物进行比较的方法叫作作比较）（板书：作比较）

师：同学们，我们刚刚学习的列数字、打比方、作比较这些方法，它们都是说明文独有的方法，叫作说明方法。（依次出示：列数字、打比方、作比较，说明方法）同时恭喜你们打开了老师的第二个锦囊（PPT出示锦囊二：了解说明方法，也是学习说明文的关键）读——

生齐读：了解说明方法，也是学习说明文的关键。

师：那现在我要试试你们学得怎么样？请看（出示PPT）下面句子运用了哪些说明方法？

（1）苏州园林与北京的园林不同，极少使用彩绘。（　　　）

（2）太和殿俗称金銮殿，高28米，面积2380多平方米，是故宫最大的殿堂。（　　　）

（3）石拱桥的桥洞成弧形，就像虹。（　　　）

（4）人民英雄纪念碑像顶天立地的巨人一样矗立在广场南部。（　　　）

（5）欧洲人的皮肤比亚洲人白。（　　　）

学生完成学习单上的练习。

师：我请5位同学来说一说。

生1：第一句运用了作比较的说明方法。

生2：第二句运用了列数字的说明方法。

生3：第三句运用了打比方的说明方法。

生4：第四句运用了打比方的说明方法。

生5：第五句运用了作比较的说明方法。

师：同学们，你们写对了吗？没写对的要订正哦。

五、课堂小结

师：同学们，今天我们了解了阅读说明文的方法，还记得那两个锦囊吗？

（PPT出示两个锦囊：锦囊一：了解清楚说明对象，说明文的阅读就成功了一半。锦囊二：了解说明方法，也是学习说明文的关键）读——

生齐读：锦囊一：了解清楚说明对象，说明文的阅读就成功了一半。锦囊二：了解说明方法，也是学习说明文的关键。

师：我们也了解了几种说明方法，有——

生异口同声：列数字、打比方、作比较。（依次出示：列数字、打比方、作比较）

师：看来你们掌握得不错，下节课我们再来感受这些说明方法的好处！今天的作业是阅读学习单上的两篇文章，并完成学习评级单。（出示PPT）

阅读以下两篇文章，完成学习评级单。（文章出自网络）

土星游

时间：3008年12月31日

地点：土星

工具：太空飞车、土星车

任务：观光旅游、体验土星

我们乘着时空穿梭机来到美丽的星球——土星，因为地球和土星有些光年的距离，为了缩短时间，当然要坐时空穿梭机喽！

经过3个多小时的长途跋涉，我们来到了属于土星的那块区域，土星有许多"孩子"，那些可都是土星的卫星。土星是太阳系中卫星最多的行星，它一共有26颗卫星，相当于它有地球的26个月亮。它们不停地绕着自己的妈妈公转。

我们近距离地接触了土星的光环，在地球上看，那光环就把土星装饰成一顶草帽。别看那是一条平的线，其实是有很多层的，有不同的颜色，分别由白、黄、灰、紫、蓝组成，里面并不是一条一条的，而是由很多的小颗粒组成，里面有冰块、水、氨等。我们飞船里的某人想出了一个荒谬的主意：从光环里穿过去！听地球上的天文学家说，地球上的物质如果受到撞击，非坏了不可。

我们为了能仔细观察这美丽的大光环，冒着生命危险从光环的上方穿过去，这里面的成分远远超出了我的想象。

10分钟后，我们来到了土星的表面，这里四面八方都是大海，我们没有一个地方可以着陆。天上一阵狂风暴雨，阴云密布，外面寒气十足，还飘着一些寒云，我们都不敢下去，只坐在土星车上，飘浮在空中，一片荒芜。我心里十分纳闷，在地球上看去这么美丽的星球，为什么它本来面目是这样的呢！

在这个星球上，我们没有看到任何生命的迹象，土星是一个外头美、里头空的星球，我怀疑这个星球上的物质对地球有很大的作用。

这一个充满奥秘的宇宙还等着我们这一代去探索，去研究！

最美丽的行星——土星

土星是太阳系第二大行星，赤道半径约为60000千米。土星上狂风肆虐，沿东西方向的风速可超过每小时1600千米。土星上空的云层就是这些狂风造成的，云层中含有大量的结晶氨。

土星轨道距太阳142940万千米，公转周期为10759.5天，相当于29.5个地球年。在太阳系的行星中，土星的光环最惹人注目，它使土星看上去就像戴着一顶漂亮的大草帽。观测表明，构成光环的物质是碎冰块、岩石块、尘埃、颗粒等，它们排列成一系列的圆圈，绕着土星旋转。

土星属于巨行星，它的体积是地球的745倍，质量是地球的95.18倍。在太阳系八大行星中，土星的大小和质量仅次于木星，占第二位。它像木星一样，被色彩斑斓的云带所缭绕，并被较多的卫星所拱卫。它由于快速自转而呈扁球形。土星的平均密度约有0.70克/立方厘米，是八大行星中密度最小的。如果把它放在水中，会浮在水面上。土星的大半径和低密度使其表面的重力加速度和地球表面相近。土星在冲日时的亮度可与天空中最亮的恒星相比。由于光环的平面与土星轨道面不重合，而且光环平面在绕日运动中方向保持不变，所以从地球上看，光环的视面积不固定，从而使土星的视亮度也发生变化。当土星光环有最大视面积时，土星显得亮一些；当视线正好与光环平面重合时，光环便呈现为一条直线，土星就显得暗些。两者之间的亮度大约相差3倍。

土星绕太阳公转的轨道半径约为14亿千米，它的轨道是椭圆的，它同太阳的距离在近日点时和在远日点时相差约1.5亿千米。土星绕太阳公转的平均速度约为每秒9.64千米，公转一周约29.5年。土星也有四季，只是每一季的时间长达7年多，因为离太阳遥远，即使是夏季也极其寒冷。土星自转很快，但不同纬度自转的速度却不一样，这种差别比木星还大。赤道上自转周期是10小时14分，纬度60度处则变成10小时40分。这就是说，在土星赤道上，一个昼夜只有10小时14分。

土星大气以氢、氦为主，并含有甲烷和其他气体，大气中飘浮着由稠密的氨晶体组成的云。从望远镜中看去，这些云像木星的云一样形成相互平行的条纹，但不如木星云带那样鲜艳，只是比木星云带规则得多。土星云带以金黄色为主，其余是橘黄色、淡黄色等。土星的表面同木星一样，也是流体的。它赤道附近的气流与自转方向相同，速度可达每秒500米，比木星上的风力要大得多。

土星极地附近呈绿色，是整个表面最暗的区域。根据红外观测得知，云顶温度为-170℃，比木星低50℃。土星表面的温度约为-140℃。土星表面有时会出现白斑，最著名的白斑是1933年8月发现的，这块白斑出现在赤道区，呈蛋形，长度达到土星直径的1/5，后来这个白斑不断地扩大，几乎蔓延到整个土星表面。

📖 学习评级单

1.《最美丽的行星——土星》这篇文章运用了哪些说明方法？请举例说明。☆☆☆

2.这两篇文章给你的感觉有什么不同？☆☆☆☆☆

六、板书设计

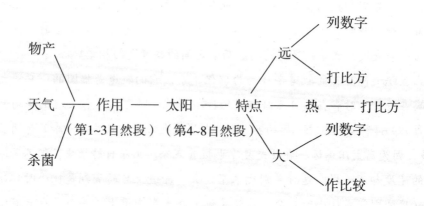

《太阳》第二课时课堂实录

深圳市龙岗区兰著学校 黄苏钰

【教学目标】

1. 让学生通过朗读、对比的方式品味说明方法的作用，即列数字使文章表达更准确，作比较使文章更易于理解，打比方使文章更生动形象，"抵得上""差不多"两个词语的使用使文章更严谨。

2. 让学生能够使用恰当的说明方法，把某一种事物介绍清楚。

【教学重难点】

重点：让学生通过朗读、对比的方式品味说明方法的作用。

难点：让学生能够使用恰当的说明方法，把某一种事物介绍清楚。

【教学准备】

课件、课外拓展材料。

【教学过程】

一、复习回顾

1. 复习课文主要内容

师：同学们，在经过上一课的学习后，你了解到了哪些关于太阳的知识呢？

生：上一节课，我们了解了太阳的远、大、热，还有太阳与人类的密切关系。（课件出示：1.太阳远、大、热；2.太阳与人类的密切关系）

师：这位同学学得真认真。没错，上一节课我们了解了关于太阳的这些知识。像这类专门介绍科学知识的文章，有自己独特的名字。你还记得叫什么吗？

生：记得，这类文章叫说明文。

师：是的，这类文章就叫说明文。（板书：说明文）说明文是以说明作为主要的表达方式，通过向读者介绍事物的性质、特点、特征或阐述事理，从而传递客观科学的知识的一种文体。

（课件出示：说明文是以说明作为主要的表达方式，通过向读者介绍事物的性质、特点、特征或阐述事理，从而传递客观科学的知识的一种文体）

2. 复习说明方法

师：除此以外，上一节课我们还学习了几种说明方法，还记得是什么吗？

生：在上节课中，我们学习了列数字、作比较、打比方三种说明方法。

师：这位同学记得真清楚。没错，上节课中，我们学习了这几种说明方法。（课件出示：列数字、作比较、打比方）那么作者为什么要使用这几种说明方法呢？这些说明方法有什么神奇的作用呢？下面就让我们挑战当一回"小小鉴赏家"，品味说明方法的妙处，去探寻作者创作说明文的奥秘吧！

二、品味说明方法的妙处

1.品味说明方法的妙处及说明文的语言特点

（课件出示：请同学们读一读以下几组句子，对比前后两句有什么不同，然后说说你的发现）

师：请同学们读一读以下几组句子，每组句子有两句话，第一句是课文的原文，第二句是老师修改后的句子，请你对比前后两句有什么不同，然后说说你的发现。

师：我们先来看第一组句子。读一读这两句话，你觉得哪一句更好呢？能说说你的理由吗？

课件出示：

第一组：

（1）其实，太阳离我们一亿五千万千米远。（列数字）

（2）其实，太阳离我们很远很远。

生自由读。

师：谁来说一说，你觉得哪句话更好？

生1：我觉得第一句话好，因为第一句话用了列数字的说明方法，准确地告诉我们太阳离我们有多远。而第二句话只讲了太阳离我们很远很远，我们无法确定太阳离我们有多远。相对而言，我觉得第一句话比较好。

师：老师太喜欢这位同学的回答了，有理有据，条厘清晰。还有补充吗？

生2：我也同意她的看法，我认为，使用列数字的说明方法使文章更有说服力。

师：你太厉害了，就像一个评论家！是啊，太阳离我们一亿五千万千米远。这个一亿五千万千米可不是随便得来的，而是经过科学家测量的非常重要的科学知识，可不能落下它。所以，作者使用列数字的说明方法，能够使文章的表达更准确。同时，这也体现了说明文的语言特点，那就是准确。

（课件出示："使用列数字的说明方法能使文章的表达更准确""说明文的语言特点：准确"，板书："准确"）

课件出示：

第二组：

（1）我们看到太阳，觉得它并不大，实际上它大得很，一百三十万个地球的体积才抵得上一个太阳。（作比较）

（2）我们看到太阳，觉得它并不大，实际上它大得很，有1.412乘10的18次方立方千米，10的18次方的意思是18个10相乘，立方千米指长宽高都是1千米的立方体。（列数字）

师：接下来让我们来看看第二组句子，请你读一读，两句话给你怎样不同的感觉？

生自由读。

生1：第一句话用了作比较的说明方法，第二句话用了列数字的说明方法。

师：这位同学看出两句话说明方法的不同，很不错！还有吗？

生2：我觉得第二句话比较准确，第一句话没那么准确。

师：你提供了新的角度，非常棒！

生3：我觉得第一句能让我很快明白，太阳的体积非常大。因为句中将太阳和地球进行了比较，一百三十万个地球才抵得上一个太阳，那太阳肯定非常大。第二句使用了列数字的说明方法，但是我不太理解，什么叫10的18次方？

师：这位同学不仅说出了自己的想法，还提出了自己的疑惑，太棒了！读到第一句，我们马上就能明白，太阳的体积非常庞大。地球已经够大了，但是一百三十万个地球的体积才抵得上一个太阳，那太阳是多么大呀。第二句虽然使用了列数字的说明方法，但10的18次方太难理解了。可见，作者使用作比较的说明方法，是有他独特用意的。那为什么作者要将太阳和地球作比较呢？为什么不将太阳和其他行星或银河系作比较呢？

生1：因为我们本来就生活在地球上啊。

师：生活在地球上，就一定要和地球进行比较吗？有同学补充吗？

生2：因为我们不知道其他行星和银河系具体有多大。

师：这位同学的理解已经很到位了，还有补充吗？

生3：因为我们生活在地球上，对地球比较熟悉，拿太阳和地球作比较，能让我们更容易明白太阳很大。

师：这位同学真是一语道破了作者的心思。作者运用作比较的说明方法，拿太阳和我们熟悉的事物作比较，能够使文章更好理解。这就是作者使用作比较这个说明方法的独特用意。

（课件出示：使用作比较的说明方法能让文章更好理解，板书：好理解）

师：老师在读文章的时候，发现作者用了一个"抵得上"。"抵得上"是什么意思？

生1："抵得上"就是差不多的意思。

师：不错，还有补充吗？

生2："抵得上"就是很接近的意思。

师：非常准确，还有补充吗？

生3："抵得上"就是不分上下的意思。

师：同学们都说得很不错。那这个词能去掉吗？

生1：不能去掉，去掉之后意思就变了。

师：意思怎么变了？谁来补充？

生2：因为去掉之后就变成一百三十万个地球的体积刚好等于一个太阳的体积了。

师：这位同学真厉害，她敏锐地捕捉到了"抵得上"这个词的作用。在课文中，你还能找到类似"抵得上"这样的词语吗？

生：有，课文第一段有"差不多"这个词，在"到太阳上去，如果步行，日夜不停地走，差不多要走三千五百年"这句话里。

师：这位同学真是火眼金睛，马上就找到了课文中"差不多"这个词。

（课件出示：到太阳上去，如果步行，日夜不停地走，差不多要走三千五百年）

师：那么，"差不多"这个词能不能去掉？去掉之后有什么区别？

生：这个词不可以删掉，删掉之后就变成刚好三千五百年了。

师：是啊，一个小小的"差不多""抵得上"都是作者审慎思考后的结果，科学家们并不知道，从地球步行到太阳具体需要多少年，只知道是差不多要走三千五百年。可能是三千四百多年，也可能是三千六百多年。因此，作者用了一个"差不多"。这也体现了说明文的第二个语言特点，那便是严谨。

（课件出示："说明文语言特点：严谨"，板书："严谨"）

课件出示：

第三组：

（1）太阳会发光，会发热，是个大火球。（打比方）

（2）太阳会发光，会发热。

师：接下来让我们看最后一组句子。这一次，大家先在小组内讨论一下，说说更喜欢哪一句？为什么？现在开始。

（生自由讨论，教师巡视，相机指导）

师：哪一组先派代表汇报呢？

生1：我们组更喜欢第一句，因为这里将太阳比作会发光、会发热的大火球，非常生动形象。

师："生动形象"这个词用得真不错。还有补充吗？

生2：我们组也更喜欢第一句，因为第一句写出了太阳有亮光、会发热的特点。

师：是啊，第一句将太阳介绍得更清楚。作者把太阳比作一个大火球，是不是让你的脑海中马上浮现了太阳的样子呢？使用打比方的说明方法能够使文章更生动形象。

（课件出示：使用打比方的说明方法使文章更生动形象，板书："生动形象"）

2. 总结打比方的说明方法的妙处及说明文的语言特点

师：不知不觉，大家已经对比完了三组句子，老师在这里正式恭喜大家获得"小小鉴赏家"的称号！（课件出示"鉴赏家"称号以及奖章）下面，我们一起来总结作者使用列数字、作比较、打比方三种说明方法的妙处以及说明文的语言特点吧。

生1：说明文的语言特点是严谨和准确。

师：你的回答真响亮，很棒！还有同学补充吗？

生2：我们能从说明文中学到很多知识。

师：这位同学真厉害，总结了老师也没想到的东西。有同学来说说说明方法的妙处吗？

生3：列数字的说明方法能使文章更准确！

师：这位同学刚刚学得很认真！有同学来说说打比方和作比较的作用吗？

生4：打比方能使文章更生动形象，作比较能使文章更好理解。

师：你的总结很到位！是的，使用列数字、作比较、打比方等说明方法，能使文章更加准确，更生动形象，更好理解。说明文的语言特点是严谨、准确。同学们，你们明白了吗？

课件出示：

说明文写作小窍门

（1）使用列数字、作比较、打比方等说明方法，能使文章更加准确，更生动形象，更好理解。

（2）语言特点：严谨、准确。

三、课堂练笔

1.根据资料，使用说明方法进行创作

师：相信你已经跃跃欲试，迫不及待想要创作一篇说明文了吧。下面，我们正式进入课堂练笔环节。请同学们挑战当一回月亮的代言人。我们先来阅读关于月球的介绍。

课件出示：

月球资料库：

（1）距离：月球与地球的平均距离约38.44万千米。

（2）自转周期：地球自转周期为23小时56分4秒，月球自转周期为27.32天。

（3）温度：月球表面昼夜的温差很大。白天，月球表面在阳光垂直照射的地方温度高达127℃；夜晚，其表面温度可降低到-183℃。

（4）地形：月球表面有明亮的部分和阴暗的区域，亮区是高地，暗区是平原或盆地等低陷地带，分别被称为月陆和月海。

师：除了文字材料，老师还收集到了图片资料。

师：（出示月球近景图）这是关于月球的近景图，上面有一个个陨石坑，看了这张图片，你有想到用什么说明方法来介绍月球吗？

生1：我想到了用打比方的说明方法，把陨石坑比作一个个凹陷的盆地。

师：不错，很形象！还有同学补充吗？

生2：我想到了用作比较的说明方法，将月球表面和太阳表面作比较。

师：你能学以致用，非常棒！

师：（出示月球远景图）第二幅图是一张关于月球的远景图，上面阴暗的部分是月球地势低的地方，光亮的部分则是月球地势高的地方。看了这幅图，你有想到用什么说明方法来介绍月球吗？

师：我们继续看下一幅图。

师：（出示月球和地球对比图）最后一张图是月球和地球的对比图，跟地球比起来，月球真的是非常娇小。

在看完这些资料之后，你有想到用什么说明方法来介绍月球的相应特点吗？请填写表格，思考一下用什么说明方法来介绍月球的相应特点。

课件出示：

请填写表格，并写一段关于月球的介绍。

月球介绍表

月球的特点	使用的说明方法
月球与地球的距离	
月球自转周期	
月球表面温度	
月球表面地形	

（生填写表格，教师巡视，相机指导）

师：哪位同学来说一说，你会用什么说明方法来介绍月球？

生1：看了一下材料，我会用列数字的说明方法来写月球与地球之间的平均距离，用作比较的说明方法来写地球与月球的自转周期。

师：这位同学真是才思敏捷，马上就想到了用这些说明方法来介绍月球的相应特点。相信这位同学心中已经有一篇关于月球的介绍了。还有哪位同学说说自己的想法吗？

生2：我可以用作比较的方法写月球与地球的大小，用举例子的说明方法写出月球表面的特征。我会把月球表面的坑坑洼洼比作一个个可爱的小水坑，让文章更加生动形象，富有画面感。

师：这位同学真厉害，她不仅想到了要用什么说明方法来介绍月球的特点，还想到了这些说明方法的妙处，真是太棒了。事不宜迟，我们现在动笔写一写吧。

（学生完成课堂练笔，教师巡视，相机指导）

2. 点评学生的创作

投影展示：

> 月球有许多特点，比如说月球与地球之间的距离大约有33.44万千米，哇!这可真远啊!不仅如此，月球的自转一圈要27.32天，而地球的自转一圈要23小时56分4秒，真是小巫见大巫!而且月球白天与晚上的温度各不相同；月球白天阳光直射的地方最高温度竟有121℃；别说人，就连铜头铁臂也得化为铜汁铁水，可一旦到晚上；就连火山也得结冰!不知你知不知道，月球表面上有凸地与凹地；凸地是亮地，叫月陆，而凹地是暗地，叫月海，它们合称为月陆月海。

师：让我们一起来看看这位同学的课堂练笔。他使用了列数字的说明方法，介绍了月球与地球之间的距离，但是，注意是38.44万千米，而不是33.44万千米。接下来，他将月球的自转周期和地球的自转周期进行比较，突出了月球自转周期长。最后，文章还介绍了月球表面的温度和地形。这真是一份优秀的月亮介绍发言稿。还有哪位同学愿意展示一下你的课堂练笔？

月球是地球唯一的一颗天然卫星，也是距离地球最近的可见天体。地球和月球的平均距离约38.44万千米；地球的自转周期为23小时56分4秒，月球自转周期为27.32天，大约是地球自转周期的27.82倍。月球的表面高低不平，像许多小水坑一样呢，但是地球与月球的大小相差很大，一个地球相当于十多个月球这么大呢！

师：老师很欣赏这位同学的勇气，我们一起来看看，这次我请同学点评一下，谁来说？

生1：这位同学用了列数字的说明方法，介绍月球和地球之间的距离。

师：是的，列数字的方法能让文章更加？

生1：准确。

师：这位同学的点评很到位，请坐！还有同学想来点评一下吗？

生2：她把月球表面的陨石坑比作一个个小水坑，使用了打比方的说明方法，非常生动形象。

师：这位同学的点评很专业，还提到了打比方这一说明方法的妙处，真厉害！还有吗？

生3：这位同学知识很丰富，她提到月球是地球唯一的一颗天然卫星，这是材料里没有的。

师：真是了不起的发现！可见要写好说明文，需要有丰富的知识。最后老师再请一位同学来说说。

生4：这位同学将月球的自转周期和地球的自转周期进行比较，还换算成了倍数，指出月球自转周期大约是地球自转周期的27.82倍。这么一比，月球的自转周期就显得更长了。

师：你的见解很独到！我们不仅要使用材料，还要巧用材料！

师：现在请大家组内互看互评本次课堂练笔，注意从以下两个角度来评价，现在开始。

课件出示：

组内互评

评价标准：

（1）使用了什么说明方法，使用得是否恰当。

（2）是否符合说明文严谨、准确的语言特点。

学生组内交流，教师巡视，相机指导。

师：课堂时间有限，我们先交流到这里。欢迎大家课下继续跟同学交流你的课堂练笔。

四、布置课后作业

师：相信在课堂练笔之后，还有很多同学没有过瘾，想要当更多事物的代言人。没有关系，我们还有课后作业环节。请同学们课下完成这两项作业。

课件出示：

课后作业

（1）收集自己感兴趣的科学知识，内容不限。

（2）运用至少三种说明方法，介绍你收集到的科学知识，写一篇100字左右的短文，标题自拟。

五、板书设计

15.太阳

说明文

准确　　好理解

严谨　　生动形象

◆◆ 备课解析 ◆◆

基于文体意识的说明文教学策略

深圳市龙岗区兰著学校　　陈婉玲

《义务教育语文课程标准（2011年版）》提到"现代社会要求公民具备良好的人文素养和科学素养"，因此，小学教材中的科普说明文承载着普及科学知识、激发学生热爱科学、引发学生探索科学奥秘的任务。课程标准中对小学高年级说明文设定的学段目标是"阅读说明性文章，能抓住要点，了解文章的基本说明方法"。所以说明文另外也承载着引导学生学习并掌握说明方法，提高学生阅读说明文的能力等功能。如何在小学阶段说明文教学中实现工具性与人文性的统一，是当前说明文教学的一大挑战。

一、说明文教学的问题

在说明文文体的教学中，主要存在以下几个问题。

第一，不重视说明文与其他文体的区别，说明文文体特征无法体现，说明文的价值得不到挖掘。

说明文教学一般按这样的路径走：提问文章大意—默读课文并分段—了解说明方法—总结，这样的教学与记叙文的教学过程基本无异，说明文承载的科学知识和严谨的表达方式被忽视，文体价值没有得到重视。

这样的教学过程只停留在表面知识点的梳理，没有挖掘文本对于培养学生科学素养的重要价值意义。

第二，生硬输入"说明方法"知识概念，说明方法的理解与运用没有落地。

脱离文本分割知识点进行讲解，生硬讲述说明方法概念，学生对说明方法的理解停留在表面，重视说明方法的理解忽略说明方法表达的效果，学生难以区分不同的说明方法，无法进行迁移运用。

第三，偏重课文的工具性教学，没有做到工具性与人文性的统一。

片面强调说明方法，将举例子、打比方、列数字等抽象的概念一个个强加给学生，认为这就突出了文体特征。文章被肢解得只剩下知识的条条框框，失去文本之"味"。

二、说明文的定义、文体特点与教学内容

说明文的定义非常多，课程标准将说明文定义为：客观地说明事物、阐明事理的一种文体，目的是给读者以科学的知识、科学地认识事物的方法。

杨九俊、姚烺强在《小学语文教学概论》一书中认为说明文是说明事物的文章，是对事物进行讲解、介绍和揭示的一种文体。

吴昀翰认为说明文就是主要运用说明的表达方式向人们客观地介绍、解说人物、事物、事理等有关知识的文章。

秦君妍在《小学语文说明文有效教学研究》中归结为：科普说明文就是以介绍科学知识为主，对科学领域的事物进行说明或对科学道理进行阐述的一种文体。

学者们对说明文定义很多，叶圣陶先生也曾说："说明文以'说明白了'为成功。"可以看出说明文显著的文体特征是：介绍科学知识，并且在表达上有多样的说明方法，语言准确、严谨，文章逻辑性强。

基于课标要求与文体本身特点，说明文体的教学内容可以由以下几个板块进行：关注文本说明对象或者传达的科学道理；关注文本独有的表达方式；梳理行文结构，厘清行文思路；品析说明文语言的精确严谨、说明方法的表达效果；感知科学理性，拓展课外读本，激发学生探索科学的兴趣。

三、说明文的文体价值

（一）普及科学知识

说明文文体本身传达科学知识或介绍科学观点，因而对于普及科学知识有非常重要的传播价值。

（二）习得用词的精确与严谨

说明文本身用词准确而又严谨，这是说明文文体一大特点，是引导学生习得用词的精确与严谨的重要文本。

（三）培养逻辑思维

说明文行文逻辑严密，对于引导学生感知并且逐渐养成逻辑思维有很大的影响。

（四）培植科学素养

现在正是高科技发展的时代，科学技术更迭日新月异，对于现在的学生，科学素养的培养非常具有时代意义。说明文紧跟时代潮流，关注当今科技新潮，因而对于学生科学素养的培养具有重要意义。

不管是引导学生科学知识的习得还是兴趣的激发，针对学生科学素养的培养，说明文的教学价值与意义都不可小觑。

四、基于文体特征的说明文教学策略

（一）基于文体：习得知识三步走

"三步走"分别是查找说明对象、分层归纳大意、梳理行文逻辑。通过介绍事物、解释事理向读者传播相关知识是说明文的本质特征，了解课文所述的知识是读懂说明文的重要标志。根据说明文文体特征，说明文教学首先要引导学生找出说明对象。并且，这个过程必须是学生在教师的引导下自觉获取的过程，直接告知会使学生失去自我搜索文本的能力以及进一步阅读文本的兴趣。比如李老师教学《太阳》第一课时是这样引导的：

师：请同学们快速默读课文，找一找这篇文章出现最多的词是什么？

生：太阳。

师：我们刚刚学习了说明文的概念（出示概念PPT），想一想：太阳在这篇说明文里是什么？

生：事物。

师：给你点赞！但是在说明文里，它有一个专有名字——说明对象。

师：第一个锦囊送给你们。（PPT出示锦囊一：了解清楚说明对象，说明文的阅读就成功了一半）

以上课例教师通过引导学生搜索本文出现频率最多的"关键词"太阳，从而引出"说明对象"这一概念，最终得出"太阳"就是本文的说明对象这一结论，充分发挥学生学习的自主性，学生也在摸索中自我理解"说明对象"这一概念。在明确说明对象之后需要进一步分层概括大意，明白课文是从哪些方面进行书写的，这个过程同样也需要学生自我搜索文本，同时结合说明文本身逻辑性较强的特点，用图表的方式来进行文本信息的归纳整理。

说明文逻辑性强是被普遍认可的，但说明文的"逻辑美"却鲜有人提及。说明文教学必须基于年段特点，引导学生关注知识背后的语言文字、表达方式，学习说明文谋篇布局的匠心独运，感受文章的逻辑美。低年段可以引导学生朦胧感受逻辑，比如《要下雨了》一课，可以引导一年级学生说一说要下雨前小燕子、小鱼与小蚂蚁的不同变化；《雷雨》一课，可以引导二年级学生说一说雷雨前、中、后的变化；中年段可以引导学生开始按照某一逻辑顺序简单梳理文本，比如《花钟》一课，可以让学生梳理不同品种的花分别在哪个时间盛开，感受作者用时间介绍的顺序，感知事物变化发展的规律；高年段孩子应侧重意义段的教学，注意自然段中语句之间逻辑关系的严密。比如李老师教学《太阳》第一课时的设计：

师：那为什么作者先写太阳的特点再写太阳和人类的关系呢？这两部分可不可以调换？

生：不可以调换，因为古代人对事物认识有限，对一些自然现象不了解，只能编造一些传说来解释，慢慢地，科学不断发展，人们就更加关注。

生：不可以调换，因为社会是不断进步的，人类也是不断更新对事物的认识的。

师：老师同意你们的看法，其实这样的说明顺序是随着人类对太阳的认识不断深入的，一开始是编造传说，后来有了科学数据，再后来知道了更多与我们生活有关的发现。这恰恰也体现了说明文写作的逻辑顺序。

以上课例教师通过"段落是否可以调换"这样一个问题引导学生思考，锻炼学生思维的思辨性，同时引导学生进一步深入厘清行文的逻辑。表明看起来都是介绍太阳的几个方面，似乎段落之间可以调换，但其实这种由外观到内在联系的介绍顺序是遵循人类认识发展规律的，教师带领学生品味说明文行文结构的逻辑美，说明文独有的味道也得以散发。

通过以上"三步"，学生在教师的引导下自我搜索信息，自我获取科学知识，梳理文章逻辑结构，激发进一步探索文章的兴趣。"书读百遍，其义自见"，进一步理解品析说明文，离不开"读"。

（二）品析语言：由浅而深读出"美"

说明文要用最简洁的文字去解说事物、阐明事理，传递给人们知识是它的宗旨。说明文的语言之美，往往被其科学性和实用性所掩盖。学生没有进一步品读，才会产生畏难心理。其实说明文语言准确、严谨的特点恰恰是说明文的语言之美。

1.纯粹朗读，朦胧感知

说明方法是说明文的专属特色，但是直接讲授方法会让学生与概念产生距离感，无法理解概念。先让学生读课文，朦胧感知说明文语言与平时所学文章的不同之处，再总结概括方法，这样操作学生会易于接受。比如李老师教学《太阳》第一课时：

师：请同学们默读第1~3自然段，看看作者是怎样描述太阳"远、大、热"这三个特点的？选择学生进行汇报，引导学生按"我从（句子）知道了太阳（   ）的特点"的句式进行汇报。（PPT出示远、大、热三个特点，生读句子，师相机出示并让学生了解说明方法）

生读句子：太阳离我们有一亿五千万千米远。到太阳上去，如果步行，日夜不停地走，差不多要走三千五百年；就是坐飞机，也要飞二十几年。

师：这个句子有一个很明显的特点，发现了吗？

生：数字很多。

师：通过这些数字，你知道了什么？

生：这样就能感觉太阳真的离我们很远。

师：是啊，通过这些数字我们就能真实地感觉到太阳的"远"，这样一种通过数字来让事物特点更具体的方法就叫列数字。

以上课例教师不直接揭示说明方法，而是让生读文本。纯粹读课文反而更能发现语言的特别之处，进而再提炼出方法，学生自然习得说明文有专属说明方法这一语言特色。在品读的基础上习得方法，既加深了对文本的理解，又学会了自我提炼方法，自我习得之后对"说明方法"这一概念的理解也更加深入。

2.对比品读，知"效"知"美"

说明方法是说明文的招牌特色，而且作用各有不同，说明方法的选用也是经过深思熟虑的，每种方法带来的表达效果不同，给文章语言增添的魅力也有别。因而说明方法的教学不能停留在"是什么"，还得引导学生思考"为什么"，品味不同的方法带来的不同表达效果。比如团队黄老师教学《太阳》第二课时的设计：

（1）我们看到太阳，觉得它并不大，实际上它大得很，一百三十万个地球的体积才抵得上一个太阳。（作比较）

（2）我们看到太阳，觉得它并不大，实际上它大得很，有1.412乘10的18次方立方千米，10的18次方的意思是18个10相乘，立方千米指长宽高都是1千米的立方体。（列数字）

师：同学们，我们再来读一读这两句话，你觉得这两句话读来有什么不同的感觉呢？

生：我觉得第一句话让我感觉到太阳非常大，因为它有一百三十万个地球那么大。第二句话我有点读不懂，什么叫10的18次方，什么是立方千米？

师：这位同学勇敢地提出了自己的困惑，非常棒！其实第二句中涉及一个数学知识，10的18次方，这往往是中学才会学到的内容，大家不知道也很正常。那大家觉得这两句话，哪句话让你更容易明白太阳很大呢？

生：第一句话。

师：那我们不妨猜一猜作者的心思，作者为什么要拿太阳和地球作比较呢？为什么不拿星星或者其他东西？

生：因为拿太阳和地球作比较能让我们更容易明白太阳很大。

师：这位同学理解了作者的意图，真厉害！很多读文章的人可能跟大家一样，不知道什么叫10的18次方，也不知道什么叫立方千米，那他们读文章的时候，就很难理解太阳有多大了。但是这难不倒聪明的作者，既然大家不懂这些数学知识，就换一种更容易理解的说法，拿一个大家都知道的东西来和太阳作比较。我们就生活在地球上，都知道地球本身已经很大了，拿地球和太阳比一比，一百三十万个地球才抵得上一个太阳，我们立刻就明白了太阳的巨大。然而，我们并不了解星星有多大，如果是拿星星或者其他东西跟太阳作比较，我们依然不明白太阳有多大。

师：说到这，大家应该都明白了，作者使用作比较的说明方法是为了？

生：为了让我们更好理解！

师：是的，使用作比较的说明方法，用一个我们熟悉的事物来对比，能让文章更好理解！

这里教师通过引导学生对比两个句子的不同效果，引导学生感受数字描写与用熟悉事物进行对比呈现的两种不同的表达效果。通过对比，学生能够直观感受到"作比较"使得句子意思更容易理解，也学会了"作比较"的时候最好选取熟悉的事物进行对比，才能拉近与读者的距离。学生在"读"中悟文本之意，在"读"中区分不同方法，感知作者选用方法之巧妙精准，为内化运用做铺垫。

这种方法同样适用于说明文语言的品读。介绍科普性知识必须讲究用词，因而说明文的用词是十分"准确而严谨"的，但是直接告诉学生这一语言特点会让学生丧失自我感知品读的兴趣与能力，因而需要师引导学生自我读句子、对比品读效果，比如黄老师教学《太阳》第二课时的设计：

师：老师在读这组句子的时候，发现作者用了"抵得上"这个词语。大家知道什么叫"抵得上"吗？

生："抵得上"就是差不多的意思。

师：他认为"抵得上"就是差不多的意思，这是他的观点，其他同学有不同的想法吗？

生："抵得上"就是相当于的意思。

师：你说得很好。那我们能说一百三十万个地球的体积刚好等于一个太阳吗？

生：不能。

师：那我们能说一百三十万个地球的体积大于一个太阳的体积吗？

生：不能。

师：是啊，我们只能说一百三十万个地球的体积才抵得上一个太阳，作者用"抵得上"这一个并不是十分肯定的词，却恰恰体现了作者用词的谨慎。大家再读一读课文第1~3自然段，找找有没有类似"抵得上"这样的词语？

生：有，"差不多"。

师：这位同学真是火眼金睛，马上就找到了。

课件出示：

到太阳上去，如果步行，日夜不停地走，差不多要走三千五百年。

师：为什么要用"差不多"这个词？如果删掉可以吗？

生：不可以，因为删掉后就变成刚好三千五百年了。

师：是的，"差不多"这个词语也是不能轻易删掉的，删掉了跟事实不符，就不严谨了。这两个词语体现了说明文的另一个语言特点，大家觉得是什么？

生：是准确。

师：没错，说明文介绍科普性知识，用词必须很讲究、准确、严谨、符合事实，这就是说明文独有的美。让我们带着理解再读读这些句子。

这里教师通过引导学生对比品读不同句子的效果，感知说明文语言的准确、严谨，饱含热情地带领学生领会说明文独有的美，反复读，学生自然而然越读越能咀嚼出文味，说明文语言独有的美也会在一遍又一遍的品读中慢慢被看见。

（三）语文实践：内化迁移再巩固

叶圣陶先生说过，凡是学习语言文字不着眼于语言形式，只在内容上去寻求结果是劳力多而收获少。说明文教学也应具有浓浓的语文味，要注重文体的语用训练，引导学生感受说明文文字表达的生动性，得意，得言，更得法。因而在品味语言中还需渗透一些小练习，引导学生在语文实践中进一步内化对语言的理解。

1. 摘录句子

中学段可以通过让学生摘录喜欢的句子，批注自己的想法，积累感知语言。比如《大自然的声音》："当微风拂起，那声音轻轻柔柔的好像呢喃细语，让人感受到大自然的温暖；当狂风吹起，整座森林都激动起来，合奏出一首雄伟的乐曲，那声音充满力量，令人感受到大自然的威力。"虽然是生动的语言，但依然体现出说明文语言准确的特点。

2. 口语交际

比如学完《松鼠》一课之后，可以开展一个介绍自己喜欢的动物的手抄报制作分享交流会，学生在制作手抄报的过程中运用课堂所学，对动物从外形到生活习性进行介绍，与同学表达时进行语言逻辑上的梳理，附上有趣的插图，在轻松愉悦互相交流的氛围中迁移运用所学。

3. 改写

著名特级教师于永正在教学《新型玻璃》一课时，让学生根据课文的内容改写成一篇以第一人称方式叙述的《新型玻璃的自述》，在阅读和写作之间架起了桥梁。然后，于老师又引导学生说一说自己写的《新型玻璃的自述》，让学生在获取科学知识的同时，深入感知文本，体验到"干瘪生硬"的说明文同样需要巧妙的架构和生动的语言。由此可见，适当的改写训练可以让学生在二度对话文本中，加深自己的理解与感悟。

4. 仿写

高年级段教学中，可以给出材料，教师出示范文，引导学生结合课文所学进行仿写，比如黄老师教学《太阳》第二课时的设计：

阅读月球的相关介绍，并填写表格。

月球资料库：

（1）距离：月球与地球的平均距离约38.44万千米。

（2）自转周期：地球自转周期为23小时56分4秒，月球自转周期为27.32天。

（3）温度：月球表面昼夜的温差很大。白天，月球表面在阳光垂直照射的地方温度高达127℃；夜晚，其表面温度可降低到−183℃。

（4）地形：月球表面有阴暗的部分和明亮的区域，亮区是高地，暗区是平原或盆地等低陷地带，分别被称为月陆和月海。

月球特点表

月球的特点	使用的说明方法
月球与地球的距离	
月球自转周期	
月球表面温度	
月球表面地形	

老师例文：

月球与地球的平均距离约38.44万千米。月球自转周期为27.32天，大约是地球自转周期的27倍。如果说太阳是个大火球，那么月球则有时候像个大火球，有时候像个大冰球。白天，月球表面在阳光垂直照射的地方温度高达127℃；夜晚，其表面温度可降低到−183℃。在照片上，月球表面阴暗的部分看起来就像一片海洋，而明亮的区域则看起来像大陆。

课后作业：

（1）收集自己感兴趣的科学知识，内容不限。

（2）运用至少三种说明方法，介绍你收集到的科学知识，写一篇100字左右的短文，标题自拟。

通过仿写巩固加强学生对说明方法的理解，通过运用实践，从知其然到知其所以然，知行合一。

（四）培植科学理性，激发探索精神

新课标明确要求："阅读科技作品，注意领会作品中所体现的科学精神和科学思想方法。"因而语文阅读教学不仅要培养生的语文素养，还要重视提高他们的科学素养。应该培养学生善于观察、勇于实践、敢于创新的科学精神，让学生能深刻理解科普说明文中的人文精神与思想内涵。因此应该把对科学理性的引导渗透在整个说明文教学课堂中，从而达到发展其科学素养的目的。

1. 结构看逻辑思辨

在梳理文本结构逻辑上有意识地培养科学性，比如，上文所提《太阳》第一课时询问学生能否互换文本写作顺序，引发学生思索，最终得出遵循事物认识发展规律的结论，梳理行文结构的过程就是培养学生思辨思维的过程。

2. 语言品精神

如上《太阳》第二课时对"抵得上"等词句的品析，感知说明文语言的准确性，培养学生严谨求真的精神。

3. 提问质疑

比如《真理诞生于一百个问号之后》学完后，教师可以询问：还有哪些科学成果是科学家因为一个无意间感兴趣的观察研究所得？再如教学《纳米技术》一课询问学生：纳米技术还能用于做什么？通过问题引发学生探索，激发课外习得更多科学知识的兴趣。

说明文是适应时代的发展，受到广泛应用的文体。透过这种文体，人们真切感受到社会的发展、信息的更替、知识的更新。学生要把握时代发展的脉搏，了解科学前沿，与时俱进。所以不管哪个学段，都应该在课文教学中渗透引导学生发现、质疑、探索，培养科学素养，感知时代的脉搏。

五、总结

基于说明文的文体特征，引导学生查找说明对象，概括文章分别写了哪几个方面，梳理行文逻辑，由浅而深地品析语言，读出说明文独有的准确、严谨美，用具体的语文实践强化说明方法，培植科学理性精神，实现说明文教学"工具性"与"人文性"的统一，这样，说明文才会散发出独有的文味，说明文的美也会被更多人看见。

参考文献

［1］中华人民共和国教育部.义务教育语文课程标准（2011年版）［S］.北京：北京师范大学出版社，2012.

［2］秦君妍.小学语文科普说明文有效教学研究［D］.上海：上海师范大学，2018.

［3］朱萌.小学语文说明文教学现状及策略研究［D］.乌鲁木齐：新疆师范大学，2017.

［4］中国社会科学院语言研究所词典编辑室.现代汉语词典（第7版）［M］.北京：商务印书馆，2016.

［5］杨九俊，姚烺强.小学语文教学概论［M］.南京：南京大学出版社，2001.

［6］吴昀翰.说明文的性质、特点及分类［J］.高等函授学报（哲学社会科学版），1999（5）：56-60.

［7］周爱华.说明文的文体特质与教学策略［J］.江苏教育研究，2015（9）.

［8］冯明月.从文体特点出发，提升小学说明文教学效率——以苏教版五年级下册《神奇的克隆》一课为例［J］.教育观察，2019，8（21）.

［9］赵昕婷.说明文教学内容的确定性研究［J］.牡丹江大学学报，2013（9）：50-53.

［10］王小龙.小学语文课本中科普说明文的教学策略［J］.教学与管理，2011（8）.

［11］丁伍红.小学语文说明文教学策略［J］.江西教育（教海泛舟小学教学）综合版，2019（6）.

下 篇
项目研修反思

且思且行，自成风景

——"基于文体意识的说明文教学策略"研修反思

深圳市龙岗区兰著学校　陈婉玲

　　虽然我已经在一线工作3年多了，但自觉专业功底依然不够扎实。即使参加了校、区、市的诸多培训，也费尽心思模仿自己心仪的名师上课，但终究感觉只是学了些"皮毛"，没有取得"精髓"。自己也意识到课堂不应被表面形式所"迷惑"，应该扎扎实实地走进文本内容里面去，再从文本里面走出来设计教学。

　　得知赵艳老师提出"基于文体意识的有效备课"项目研修，我心里有点激动，这是一个"真正扎进泥土里生长"的机会，虽然也担心自己是否能够胜任，但我还是鼓起勇气报名尝试。接到"研发说明文文体教学策略"这一任务时，内心忐忑、焦虑而又充满期待，好像上了一条不知开往哪里的船，更不可思议的是船长还是自己。可那时我又心生一股信念：只要往前走一步，总会看到不一样的风景。抱着这样"用行动驱逐焦虑，专注当下"的"佛系"心态，我与有缘结识的队友一起同心向前。

　　后来一个月的研修也证实了这种"佛系"心态反而是我保持持续前进的驱动力，不急于求成反而每天都自成风景。

　　我们团队先查看了小学统编版中高年段的说明文，然后锁定了说明文要素明显的五年级上册《太阳》一课。我尝试不借助任何教辅资料素读文本将近十遍。一开始觉得索然无味，与文本很有距离，而且也切身感知说明文的"枯燥"，后来读着读着，真正体会到"书读百遍，而义自见"。刚开始我觉得这篇文章"开篇从传说写起"与接下来的"科学叙述"有点格格不入，慢慢读着读着，我才发现这样的写作思路正揭示了人类对太阳的认知"从远古传说的臆想认识到伴随科技进步的科学认知"这样一种认知发展变化历程。这恰是"科学"的魅力，带我们从传说的"想象美"走进科学领域的"真实准确美"。本来以为不依靠教辅解读、研读文本会毫无收获，没想到所思所行之处皆成风景，很多时候反而是教辅限制了我们自身探索的可能性。

风景见到了，问题也层出不穷，研修过程中总会有新的疑惑出现。这段时间，总会经历突然看到一篇文献把上一个疑惑解决了的惊喜，也会有看完一篇文献又有新的疑问产生的懊恼……一开始我钻研文本的时候还留了一些疑惑，过几天看了一些参考文献后问题迎刃而解，曾经的疑惑都得到解答了，我忍不住在笔记本上记下了一句话："回头看，曾经的疑惑都是答案。"这种感觉真是妙不可言。

一开始，我只是见到了《太阳》这一篇文章的美。研修最后，我感受到了说明文这种文体的美，真正了解了这样一种文体的价值，科学求真独有的"真实美"以及探索未知无限可能的"美"。看见说明文的美，这是毫无预期的遇见，也是有所预谋的看见。很多事情，只要专注其中，就会产生热爱之情。我知道这段时间遇到的困难其实是很不值得一提的，但对于一个渺小的个体而言却也是有重量的，比如我们在很短的几天时间内必须立刻敲定一个预期成果，除了各自兼顾日常教学、生活琐碎等以外，还得安排时间教研应对突发状况等，但好在我们有团队的互相理解、支持、鼓舞与见证！在经历了艰涩而又喜乐的探寻之路后，我们发现曾经无感的东西，突然有了很深的感情，因为它已经成了一件作品，是真正的扎扎实实的"手作"。我曾经一度误解说明文文体，觉得它枯燥无味，但随着理解与认识的加深，我更新了以往的认知，而且还看见了它的美。这令我感到意外，也更加坚信：只要行动了，往前走的每一步皆是风景。

当然也非常感谢赵老师的鼓励，最终二稿成形的时候，老师提出建议：希望站位更高，不要只借鉴《太阳》这篇课文谈教学策略，要针对不同学段做更为全面的思考。我觉得自己很难做到，感谢老师的鼓励，我才鼓起勇气收集更多文本与文献并再次进行探索，前辈的一句鼓励，是照亮我前行很久的一道光。

最后我也深知目前自己的研究成果也是基于很多前辈研究的基础上得来的，非常感谢前辈们的指引，希望科学理性的光芒——说明文的美能够被更多人看到。

"如诗如话"的诗意旅行

——主题研修活动反思

深圳市龙岗区平安里学校　曲　迪

　　有人说，教师的自主研修就是教育生涯的必修课，而我说，此次儿童诗研修小组的合作学习，就是一场"如诗如话"的诗意旅行。在赵艳老师的指导和带领下，儿童诗小组的各个老师尽其所能、精诚合作，李向微老师倾情指导小组提出的各种问题，朱菲老师精心策划小组的学习进程，肖娟老师及时督促全员学习，我也在积极学习和努力配合小组成员，感谢这一次研修教研活动带给我学习和成长的机会。

　　在这紧张又充实的一个月中，我学会了如何辨别儿童诗体裁，儿童诗与童谣、儿歌的区别，儿童诗教学如何有效备课、如何一步步指导学生朗读、如何引导学生张开想象的翅膀口头表达、如何指导学生挖掘生活素材进行自主创作等。这都归功于几位老师的带领和点拨，让我快速地成长起来，并对我今后的专业发展有着非常深远的影响。

一、"依托文本"，是教育教学的生命线

　　语文教师要站在课程的高度来进行教学，要搭建语文学科的课程体系，根据新课标的要求来研读文本，并依托文本进行有效备课，这样我们的语文课才会有语文味儿。比如《彩色的梦》这一课，我们小组先找到课标中的明确要求：诵读儿歌、童谣和浅近的古诗，展开想象，获得初步的情感体验，感受语言的优美。所以在最初研讨教学设计时，我们也是紧紧围绕"诵读、展开想象、情感体验、感受语言的优美"这几个方面，逐步设计教学过程。我从诵读

童诗,感受音律美;品读童诗,体悟情感美;自读童诗,展开想象美;创作童诗,释放天性美四个方面来开展我的课堂教学。教研层层深入,这种依托文本、围绕课标的诗意课堂才真正"有语文味儿"。

二、"学会学习",是教育教学的强心剂

教师要培养自己学会学习的能力,不断制定具体的学习目标和规划,并付诸实践。此次学习,小组成员集体学习《小学语文文体大观》这本书,专攻儿童诗教学部分,学习名师的教育观点和理论论证,并不断总结生成自己的教育理论,这是一次很好的理论学习机会。也正是通过这次学习,我喜欢上了阅读教育理论书籍,既赞叹教育专家的学术专业精神,又深感自己的学术理论不足。这对我今后的学习有非常大的促进作用,我愿意在教育教学路上不断学习、不断总结、不断提升自己。

三、"建立学习共同体",是教育教学发展的不竭动力

四人为一组的学习小组,让我深刻体验到了团结的力量,也让我想到了在今后的教育教学中,我们可以采用"学习共同体"来促进集体知识的增长,并以此来增长个体学习的知识。在这种学习氛围下,共同体的每个成员都能致力于研究共同的任务,利用集体的智慧和知识去探索问题,非常有利于同伴之间进行交流和合作,共同构建知识、分享知识、思维碰撞,学习者能从共同体中找到归属感、认同感、尊重感等。我认为一线教师可以根据课程的要求给学生也建立学习共同体,一起研究小课题,进行项目式学习,如共同学习《鲁迅先生的一生》《寻找中国的石拱桥》《我眼中的格林童话》等。相信在这些研究项目中,通过"学习共同体"的学习模式,可以大大提高学生的综合素养。

"路曼曼其修远兮,吾将上下而求索",行走在教育教学的阳光路上,我要孜孜以求、永不懈怠,不断地超越自我!

"诗情话议"背后

——主题研修活动反思

深圳市龙岗区平安里学校　李向微

2020年4月22日，我作为"赵艳名师工作室"成员，与平安里学校肖娟、曲迪、朱菲四位同人一起参与了"统编版教材文体意识下的儿童诗有效教学"主题研修活动。在赵艳老师的指导下我们重点研究了儿童诗歌教学专项课题，同时开展了自我研修、集中研讨、现场分享等一系列活动。通过本次活动，本人在文献回顾、讲评课例、新媒体教学实践等方面受益匪浅，深受启发。

一、文献收集与资料自学

长期以来，我在教学科研方面存在"重实践、轻理论"的问题，研究新课题更多依赖个人在课堂上的教学实践，认真学习前人优秀成果、提高理论水平的主动性有待加强。参加工作室以来，在赵艳老师的带领下，我与组内成员阅读了大量中、日、韩及东南亚等地的优秀儿童诗作品与教学理论专著。一是开阔眼界，见识到世界汉语圈小学语文教育的前沿动态；二是发现差距，认识到自己在文学修养、教学理念方面与一流文学教育者相比存在诸多不足；三是明确方向，通过占有大量诗歌教育方法论，得以进一步修正开展儿童诗歌课堂教学的努力方向。

二、讲稿写作与编排整理

在研修过程中，讲稿筹备环节给我留下了深刻印象，工作室各位同人齐心协力，密切配合，是我们得以完成此项工作重要的组织基础。一是赵艳老师精心指导。赵艳老师日常工作繁忙，但对待组内同人从一而终，对待课题一丝不苟，审阅成员稿件字斟句酌，数易其稿，起到表率作用。二是各位青年教师发奋进取。我组青年教师虽然已拼搏在教育一线数年，但在组内学习时仍能保持一颗赤诚之心，敢担担子加任务，主动承担了不少关键环节的工作，令人敬佩。三是全组成员团结协作，乐于奉献。受疫情影响，本学期我们面对的教学压力较大，全组同人均能克服困难，把工作室学习当作一项严肃任务对待，我们多次熬夜对稿，相互检查，充分发挥传帮带优良传统，保质保量地完成科研任务。

三、讲座录制与技术提升

新冠疫情发生以来，我国线上教育发展被迫提速，新形势下国内教育大局对一线教师的数字化教学能力提出更高要求。在本次研修过程中，我第一次全程使用PPT与直播相结合的方式录制评课讲座视频。虽然任务开展前期遭遇诸多不畅，个人运用电子设备开展教学的能力也受到很大挑战，但在组内成员的鼓励与个人的不懈尝试下，最终掌握了没有学生、没有互动的个人录课技术，成功完成讲座录制。通过此次录制，我深切体会到科技赋能的优点，并认识到当代骨干教师掌握新媒体传播手段的重要性。

习近平总书记告诫青年人："志不求易者成，事不避难者进。"我深知在教学研究的道路上，没有捷径可走。在研修过程中，我焦虑过、彷徨过、忙乱过，但在赵艳老师的悉心指导下，在各位同人的真情鼓舞下，最终战胜困难，超越自我，使本阶段教学工作更加充实，让日后的工作更有目标、更有信心！

"明灯以渔"，文体为继

——基于文体意识小说《桥》的文本解读的反思和探索

深圳市龙岗区平安里学校　冯倩萍

　　初接到这个任务"基于文体意识下《桥》的文本解读"，甚感惶惑。任教小学语文教师多年，现在也正在跟统编版教材打交道，被动式接受更多。接受各种新教材的培训，思想总在新旧交替中浮浮沉沉，如何切换，一直是我面临的问题。文体意识是这个文题的中心。何为文体意识？

　　某日，观一课例《海上日出》，教师言辞亲切，教学方法循循善诱，本是一节好课，却总觉得缺些什么。懵懂不得法间，赵艳老师一言道明："这是没有抓住本文的文体特征啊，此乃融合了巴金经历和情感的散文，教学时教师如不能把握这一文体特征，不能在理解这一独特文体特征的前提下教学，必有所或缺。"我这才顿悟，文体意识才是统编版语文教材的关键和前提！

　　我查阅了关于统编版教材对于小说的选定目标，曾祥芹先生言："统编版教材重视文体意识，在小学五年级下学期开始，教材在每一册书中根据循序渐进的原则选取一个单元作为小说的专题学习，在语文教学中对学生进行初步的文学启蒙教育。"于是，我查阅了百度百科对文体意识的定义："文体意识是人们在文本写作和欣赏中，对不同问题模式的自觉理解、熟练把握和独特感受，是对读写实践的一种能动的再认识。"我又开始查阅小说这种文体在统编版教材中的安排和作用，并和我的组长及组员们进行了各种讨论，最后我们确定了以六年级上册第四单元的一篇小说《桥》来解读小说的教学策略。

　　主题已定，我却又犯愁了，我该从哪些方面进行文本解读呢？我要怎样解读才能让我的同行们从我的解读中得到一些解读小说的方法，从而起到抛砖引玉的作用呢？带着这些问题，我翻阅了王荣生先生的《小说教学教什么》和周一贯先生的《文体教学观》，受益匪浅，进一步了解了小说的文体特征以及我们教授小说的主要任务。随后，我又查阅了文体解读的一些方法。在纷繁的翻阅和总结中，我厘清了自己文本解读的思路。随后与小组成员的讨论和数次的线上线下会议，更是让我拨开了云雾，看清了我所需要承担的任务。作为初次尝试，我的解读无疑是稚嫩的，但作为第一次尝试，我相信，它一定是我教学生涯中的一个新方向。

经历此次解读，我对统编版教材有了新的认识和理解，在日常的备课前，我会下意识地先解读课文的文体特征来作为我解读文本的前提。只有把握了课文的独特之处，理解了课文中所体现的作者的独特心理体验，我们才能在课堂教学中有意识地向学生传递。正确的文本解读是精彩课堂教学的基础，这一收获，让我在备课的过程中比以往更得心应手了。

经历了这样一次历时长达两个月的教研活动，经历了从初稿到线上直播讲座、总结整理文稿的过程，我明白了集体教研的重要性。因为有了小组内无数次线上或线下的探讨和修改，我才能确定文本解读的方向和步骤。集体的智慧是巨大的，在不断的修改中，我不断摒弃旧的教学观念，确立了新方向，也学习到了小组成员的新理念、新做法。这是一次智慧火花的碰撞，而我从中受益匪浅。

我想，在工作室的指引下，我需更勇往直前，觅得更多适合自己而又有益于学生的教学策略。

童言童心，"教与相随"

——基于文体意识的童话《小猴子下山》教学反思

深圳市龙岗区依山郡小学　黄诗仪

初接到这个课题时，思维是比较混乱的。童话教学可以说是贯穿了整个小学段的语文学习，尤其是在低年段。

一、课程开发

为了更好地开展接下来的课程活动，工作室主持人赵艳老师组织我们童话组的四位老师进行了讨论会议。会上赵老师与我们一起讨论了整个学习日程的大概时间，随后在组内我们制定了一个比较完整的学习、准备时间。

初期准备是混乱的、没有头绪的，所以小组内开展了相关主题论文、书籍的阅读交流，每人每天阅读一小时并上交阅读笔记。在阅读了《基于儿童立场的小学低年段童话教学研究》一文后，我有了比较清晰的童话教学认识。接着对我需要准备的《小猴子下山》一课进行了文本、课标的学习，并阅读了相关教学实例。在这一阶段，我认识到自己教学经验的不足，并从相关的教学实例中获得了不少灵感。

借助相关的文献及对文本的理解和学习，我完成了《小猴子下山》第二课时的初稿，在此期间，赵老师和同组老师们协助我进行了课程的修改。

本次课例前期准备的是网络教学版本，在后期直播课程中进行了延伸，最后有了网络教学版本及线下教学两个版本。得益于老师们的协助和修改，整个开发过程从初始的杂乱无章到成形都相对顺利，我从中也收获了非常多的教学经验。

二、展示过程

童话是学生非常喜欢的文体体裁，所以在学习时会非常兴奋。《小猴子下山》一课的设计就是借助孩子们对于直观图像的识记、生动的表现力，通过读、演、说三种方式，步步深入，让学生真切体会小猴子三心二意，没有目标带来的后果。

展示过程中，学生进入了课程情景后，情绪高涨，集中度高，整节课相较日常童话教学更为流畅、有趣，学生读得有滋有味，演得有模有样，说得有声有色，体现出了前期备课的成效。

这也让我对日常的上课方式有了很大的启发，作为教师，我们更应该把课堂还给学生，让学生真正成为课堂的主体。

三、深切感受

上一节课不易，上一节好课更不易。教学中，作为教师的我们更应该从学生的视角去看待问题。童话的世界是有趣的、简单的，每个学生的理解也是不同的，这样的不同也是有趣的，所以我们更应该让学生在课堂中去表达。

部分学生会比较害羞或胆怯，在这之前我们就可以通过不断的读和小组合作来增强他们对课文的掌握程度，由此学生的表达欲望会大大提升。

备课不仅仅是备文本、备课标，更要备学生、备课堂。让每一个学生享受课堂。

依体而教，有效备课

——基于文体意识的说明文教学研修收获与反思

深圳市龙岗区聚英小学　李琳逸

在赵艳老师的引领下，我们小组进行了将近两个月的"基于文体意识的说明文教学"研修活动。在这次研修活动中，我明白了什么是真正的备课。

一、关注文体，依体而教

说明文的文体特征非常明显，主要表现在它的科学性和严谨性。教师在教学时都能注意到，但教师对说明文的价值没有进行挖掘，只是流程式的教学。因此，我们组在确定教学目标的时候，就把梳理说明文的写作逻辑顺序这一点放了进去，让说明文的价值得以体现。

另外，教师在教学说明文时都知道说明方法的重要性，但为了教而教，生硬输入"说明方法"的概念，导致学生对说明方法理解不到位。我们经常会发现学生混淆说明方法，甚至不会运用。从这点出发，我在进行设计时就把"生硬"变"朦胧"，让学生在读中感知说明方法；借助图片、动图感知说明方法。

二、用好教材，落实要素

以往每次备课，我都会关注每一课的课后习题和园地内容，从课后练习出发，进行教学设计。但这次我在练习题的基础上，更多地关注了语文课程标准和单元语文要素。

首先，语文课程标准明确指出：在学习说明文时能抓住要点，了解说明方法。

其次，我们组选择的课文是统编版五年级上册第五单元第15课《太阳》。本单元的语文要素有两个：一个是阅读简单的说明性文章，了解基本的说明方法；另一个是收集资料，用恰当的说明方法把某一事物介绍清楚。我主要负责《太阳》第一课时，所以我主要围绕"阅读简单的说明性文章，了解基本的说明方法"这一语文要素进行教学设计。

最后，回到练习。《太阳》的课后练习有两个：一个是："默读课文，想一想：课文从哪些方面介绍了太阳？太阳对人类有哪些作用？"这一练习其实就是让学生明确说明对象，也就是这篇文章究竟是怎么把太阳"说明白了"，这一点单元导读有提到，加上交流平台提到的"说明性文章，可以帮助我们认识事物，获得知识"，所以在设计环节的时候，我就以思维导图的形式，通过提取与整合太阳的关键信息，在头脑中形成对太阳的整体印象。另一个是："读下面的句子，结合课文内容，说说作者是运用哪些说明方法介绍太阳的。"根据课程标准和语文要素，我们知道说明方法旨在了解，不必做太多讲解，所以我在教学时主要让学生在读中、在图片中朦胧感知后再抛出说明方法。

对于"阅读简单的说明性文章"这一语文要素，我设置了两个锦囊：一个是了解清楚说明对象，说明文的阅读就成功了一半；另一个是了解说明方法，也是学习说明文的关键。并将每个锦囊在对应的环节出现。

三、脚踏实地，砥砺前行

这次研修要感谢赵艳老师，还有我们组的陈婉玲、黄苏钰、徐影三位老师。她们的建议弥补了我的很多不足，不仅让我感受到了团队的力量，也让我学习到了很多，比如要提有效的问题、要注意语言上的细节等。

印象最深的应该是试课阶段。其实试课的过程就是我和学生互相提升的过程。比如我最初的思维导图在他们看来目的是不明确的，可以说有点误导他们，但通过他们的反馈我马上修改了导图，后面再次呈现给他们的时候，他们就明白了很多。同时在试课中，学生也给了我惊喜，他们的答案比预设的灵活许多。但最后呈现出来的视频自己还是有点不满意，过渡语这方面要多加学习。

虽然研修暂时结束了，但我还是会不断学习和探索，脚踏实地，砥砺前行，让自己变得越来越强大！

"各美其美，美人之美，美美与共"

——基于小说文体意识教学研修收获与反思

深圳市龙岗区平安里学校　李莹萍

　　有诗云："纸上得来终觉浅，绝知此事要躬行"。我们四位老师历经近两个月时长，参与了赵艳名师工作室"基于文体意识的小说教学"主题研修活动，在"名师引领"——赵艳老师的带领下，四位同伴互助，个人积累并且在积极探索中实现专业成长，能力进步。这段时间，个人感觉在不断探索中，对文体教学观虽然仍有不足，但是也收获颇丰。

一、各美其美

　　周一贯先生主编的《小学语文文体教学大观》一书，根据小学语文课文文体特点，解决了我们小组初期的疑惑——小说文体"教什么""怎么教"。这本书还从不同文体的理论和实践两个角度给予我们启示，为我们梳理了各类文体的教学法，即"文体有别，教法各异"。我通过阅读，仿佛进入了文体大观园，例如小学阶段涉及的文体主要是：第一学段"阅读浅近的童话、寓言、故事，诵读儿歌、儿童诗和浅近的古诗"；第二学段阅读叙事性作品，"能用简短的书信、便条进行交流"；第三学段阅读叙事性作品、诗歌、说明性文章、简单的非连续性文本，"能写简单的纪实作文和想象作文、读书笔记和常用的应用文"。

　　在我们工作室研修的几类文体中，童话、神话、儿童诗、小说、说明文……各类文体体裁各具特色，各美其美，无不灿烂绚丽地绽放在文体大观园，等待我们采撷。我们教师可以在研修这类文体中，把握文体脉络，触类旁通。例如通过以小说文体的《桥》为课例，学习一课，认识一类，整合相同文体的文章，从而促进教师和学生对文体知识的建构。

二、美人之美

"一支独放不是春，百花齐放春满园。"这一次的研修活动完成，不是个人的力量，而是集体的智慧结晶。

我们小说组最开始是一头雾水，不知道从何下手。感谢赵艳老师的指点，我们小组分为了"文本解读""课例展示""讲座分享"三大板块。然后每位老师依据自己擅长的领域采取任务选择，优化时间。冯倩萍老师通过查阅大量资料典籍，从文体特征及策略、课标解读、编者意图、读者视角四个方面完成了文本解读。谭霞老师多次观摩优秀课例，与组内成员共同探讨课文教学目标。特别是教学过程中，着眼细节，尊重学生的主体地位。例如在教师过渡语中，语言简练又不失亲切，重视学生的自读自悟。组内老师认真负责的精神，严谨务实的态度，都值得我学习。我们四位老师在探讨过程中，互相碰撞出智慧火花，都是在尊重差异中彼此包容融合。一个人能走得很快，但是一群人能走得更远，这是集体备课的力量。

三、美美与共

语文的学科性质决定了语文的教学内容，形式、策略应该是不拘一格的，不同的文体特征有着不同的教学策略。

此次研修活动，对我感悟最深的是，我们教师在教学中要注重文体意识，但却不是系统地进行文体知识教学。语文是一门学习语言文字运用的综合性学科，教师在教学中不应该系统教授语法或者修辞知识。例如在讲解《桥》第二课时中，我们教导学生小说三要素——环境的作用：渲染氛围、推动情节、刻画人物。我在讲解时，重视引导学生自主关注课文环境，抓关键词，联系生活，自读自悟理解环境的作用，而不是教师自己刻意给学生讲解环境的作用，并且在后面教学环节设计学生通过"用语文"，鼓励学生尝试通过写环境片段来体会环境的作用，潜移默化地提高学生的文体感知能力，提升学生的习作成文能力。小说是以塑造人物形象为中心，通过完整故事情节的叙述和典型环境的描写反映社会生活的一种文学体裁。其他文体亦有它们自己的特征。因此，教师应该秉着"美美与共"的原则，无论教授哪类文体，都应该注意多指导学生阅读丰富的、优秀的文学作品，使之获得必要的文学知识。

最后，感谢本次研修活动小组成员的共同努力，"路曼曼其修远兮"，未来我将继续努力。

有"文体意识"才能教出"语文味"

深圳市龙岗区平安里学校　彭　余

　　每一次研修学习，都是一次历练成长，参加赵艳名师工作室的这次研修学习，再一次革新了我的语文教学思维。

　　刚参与本次研修活动时，我有过疑问："文体意识"对语文教学真的这么重要吗？没有文体意识，依据课标，依据教参，我们的语文教学不也正常开展着吗？在赵老师的点拨下，我渐渐明白，正常不代表正确，缺失了"文体意识"指引的课堂，是"千篇一律"的课堂，是缺少"语文味"的课堂。

　　解决了这个疑问，作为研修小组组长的我又发现，大家虽能理解"文体意识"的重要性，却都不知道该怎样将文体意识渗透到具体的阅读教学中去。如何梳理总结出小说阅读教学的策略与方法，又成了摆在我们面前的难题。幸运的是，我们小组发现了周一贯先生所著的《小学语文文体教学大观》一书，我们共读这本书，一起交流分享，在这本书的指引下，加上我们自己的思考，渐渐地，我们对基于文体意识的小说阅读教学策略也有了比较清晰的认识。在此基础上，我们多次线上研讨，梳理统编版教材的小说部分，研读课标。主持人赵老师也多次答疑，帮助我们整理出了自己的研修思路。简单来说，就是解决"为什么要教小说"（教师备课小说时要有文体意识）、"小说要教什么"（确定小说的教学目标、教学内容）、"小说怎么教"（通过什么样的教学策略完成教学目标）这三个问题。

　　有了明确的方向，我们确定以六年级小说单元的课文《桥》为课例展开研讨。在研讨的过程中，我们发现只有细致地解读文本，遵循教材中单元要素的要求，结合学段目标和参考课后思考题的指引，才能找到教学的落脚点。通过一次次修改与细化教学目标和内容,我们最终梳理出了小说教学的策略。

这次的研修学习,让我明白在以后的语文教学中必须有文体意识的指引,同时不断提高自身的学科素养。只有自身具备足够扎实的文体知识和丰富的阅读经验,才能把握好每篇课文的文体特点,从而准确定位适宜的教学目标和内容,才能教出"语文味"。

历练·成长

——项目研修反思

深圳市龙岗区平安里学校　商丽颖

在这次"基于文体意识的有效备课"项目研修活动中，我们小组负责神话教学专题的教学研究，总结出了如何依据课标单元目标以及文体特点来确定神话。这个课文的教学目标明确了可以采用哪些有效的策略来进行深化教学。通过这次研讨，我们对阅读教学有了新的认识和思考，发现了过去我们在教学中存在的一些问题，也找到了解决这些问题的突破口。

这次研讨，我们最大的收获是知道了在备课的时候应关注文体特点。过去我们在阅读教学时基本上是一篇又一篇，千篇一律，感知全文，学习字词，品析词句，主题升华，用同一套模式讲不同的课文，执教的记叙文、散文、小说、童话、神话并没有太大的差异。这次教研后我们发现，作为教师，我们储备的文体知识不足，过去教学中存在的问题是担心自己教得迷茫，学生学得低效。现在当我们备课时首先关注文体特征，找到神话这类文体的特征就是想象神奇、口耳相传、英雄色彩浓厚时，教学目标就清晰地呈现出来了，我们这才恍然大悟，原来文体特点是如此重要，而以往我们都忽视了。

这次研讨，我们得到的第二个意外收获是学会了研读教材，了解了同一文体在不同年段有不同的教学方法。曾经我们没有关注文体特点时，一篇课文在我们眼中是孤立的。虽然作为教师，我们也知道课文前后有联系、有涉及，但是不能明确在不同年段如何教学同一文体。《盘古开天地》这一课，我们确定的目标之一是复述故事。那么，二年级神话的复述要达到什么水平，三年级又要达到什么水平？于是，我们把二年级和三年级共四册书的课后练习逐一阅读、整理发现，四册书中竟有十几篇文章明确提出了复述的要求，而且还给出了不同的复述方法，这是我们以前所忽视的。我们似乎常常在教复述，但我们从未系统地教过复述，从未和学生一起总结复述方法，把复述作为一项重要的语文能力来有步骤地练习和培养。而从教材的编排看，这项能力不仅对训练口头表达能力很重要，而且对学生概括主要内容也有很重要的指引作用。这让我们发现研读教材，不仅要关注所教学的这篇课文，而且要在把握单元目标的基础上了解教材，了解同一语文要素在教材中的结构和分布，这样才能让教学有的放矢。

这次研讨的第三项收获是我们学会了基于文体总结教学策略。我们总结的神话教学策略是设计支架、厘清结构——体会神奇、感受形象——运用策略、练习复述。以往我们教学的第一步是整体感知，可是如何感知？基本上是小学生随意说一说。我们这次研讨时决定，要让学生有自己的感知方式，让他们学会自主学习。于是在第一课时我们布置了作业：用以前学过的方式（故事梗概提示、思维导图、图文示意图、故事要点词语提示）整理这个故事的起因、经过、结果。这是在为学生提供学习支架，让他们温故知新。以往我们教学的第二个环节就是品析语言。而怎么品析，为什么品析，都不够清晰。这一次，我们发现基于神话文体的神奇和神的牺牲精神进行研读品析，才真正地实现了品味词句的意义。练习复述既符合神话口耳相传的特点，又培养了学生口头表达能力，实现了教学内容与学习能力的统一。我们认为，这种思路也适用于总结其他文体的教学策略。

总之，这次研讨我们基本解决了当时提出的问题。在这次活动中，我们的教学能力和教学研讨能力都得到了提升。

当学习成为一种习惯

——记童话教学研修活动中的收获与反思

深圳市龙岗区福安学校　刘淑华

叶圣陶先生说："什么是教育？简单一句话，就是要养成习惯。"

工作室主持人赵艳老师常说，教师要善于独立思考，能够科学利用时间，正确处理学习与生活的关系，养成良好的学习习惯，提升个人素养。尤其是对于语文教师来说，开阔的人文视野、精湛的专业知识和一定厚度的教育理论修养是语文教师的必备法宝。离开与时俱进的学习，我们的职业生命就会失去活力，变得枯竭。对于教师而言，工作就是不断地学习，读书就是很好的备课，学习就是一种习惯。

感谢工作室主持人赵艳老师给了我们这样一次研修学习的机会，让每个参与者都有机会学习、磨炼、改变、提升自己，让学习成为一种习惯。

一、学习有方法，摘录有深度

近几年，工作室在赵艳老师的引领下开展了一系列的活动，参与的教师积极向上，教研效果明显提升。终于，我们也可以静静地坐下来，整理思绪，把这段时间做过的一些事记录下来。

研修期间，我们童话教学小组的每一位成员都养成了课余学习、思考、摘录的好习惯。我们童话教研组的老师们查阅各种教育网站和书籍，在群里分享讨论。然后确定我们组研修活动的主题为童话教学的相关知识体系。接着小组成员明确分工，合理分配时间，经过一阶段的认真阅读，反复思考，形成疑问、做好摘抄。通过小组讨论，把自己在阅读中出现的困惑与小伙伴进行探讨，他山之石，可以攻玉，互相学习，力量无穷。

二、思考有创意，交流有想法

爱因斯坦说："学会独立思考和独立判断比获得知识更重要。"这次研修活动中，我们阅读了大量关于童话教学的资料。"纸上得来终觉浅，绝知此事要躬行。"所以，我们把各项资料进行小组讨论，开展头脑风暴，发表自己的见解和观点。老师们的思考独立又有创新，当遇到难题时，我们应打破思考的局限性，克服思考的障碍，学会创造性、批判性地思考问题。我请教了这方面的前辈、专家（我们工作室的主持人赵艳老师，教师发展中心的龙老师），并有效沟通各自的想法，经过自己的独立思考，内化学习，经过老师们深入浅出的课堂实践，我逐渐形成了自己的教育观点。

三、携手有温暖，合作有力量

一次活动，一次经历，一次合作，一次磨炼。经过这一次研修活动，我们会为比别人的经历丰富而自豪，我们会为自己经受得住磨炼而骄傲。这次活动在新冠疫情期间开展，小组的成员都来自不同的学校，我们能在一起合作，那是缘分，我们都是相互学习、相互促进、相互关心、相互理解。不管在哪里，不管到何处，要坚强，要进步，要合作，更要快乐。当遇到问题时，大家出谋划策，合作交流，商讨出最恰当的解决方法，让伙伴们感受到家的温暖、合作的愉悦。胡倩老师和黄诗仪老师都是非常优秀的年轻教师，为了让课堂呈现最好的效果，两位老师反复打磨、多次修改，这种钻研精神令人感动。亲爱的小伙伴们，为了这次研修活动顺利收工，让我们齐头并进，携手同行！

学习是一种习惯，这种习惯给了我们成长的力量。愿老师们在今后的教育教学中继续努力，迎着风，向着光，成长为自己喜欢的模样！

在实践中思考 在思考中前行

深圳市龙岗区平安里学校 王元双

回顾本次的研修过程,我们第一次针对不同的文体以团队合作的方式进行深入研讨,新鲜、刺激,累并快乐着。

首先,在团队合作过程中,思维碰撞,取长补短,提升了我们一线教师自身的业务水平。一个四人小组,每个人都选择自己擅长的部分来完成,然后由其他伙伴进行补充,不断地修正、优化,真正做到了在实践中思考、在思考中进步。这一次深入研究童话教学应该怎么教,教什么,注意哪些问题,特别是把理论转化成实践的过程中,遇到了很多困惑。为了解决这些问题,我们四人团队合作,思维火花碰撞,一步步深入思考,一次次改进,收获非常大。以前传统的听课、评课形式下没有体验过这样的深度学习、深度思考。

另外,当我们的小组伙伴研讨进入瓶颈时,赵艳老师一一为我们解答,她总会在我们迷茫的时候指引大家朝着正确的方向思考"是什么?为什么?应该怎样改进",我们又能豁然开朗,进一步深入研究。这个过程是一次次自我成长、自我修正的过程,收获很大。

其次,我们都是一线教师,是经验型、实践型的教师。要在进修学校的平台上把自己的实践经验有理有据、深入浅出地介绍给同行们,也是一种挑战。俗话说,台上三分钟,台下十年功。一点都不假,做一个"空中主播"对我们这些一线教师来说很有难度。要注意的细节很多,幸好有进修学校的老师进行全方位的培训和实操指导。一轮培训结束,我们深刻体会了"纸上得来终觉浅,绝知此事要躬行"的意义。尽管多次练习,真正开播还是自我感觉很多不足。知不足,就能保持学习的热情,又是另一个收获。

教学有方法，心中有学生

——基于文体意识的小说教学研修的收获与反思

深圳市龙岗区平安里学校　谭　霞

一个多月的时间，我们小组在赵艳老师的引领下，对"基于文体意识的小说教学"展开了学习、讨论，并开展了讲座和教学。这段时间，我们从最初接任务时的茫然到研讨后的逐渐清晰，感觉自身的教研教学能力得到了提升，我也有了自己的心得体会。

一、教师要有文体意识

在主题学习探索的过程中，感谢赵老师给我们推荐了《小学语文文体教学大观》一书。通过不断学习，我们明白教师首先要清楚在语文课程教学过程中必须有强烈、清晰的文体意识。我们要明白什么是文体，具体地说，文体就是对文章和文学作品样式的总称。无论是文章还是文学作品，内容不同，形式上就会有不同的体式。我们的教材不以文体类别编排，而是以语文能力训练为主线划分不同的课文类型，如诗歌单元、童话单元、小说单元等。我们小组就是进行小说主题的研究，教师在思想上有了认识，接下来才有教学设计的思路。

二、教师要有策略意识

我们有了关于小说教学的初步理解后，接下来就要有怎么教小说的策略意识，从而落实语文要素（读小说，关注情节、环境，感受人物形象）。小说怎么教呢？统编版教材六年级上册《桥》一课属于微型小说，微型小说是一种有独特艺术魅力的文体。文中出现了很多短语，各种修辞手法的运用，出人意料的结尾等。我负责第一课时的设计，在设计过程中，赵艳老师不断点拨，小组成员集体备课，确定教学目标。这节课的目标是借助阅读方法梳理情节，概括主要内容。通过品读课文，感受短句的特点，体会村支书临危不乱、舍己为人的高贵品质。文中出现的大量短语需要学生通过不同形式的朗读，通过品读，感受故事情节，感受紧张气氛，感受人物形象。所以这节课我的教学策略主要就是读、读、读。当然，在读的过程中，要带着要求读，要有范读、指导读、合作读，也要有读懂故事后入情入境的朗读……

三、教师要尊重学生的主体地位

六年级学生有一定的学习能力，在设计过程中要突出学生的主体地位。在教学设计中，赵老师为我修改了很多过渡提示语，语言简练又不失亲切，很多时候我有一种豁然开朗的感觉。我课前布置学生以学习单的形式收集资料，全面了解小说。上课过程中，引导学生小组合作学习，学生代表交流感受。特别是研读环境描写的部分，让学生自己找出环境描写的句子读一读、悟一悟，学生自画自悟，很快抓住了环境描写中最具特色的句子。分享时，同学们读得真切，让听者感受到那种危急的情形和人物的伟大。生生互动、师生互动，学生很快感受到环境描写是为了衬托老支书的光辉形象。

这次专题学习，赵老师为我们营造了一个全新的学习环境，我也深感自己还有很多需要提升的空间。我要坚持学习，做一位有教育情怀的语文教师。

基于文体意识的神话文本解读研修反思

深圳市龙岗区新梓学校　向红丽

在这次基于文体意识的有效备课教学研讨活动中，我们小组负责神话专题的教学研究，我主要负责文本解读这部分内容。通过我们四位老师通力合作，较完整地总结出神话类文本应该教什么、怎么教的问题。这次研修活动非常有意义，给作为一线教师的我们提供了更多空间和方向去思考如何更好地开展阅读教学，使我们对今后的教学教研也提供了一些新的思路。

我们常说"三个臭皮匠，顶个诸葛亮"，这次研修给我最大的收获就是要注重团队合作。对某一类文本进行研读，通过文本解读确定教学内容，选择合适的教学方法并以课例的形式展示出来，最终总结出此类文本的有效教学策略。除了做好自己那部分的专研之外，四个人相互配合交流，思维碰撞出来的那部分成果更具有意义，更显得珍贵。这远远比一个人单打独斗更高效、更专业。在今后的教学教研中，除了自身的钻研思索外，多请教、多利用团队的力量来发展，一定是必不可少的路径。

这次研修让我进一步认识到文本解读的重要性。让我学会站在培训者的立场思考老师们想学习什么，怎样才能让他们看到解读一篇课文的思维过程，通过文本解读解决是什么，为什么，做什么，怎么做的问题。当然，这更提醒我在今后的教学教研中，要时刻重视文本细读，拿到一篇文章，先判断它是属于哪种文体，在文体意识下去有效备课，而不是任何文章都采用一种方法来备课教学。同时，教学内容的选择不是随意确定的，要依据课标，立足文体，紧扣单元语文要素，结合学生学情，多方面统筹考虑来确定。在以往的备课教学中，很多时候把课标抛在一边，文体意识模糊，没有充分考虑学情，想当然地以自己的目标和意志为基础确定教学内容，现在想想这都是忽略文本解读的后果。

这次研修活动让我认识到自身专业发展的不足。神话类文本在平常的教学中有接触过，反反复复也上过几篇课文，但这次我接到神话类文体文本解读这个任务时，一开始不知从何处入手，后来看了一些论文、相关书籍以及与老师们交流请教，才慢慢找到方向。可见，自己在专业成长上做得不足，还需要多多积累、沉淀、反思。

总之，本次研修让我受益匪浅，明白了文本解读的重要性和团队合作的力量，也让我认识到自身专业发展的不足，希望在今后的教学中多请教、多思考、多积累、多实践。

诗如锦，思如泉

——主题研修活动的反思

深圳市龙岗区平安里学校　肖娟

　　这个学期，我非常荣幸地继续加入"龙岗区赵艳名师工作室"，与其他三位老师一起参与了"统编教材文体意识下的儿童诗有效教学"主题研修活动。虽然我们组的四位老师都不在一个年级，但是我们克服困难、团结协作，在赵老师的悉心指导下，完成了儿童诗的教学理论学习、写学习心得、主题研讨、多次备课、录播课程等。在这个过程中，我在教育教学理论方面有了较大提高，同时在录播技术方面也有了很大提升，其他组的文本解读、课例分享等也给了我很多启发。现把我的反思记录如下。

一、语文教师一定要吃透新课标

　　《义务教育语文课程标准（2011年版）》和统编版教材充分体现了教育观念、教学内容和学习方法的变革，更有利于全面提高学生的语文素养和整体素质。本次研修中，每位老师都认真学习了语文新课标，新课标对各个学段在识字、写字、朗读、写作、口语交际等方面的要求是不同的。如商丽颖老师在讲神话教学的第三个策略——运用练习实践的方式培养复述能力，就对比了课标对二、三、四年级的复述有不同的要求。二年级学生着重于学习复述的方法，复述时信息完整、有条理即可，如果能突出重点词句，那就是高水平的复述。三年级学生把握文章脉络讲故事的方法就更多了，要求也更高了，教材在示范的同时，开始要求学生运用完成示意图、填表等各种复述方法。四年级学生掌握了一些复述方法，重点在运用复述方法上，让学生自主选择复述方法，尽情展现语言表达的能力。

语文课程标准对于我们的备课有非常重要的指导作用，教师要吃透新课程标准，以此为标准来确定教学目标，才不会偏离教材。

二、备课时要有文体意识

在本次研修活动中，赵老师向我们讲述了神话、寓言、诗歌、散文、小说等不同文体的特点和区分的方法，反复强调了针对不同的文体要有不同的教学策略，根据文体的不同特性去教，不能千篇一律，要突出文体的特点。比如小说教学时，要了解小说怎样塑造人物形象，体会情节的跌宕起伏，关注作者的写作手法，怎样写人物，怎样让故事成立。文无体不立，以后备课时，我要站在课程的高度去教学，根据不同的文体采用不同的教学策略。

三、学生会的不教，教学生不会的

一节课的教学时间是有限的，教师备课预设问题时，要思考一个重要的问题：哪些内容是学生会的，可以不讲或者少讲；哪些是学生不会的，要重点讲、怎样讲。在备《彩色的梦》第一课时第一稿时，在多种方法认识生字时我设置了一个看图猜词的环节，我觉得"烟囱"这个词有学生可能不太理解，于是我找了一个烟囱的图片，出示了烟囱的解释。后来赵老师帮我指导时指出，对于有一定生活经验的小学生来说，"烟囱"这个词不难理解，而课文中的"叮咛"这个词更难理解，可以通过看图猜词和联系生活实际的方法理解"叮咛"这个词的意思。通过后面的教学实践，证实了赵老师的指导是非常正确的。教师要根据教材和本班学生的学习基础、生活经验、学习能力等情况来预设问题，教学生不会的，这样课堂教学才会高效。

三人行必有我师，今后我不但要继续阅读和教育教学相关的书籍，而且要多向身边的同事学习请教，争取不断提高教学水平。

循文体而教，教出童话的独特味道

深圳市平安里学校　胡　倩

在小学高年段待了5年的我，过山车般地来到一年级，教起了一群懵懵懂懂、奶声奶气的"小豆丁"，心理上还真是怪不适应的。我一边提醒自己教学语言应该变得更加深入浅出，一边时常思考该怎么教好那一篇篇看似简单的课文。

2020年4月，赵老师将工作室本学期的研修目标定为：基于文体意识下的有效备课，我被分在了童话组，负责统编版教材一年级下册童话《动物王国开大会》的教学设计。

一开始，我对童话文体的认识比较匮乏，脑海中装的尽是之前读过的《安徒生童话》《格林童话》等童话故事里的人物和情节，对于"什么是童话""童话有什么特点""童话怎么教"这些问题缺乏全面的认识和思考。

在还没有对童话进行深入系统的学习时，我设计了《动物王国开大会》的第一稿。这一稿里的问题很多，比如教学目标多，重难点不突出，识字教学和写字教学没有与课文内容有机结合等。我心里对"这篇课文的教学目标该怎么拟定"感到十分困惑。

接着，在赵老师的指导下，我们搜索了一批关于童话的论文进行学习，了解童话文体的基本特点和教学策略。利用五一长假，我还阅读了王萍老师编著的《基于心理学原理的语文教学设计》，这本书对我在教学设计方面的启发非常大。

当大脑中构建起关于童话教学的基本框架之后，我开始重新审视《动物王国开大会》这个文本。这篇课文有500多字，在一年级的童话中算是篇幅很长的了，人物也比较多，但就童话的内容来说，一年级学生理解起来难度并不大。在形式上，它运用了童话常用的反复的叙事结构，旨在让学生明白：通知的要素应说清楚，时间、地点都要明确。把文本特点分析清楚之后，就进入教学设计的第一步——教学目标的拟定。

识字写字是低年级语文教学的重中之重，在每篇课文中都应该有体现、有落实，这个目标是逃不开的。但是童话作为一种独立的文体，它的幻想性、反复结构等特点，应在每篇童话的教学中渗透，这种潜移默化会让学生慢慢形成识童话、读童话的能力。除此之外，每个童话文本都有其表达上的独特性，比如我这次要执教的一年级童话《动物王国开大会》，这个文本在内容上有一个很独特的地方——试图教会学生发口头通知。这个知识点在课后习题中也有所体现。

老实说，这个童话文本在幻想性上谈不上突出，教育的色彩比较浓，那么在教学时怎么突出童话的文本特点呢？童话是小朋友最喜欢的文体之一，而幻想性是童话的根本特征，所以教学设计的语言应该有趣一些，童话味要浓一些才对。在第二稿的设计中，我注意到了这一点。不管是在导入时对古汉字的字形进行解读，还是过渡语，都力求富有童趣，以求吸引学生的注意。PPT也用颜色鲜明的插图、可爱的动画来保持学生对童话的新鲜感。

一般来说，朗读法是童话教学常用的教学策略之一，朗读的方式多种多样，这篇课文应该采用什么样的朗读方式以期达到怎样的教学目标呢？考虑到课文比较长，而且第一课时我确定的重点目标是学发口头通知。所以，在朗读这块，我大胆尝试用"老师绘声绘色讲故事"的方法，让学生在认真听读中猜测故事情节，感知童话的反复结构。这样，一方面训练了学生的倾听能力和推测能力，另一方面老师良好的示范对学生的讲故事水平将起到促进作用。

在第三稿中，我将最后的结语进行了修改，因为我从自己的生活体验中受到了启发。在生活中，我们也常常遇到像狗熊、老虎这样的人，一个简单的通知反反复复播送好多遍才讲明白，但听者往往早已失去了耐性，我们不能做这样的人。这也是学生要学习这个童话故事的现实意义。童话不仅仅是写给孩子看的，也会给成年人带来启迪。

这次童话教研之旅启发了我：只有循着文体而教，才能教出童话的独特味道。

不解读无教学，无反思不为师

——"基于文体意识的说明文文本解读"的研修收获与反思

深圳市龙岗区依山郡小学　徐　影

　　2020年4月，在赵艳老师的带领下，在组长和各组员的倾力配合中，我们开始了"基于文体意识的说明文有效备课"的研修活动。这是我职业生涯中第一次参加研修活动，历经近两个月的时间，在大家的通力合作下圆满落下了帷幕。此间成长，说之不尽。浅薄言语，略抒心意。

　　作为一名新教师，我在说明文教学方面的经验是比较缺乏的。但既然决定做，就要努力把事情做好。仔细地阅读方案以后，我主动申请了做文本解读的任务，从最基础的地方开始，为研修活动打好根基，同时也是期望能帮自己打好教学之路的根基。

　　每一位教师在备课之前都要经过一个必不可少的环节，那就是文本解读。一篇课文，教师能教学生什么知识，又能教多少知识，取决于教师对文本的解读程度。因此，文本解读就走在了研修的第一步。要对一个文本进行深入解读，不是一件容易的事。研修期间，我们不断地收集资料，寻找素材，积累感悟，厘清思路。每一天，我们都会做好读书笔记，并把自己觉得有用的论文和各种资料发在群里，供大家一起学习参考，尽量让我们的研修做到全面而细致。通过5天的收集整理工作，我们终于对文本解读有了清晰的认识。文本解读不仅是教师对文本内容的理解，还包括了文本解读的步骤、方法和内容等。因此在对《太阳》这篇课文解读的时候，首先要对它的内涵、文体、特征等各方面进行了解，并找到合适的解读方法，对文章的内容、教学目标、教育意义等多方面进行解读。只有在对课文进行充分的解读后，备课才能畅通有效地进行。

本次研修活动不仅让我对文本解读有了更新、更深的认识和理解，也让我感受到了"团结就是力量"。相对于知识的增长，我认为这次合作的经验对我来说才是更珍贵的收获。无论是学习中还是生活中，当我们遇到挑战时，没有什么比找到志同道合者并为了共同目标一起努力拼搏更开心的事情了。

当然，一件事的成功不是一蹴而就的，也不是完美无缺的。本次研修活动还存在很多需要改正和提升的地方。由于时间紧以及组员自身各方面条件的限制，因此在研修过程会一些困难和问题。例如资料收集的过程有些急迫，很多问题没有考虑全面；还有个人在说明文教学经验上的不足，导致在研修的过程中略显艰难。本次研修虽有一些不足之处，但对我们来说，它就像我们的"孩子"一样，在"养育"其长大的同时，我们自己也在跟着成长和进步。

感谢赵艳老师在此过程中对我们的帮助与鼓励，感谢组长和各位组员老师的配合，让我顺利完成了人生中第一次课题研修活动，让我感受到在此过程中的无限魅力，让我认识这么可爱优秀的你们。谢谢你们，愿我们一起努力，不断学习和进步，成就更好的自己。

适体而教，笃行致远

——"基于文体意识的说明文有效备课"的研修反思

深圳市龙岗区兰著学校　黄苏钰

历时近两个月，在赵艳老师的指引下，本组"基于文体意识的说明文有效备课"研修活动终于圆满落下帷幕。

在研修活动过程中，我不仅收获了深厚的情谊，还对文体意识的重要性、说明文的文体特点及教学设计有了更深刻的认识。

语文教学涉及的文体类型繁多，教师们常常因为不了解文体特点而出现"变体而教""改体而教"的情况，或是因为日常的备课而焦头烂额，教而不得其法。明确、清晰的文体意识能为语文教师的日常备课指明方向，有助于教师真正把课文所属文体的特点讲通讲透，让学生能够通过学习一篇课文读懂一类文章。

说明文是以说明作为主要的表达方式，通过向读者介绍事物的性质、特点（特征）或阐述事理，从而传递客观而科学的知识的一种文体。说明文通常具有以下几个特点：说明方法多种多样，语言周密、准确、简洁，结构严密，条厘清晰，逻辑性强。我在完成《太阳》第二课时教学课例的时候，便有意识地引导学生通过课文中的词句品味说明文的文体特点，着重让学生品味说明方法的表达效果以及说明文语言的严谨、准确。根据语言风格的不同，说明文可以分为文艺性说明文和平实性说明文。《太阳》是一篇平实性说明文，与多用比喻、拟人等修辞手法，辅以议论、抒情、描写等表达方式，语言风格轻松活泼的文艺性说明文不同，《太阳》一文语言通俗、准确、朴实。因此，在课堂上我并没有把过多精力放在朗读的指导上，只是要求学生读正确、读流利，不过多要求有感情的朗读。正是基于对说明文文体特点的准确把握，我在说明文的教学上目标更加清晰，重难点更加突出，避免了眉毛胡子一把抓的无效教学。

当然，本次研修活动中也有一些不足。在《太阳》第二课时的教学中，课堂练笔的指导还不够到位，部分同学只懂机械地抄材料，在说明方法的应用上还存在问题。可见，写作支架的搭建还不够到位。在以后的教学中，除了引导学生思考用什么说明方法来介绍月球的特点之外，还可以试着先让学生用列数字、作比较、打比方的说明方法分别介绍月球的特点，然后再引导学生用连词或者过渡句将零散的句子串联成一篇短文。此外，本课选自统编版小学语文教材五年级上册第五单元，本单元还有一篇文艺性说明文《松鼠》。在感受完《太阳》一文的语言风格后，可以趁热打铁，让学生马上阅读《松鼠》一文，说说两篇文章在语言风格上的不同，从而感受说明文类型的多样。

最后，再次感谢赵艳老师给予我学习的机会，感谢组内小伙伴对我的帮助。一次次的研讨与备课，让我深刻感受到自己在专业上的成长与进步！

"学"而立勤思善行

深圳市龙岗区华中师范大学附属龙园学校　余　琦

　　在本次围绕"基于文体意识的有效备课"的研修主题下，我组负责"基于文体意识的神话教学"研究，小组内以"文本解读、课例展示、备课解析"三个环节分工合作，以集体教研、共同备课的方式进行研究，每一个环节都饱含着组员们的智慧和思考。

　　在赵老师的带领和优秀组员的热心指导下，我顺利地完成了本次研修活动，受益颇多。在此，具体谈谈我最深刻的三点体会。

一、学会"备课"：基于课标，关注文体，用好教材，落实要素

　　这既是本次研修活动的主题，也是我今后备课会时刻用到的四言真理。作为一名新进应届教师，我常常遇到这样的困扰：不同的课文用着同样的教学环节，从集中识字到初读课文再到深入探究。课堂失去新意，陷入周而复始的困境。本次活动以不同的文体进行教学研究，充分关注各个文体的特点和重要的语文要素，并以此为落脚点进行教学设计，这给了我很大的启发。在"备"之前，我们更应该进行充分的研读：读课标，不同学段和语文素养的不同梯度的学习要求；读教材，读教材目标，读单元目标，读课文目标。只有教师自己有了充分的思考，将自己放在"大语文"的背景下，才不会固守成规，拘泥于千篇一律的课堂中。

二、学会"上课"：以饱满的热情和丰富的教学语言升华课堂

本次研修活动的成果以线上课程展示的方式进行，教师和学生之前隔着屏幕，没有了面对面的交流和直观的教学动作，课堂更需要精心的教学课件和丰富的教学语言加以支撑。为此，我不断地修改课件，试图让每一个课件都发挥最大的作用，我反复地修改讲稿，试图让每一句话都有着教学的意义。这让我了解到，备好一节课不容易，上好一节课更不容易，知识是一种力量，知识的传达是一种能力，这种能力需要身为教师的我们，不断地去进步、去超越、去改善，而我作为一名新教师，将以这次活动为契机，不断地提高自己的业务能力。

三、学会"反思"：做好记录，在反复打磨中成长

活动虽已告一段落，与此同时，我也发现了自身的许多问题。第一，对于教材的研读，我仍不够深入，在教材解析方面没有将语文能力的培养落实到每一节课的语文要素中；第二，对于课堂设计，我仍不够具有创新和探究精神，没有很多新鲜的想法和实践；第三，对整节课堂的把控能力不强，每一个要素之间的轻重划分不是很明确，什么都想落实，反而什么都仅仅带过。因此，我将阅览更多的语文教学方面资料，听取更多的优质课堂，把以后每一堂课的反思用笔记录，记录下精粹，也记录下成长。

对于新进入教师队伍的我而言，这次宝贵的教研机会让我更深刻意识到备课的重要性，不光是备教材，更是备学生、备老师，备教材也不仅仅是分割的，而是纵横跨越，甚至跨越学科。同时，我认识到，想要成为一名合格的教师，还有很长的路要走，要在磨砺中成长，在成长中升华。

心中有诗，就有远方

——主题研修活动反思

深圳市龙岗区平安里学校　朱　菲

本学期，在赵艳老师的牵头、指导下，我们工作室成员围绕研修主题"基于文体意识的有效备课"展开了线上线下集体研修活动。我有幸加入了"儿童诗歌有效备课"组，在组长李向微老师的带领下，和肖娟、曲迪老师一起参与了"统编教材文体意识下的儿童诗有效教学"主题研修活动。通过网络培训、自我研修、集中研讨、现场分享等一系列活动，让我受益匪浅，感受深刻。

一、教育理念的转变

在本次研讨活动前，我对文体是没有什么概念的。对于教材教学，常规的做法就是熟悉教材，查阅相关的教学参考书，备课，制作课件，然后上课、布置作业、检测评价。通过这次学习研讨，我对教材教学有了不同的认识，知道不同的文体有不同的特点。文体有别，教法各异，不同文体的课文教学设计应该有区别。如同样是教太阳，《夸父追日》和《太阳》的叙述就完全不一样，"一团又红又亮的火球，照着他的全身……"这是文艺语体的叙述。"太阳会发光，会发热，是个大火球……"这是说明语体，准确、清晰、严密。我们就得依照神话故事和说明文的特点来组织教学，培养学生解读文本、学习语文的能力。

二、文本解读的历程

在我们儿童诗歌组，我负责的项目是文本解读。通过查阅资料，我认识了文本解读的思维导向，明白了文本解读的理念和方法，掌握了文本解读"四步走"的具体做法。然后再从儿童诗歌入手，了解文体特点及与其他文体的区别，接着落实到具体的课例《彩色的梦》，考虑到教材及学生年龄特点，开始进行文本解读。我现在从教的正好是二年级语文，结合平时的教学经验，对教材、教学侃侃而谈、夸夸其词。后来，通过我们组同事的研讨，特别是赵老师的指导、点拨，我才意识到我的问题所在，任何教学设计都要以课程标准为起点，课程标准是我们语文教学的理论指导。这也是我们这个研修主题"基于课标"的真正含义。于是，我潜心钻研小学语文新课标，研究课标中对低年段语文阅读、诗歌教学的要求，重新定位，再次对文本进行细致、有效的解读，取得了显著的进步。

三、教学设计的新思路

通过小组研讨，我们对教学目标、教学过程进行了反复的修改。针对儿童诗的文体特点，以学生为主体设计教学活动，完善教学设计的各个环节，突出"创新"的主题，设计了以"识字写字""诵读""理解""创作"为重心的儿童诗教学。通过这次主题研修，我相信接下来的教学实践不仅仅是对诗歌、对说明文、对童话，而是对任何文体的文本解读、教学设计应该都有法可循了。

四、个人专业成长的思考

感谢导师赵老师提供了一个这么好的学习平台。经过这次主题研修活动，我们实现了"从经验性到规律性的跨越"。作为一线教师，我学会了反思，课前反思：学生的学情，目标定位，教学设计是否有助于教学目标的完成；课中反思：教学过程中学生的反应，如何调整，采取怎样的策略和措施；课后反思：学生学到了什么，高效吗，还有什么改进的地方。通过反思，积累教学经验，从而不断进步，不断成长。同时，在信息发展飞速的当代，教师作为新课改的具体执行者，增强意识和提高素质是势在必行的，我们要继续继承发扬优秀的教学传统，更新教学理念和思想，努力实践、探索，提高自己的课堂教学水平，教书育人。就像这次主题研讨活动一样，心中装着诗，眼前就有远方……

学，知不足

——在研修中积蓄力量

深圳市龙岗区平安里学校　庄小琼

在这次围绕"基于文体意识的有效备课"的研修主题下，我们小组负责神话专题教学研究。这种集体教研的方式独特新颖，让每一位教师都能参与其中，享受其中的乐趣。作为一名青年教师，这种方式的集体教研活动更能让我得到锻炼与成长。下面具体谈两点我最深的感受。

一、在教研中加深了文体意识

这次研修主题强调文体意识，小组也在每一次研讨中关注神话这种文学体裁，经过一次次的研讨、打磨、细化，我们小组最终明确了如何基于文体意识进行神话体裁的有效备课。回顾以往3年的教学经历，猛然发现，在大多数备课的时候，我并没有很明确地关注到文体，文体意识薄弱。不管是小说、诗歌、说明文，还是神话故事、童话故事，在备课的时候，都落入教学目标设计大同小异，教学重难点模糊，教学环节生搬硬套等千篇一律的误区，这就让每一种文体都上成了毫无特点、毫无新意的课，也让学生不甚了解不同文体有其不同的风格特征，这样的教学可谓实效不大，意义也不大。

通过这次教研活动，我深刻地意识到基于文体意识的备课有多么必要和重要。而在今后，我将大量查阅资料、付出更多学习时间，以弥补我在文体意识薄弱方面存在的不足。在今后的备课中，我也将有意识地关注文体，努力结合文体特征进行有差别、有设计的备课。

二、在教研中锻炼了静心学习

读书的意义在于获得智慧，它可以增加一个人谈吐的质量和深度。读书是为了打破局限，获得更加豁达与平和的心态，它是成本最低、最便捷的一种途径。读书可以保持大脑的活跃，减轻人的压力，抵抗孤独。读书和学习的意义，相信每位老师都非常明白，所谓"读书破万卷，下笔如有神"，如果没有经过大量的查阅和学习，我们小组教研工作进展势必更加困难，甚至无法逾越。正因为此次任务驱动，我真正做到了沉下心来，静心阅读几本专业理论书籍，学习几篇学术论文，认真做好学习笔记，认真提炼与本小组教研内容相关的观点、要点、理论依据等。也正是因为此次教研活动，让我更加坚信，只有充分学习，只有静心学习，每一次备课才能做到胸有成竹，设计中有闪光点。在今后，我将沉下心来，不急不躁，在每一次阅读和学习中沉淀、积累，蓄势待发。

这次活动为我们创设了一个平等、和谐的研讨环境，作为青年教师，在这个过程中，我学到非常多有形和无形的东西，也为我今后的专业发展积累了更多的经验，非常值得，也非常有意义。

后 记 ▶

遇见更美的自己

赵 艳

如果有人问我：工作室提高一线教师专业发展的有效途径是什么？我会毫不犹豫地说：让一线教师做培训师。

多年来，我们的教师培训无论线上线下，形式不外乎听专家讲座，观摩示范课。对于参加培训的教师来说，他们只是信息的接收者。无论培训多么精彩，许多教师仅限于当时听得热血沸腾，笔记做得认真详细，但这之后，随着时间的推移，那些精彩的讲座和示范课就被教师们抛到脑后，忘得所剩无几了。正如蒙台梭利所说，我听过了，我就忘了；我看见了，我就记得了；我做过了，我就理解了。面对此现状，作为工作室主持人，教师们专业发展的服务者，我尝试着改变了工作室的研修方式，为教师们组建"学习共同体"，为他们搭台子，让他们"登台唱戏"，成为舞台的主角。通过同伴互助、共同探索、共同学习、共同发现、共同构建、共同发展，由"共营"走向"共赢"。于是，自主合作式项目研修应运而生，这是一次研修教师心灵的浴火重生。

2020年4月22日，工作室召开了项目研修启动仪式视频会议。在会议中，我提出了"一个期待"（期待我们在项目研修中实现自我成长的浴火重生），"两个转变"（变"教师角色"为"培训者角色"，变"接受式学习"为"项目式合作学习"），"三项关注"（关注理论学习过程的自我沉淀，关注学习笔记的整理，关注团队头脑风暴的效益），"四点希望"（希望我们站在巨人的肩膀上形成个性的思考；希望我们找准听课教师的需求，设计好自己的课程；希望我们严守时间线做好自己承担的任务，利他利己；希望我们以优秀的标准要求自己，力求精品课程），确定了项目研修的分工（四人一组，设立组长、技术委员、宣传委员、资料整理委员），任务安排（每组分别负责一个文体的项目研修）和研修行事历。

本次自主合作项目研修以"基于文体意识的有效备课"为主题，以"基于课标，关注文体，用好教材，落实要素，构建精品培训课程"为目标，采用线上线下相结合的研修方式，从儿童诗、神话故事、童话故事、小说、说明文这五种文体入手，以五个基本问题（所要研究的文体的教学现状如何？所要研究的文体的特点是什么？学习这类文体的价值是什么？教师教学这类文体的课文教什么、怎么教？学生学习这类文体的课文学什么、怎么学？）引领教师进行项目研修。此次研修突出了"四变"，即：变被动为主动，变告知为发现，变个体输入为捆绑输出，变消费为生产。参与研修的教师们通过用心阅读，与自己对话，触摸教育智慧；通过主题研讨，与同伴对话，碰撞出创造的火花，形成小组的研修成果。

在研修过程中，教师们焦虑迷茫过、纠结彷徨过、忙乱不安过、自我反思过，但大家都知道在研修的路上，没有捷径可走，唯有迎难而上，才能超越自我，破茧成蝶。历时近一个月的项目研修后，每个项目小组的教师们都通过CCtalk直播平台，以"文本解读+课例展示+备课解析"的方式展示了小组的研修成果。教师们展示的课程受到了一线教师的欢迎，观看直播回放人数不断攀升。参与研修的教师们见证了自己的专业成长，他们既自主习得了交流研讨、总结分析、解读文本、驾驭课堂、处理突发事件、自我反思等专业技能，又收获了宝贵的友情。在骄阳似火的盛夏，教师们都遇见了更美的自己！